Gehirn-Jogging für Schlaumeier

Gehirn-Jogging für Schlaumeier

Knifflige Denksportaufgaben für jeden Tag

Aus dem Englischen übersetzt von Britta Wisser

mvg Verlag

Bibliografische Information der Deutschen Bibliothek
Die Deutsche Bibliothek verzeichnet diese Publikation in der Deutschen Nationalbibliografie; detaillierte bibliografische Daten sind im Internet über http://dnb.ddb.de abrufbar.

1. Auflage 2006 (Sonderausgabe)

Diese Sonderausgabe enthält eine Auswahl an Rätseln aus „Gehirn-Jogging für Schlaumeier“ (3-636-07046-0), „Noch mehr Gehirn-Jogging für Schlaumeier“ (3-636-07049-5), „Das neue Gehirn-Jogging für Schlaumeier“ (3-636-07047-9) und „Neue Rätsel für Schlaumeier“ (3-636-07048-7).

Die Rätsel wurden erstellt von: Robert Allen, John Bremner, Dave Chatten, Carolyn Skitt, Philip Carter, Ken Russell und Josephine Fulton

Mensa in Deuschland e.V.
Tel.: 0700-78363672
E-Mail: office@mensa.de
Internet: www.mensa.de

Aus dem Englischen übersetzt von Britta Wisser

Umschlaggestaltung: Vierthaler & Braun Grafikdesign, München
Redaktion: Annette Gillich, Essen
Satz: Redline GmbH, J. Echter
Druck: Pustet, Regensburg
Printed in Germany 07164/010602
ISBN 3-636-07164-5

Inhaltsverzeichnis

B. Antworten und Lösungen

Anleitung

Jede Quiz-Gruppe hat eine Fülle von verschiedenen Fragen. Einige decken bestimmte Themen ab, andere wiederum sind bunt durcheinander gewürfelt – ein regelrechtes Potpourri. Die Schwierigkeitsgrade der einzelnen Fragen werden durch drei Symbole dargestellt:

leicht mittel schwierig

Innerhalb der Kapitel steigert sich der Schwierigkeitsgrad, sodass Sie mit zunehmender Lektüre immer mehr gefordert werden. Die Lösungen zu den einzelnen Fragen befinden sich am Ende des Buches.

Sie können *Gehirn-Jogging für Schlaumeier* als anregende Lektüre lesen oder aber sich auch einen kleinen Wettstreit mit Freunden oder der Familie liefern, wer was am schnellsten weiß oder wer am meisten Fragen richtig beantwortet hat.

Natürlich müssen Sie nicht eine Seite nach der anderen lesen; suchen Sie sich aus, was Ihnen Spaß macht.

Genießen Sie nun Ihr Gehirn-Jogging – vielleicht lernen Sie ja noch etwas dabei?

Einleitung

Es ist schon sonderbar, dass in einer Zeit, in der sich Quiz-Shows und Rätselfragen einer ungeahnten Beliebtheit erfreuen, das Allgemeinwissen immer weniger gefördert wird, besonders bei Kindern. Schauen Sie in Ihr Fernsehprogramm und Sie finden eine Quiz-Show. Fragen Sie ein Schulkind nach der Hauptstadt von Polen und Sie werden wahrscheinlich keine Antwort erhalten. Oft fehlt die Zeit während des Unterrichts, um das Allgemeinwissen zu fördern, und so bleiben Spezialgebiete übrig.

Es gibt da auch noch eine andere Theorie, die besagt, dass es sinnlos sei, Informationen in unserem Gehirn zu speichern, die man doch jederzeit nachschauen könne. Das ist Blödsinn! Ohne bestimmte Grundkenntnisse erkennt man allerdings seine eigene Unwissenheit nicht.

Man wird oft gefragt, welchen Sinn all die halb gemerkten Kleinigkeiten hätten. Wenn man einmal etwas gelernt hat, auch wenn man sich nicht mehr an alle Details erinnern kann, wird man sich bei passender Gelegenheit immer wieder an die Grundzüge erinnern. Wenn man aber niemals etwas darüber gelernt hat, wird man auch nie wieder einen einfachen Zugang dazu erhalten.

Viele Erwachsene haben entdeckt, dass ein breites Allgemeinwissen Spaß macht. Sie sehen sich Quiz-Shows an oder spielen nächtelang *Trivial Pursuit*. Warum vermuten sie dann, dass Kinder nicht genauso viel Spaß daran haben können?

Diese Buch hat sich als Ziel gesetzt, dieses oft vernachlässigte Gebiet wieder zum Thema zu machen und eine neue Generation von Kindern zu fördern, die Wissen nicht langweilig findet.

A. Fragen und Rätsel

Das Familienquiz

Technik

1. Was ist der Unterschied zwischen einer Mischung und einer Verbindung?
2. Welche drei Übertragungswege von Wärme gibt es?
3. Welche Kraft muss ein Auto überwinden, wenn es sich in Bewegung setzt?
4. Wie nennt man den Punkt, um den sich ein Hebel dreht?
5. Öl verwendet man, um in Maschinen was zu reduzieren?
6. Was ist ein Abakus?
7. Welche beiden Möglichkeiten, Atomenergie zu produzieren, gibt es?
8. Zentrifugalkraft nennen wir die Kraft, die Dinge nach außen treibt. Wie nennen wir die Kraft, die Objekte nach innen zieht?
9. Warum verbrauchen stromlinienförmige Fahrzeuge weniger Treibstoff?
10. Welche einfache Vorrichtung wird häufig benutzt, um die Richtung, in die eine Kraft wirkt, zu ändern?
11. Zu welchem anderen Zweck als zur Beleuchtung brauchte man im Mittelalter Kerzen?
12. Was war so ungewöhnlich an der Heinkel He 178?
13. Was war so bemerkenswert an der Focke-Wulf 61?
14. Welches Zeitmessinstrument hat die meisten sich bewegenden Teile?
15. Welches Zeitmessinstrument hat überhaupt keine sich bewegenden Teile?
16. Was ist der Grund dafür, dass ein Stock, den man ins Wasser wirft, gekrümmt aussieht?

17. Wenn man drei Glühlampen parallel verbinden würde und drei Glühlampen hintereinander, welche würden heller leuchten?

18. Wenn man ein kleines Glühlämpchen an einen elektrischen Stromkreis anschließt, in dem sich eine Zitrone befindet, glüht das Lämpchen auf. Richtig oder falsch?

19. Was für ein mechanisches Gerät ist ein Nussknacker?

20. Warum sind Sieldeckel normalerweise rund?

21. Welchen Gegenstand, der Phosphor enthält und den sich 1836 der Schuhmacher Alonzo D. Phillips patentieren ließ, gibt es heute in praktisch jedem Haushalt?

22. Welche Verbesserung entwickelte John B. Dunlop für das Fahrrad?

23. 1849 erfand Walter Hunt einen Gegenstand neu, der schon im Altertum dazu benutzt wurde, Kleidung zu befestigen. Worum handelt es sich?

24. Welches rudergetriebene Gefährt erfand der Holländer Cornelius van Drebbel, das er 1615 in einem Londoner Seitenarm der Themse demonstrierte?

25. Welche Erfindung brachte Sir John Harrington 1595 von einer Reise nach Italien an den Hof von Königin Elisabeth der Ersten mit?

26. Welches Gerät, das auch heute noch häufig verwendet wird, wurde von Alessandro Volta erfunden?

27. In welchem Teil der Welt wurde das Rad erfunden?

28. In welcher Stadt wurde die zweite Untergrundbahn der Welt gebaut?

29. Welche Verbindung besteht zwischen Leonardo da Vinci und dem Fahrrad?

30. Wer war Laika?

31. Elisha Greaves Otis demonstrierte seinen neu erfundenen Fahrstuhl, indem er einen Zuschauer bat, das Kabel durchzuschneiden. Was passierte?

32. Welches Haushaltsgerät hat seinen Ursprung in der Beoachtung, wie Äther verdampft?

33. Was hat die Koschenillelaus mit den Schnecken der Murexfamilie gemeinsam?

34. Wer erfand das Quecksilberthermometer?

35. Was wurde zuerst erfunden, die Schraube oder der Schraubendreher?
36. In welchem Land wurde die mechanische Uhr ursprünglich erfunden?
37. Salvino degli Armati war vorausschauend genug, dieses Gerät schon 1280 zu erfinden. Was war es?
38. Welches Gerät erfand Jethro Tull, das der Landwirtschaft diente?
39. In den 30er-Jahren entwickelte Chester Carlson ein Gerät, das in den 50er-Jahren in vielen Büros verbreitet war. Was war das?
40. Nicolas Appert, ein Pariser Konditormeister, bekam für seine Erfindung einen Preis, der mit 12.000 Franc dotiert war. Napoleon hatte ihm diesen Preis verliehen, weil diese Erfindung für seine Armeen von sehr großem Nutzen war. Was war es?
41. Die Firma Remington stellte ausschließlich Waffen her, bis Christopher Latham Sholes dieser Firma seine Erfindung verkaufte. Was war es?
42. Vor welchem berühmten Gebäude wurden die ersten Verkehrszeichen aufgestellt?
43. Der Reißverschluss wurde von Henrik Zipper erfunden. Richtig oder falsch?
44. Der Rasierapparat wurde von einem König erfunden. Richtig oder falsch?
45. Was erfand Guglielmo Marconi im Dachgeschoss seines Elternhauses?
46. Wie wurden die ersten Glasfenster hergestellt?
47. Was war Parkesin?
48. Welche ursprünglich aus Elfenbein bestehenden Gegenstände wurden durch solche aus Zelluloid ersetzt?
49. Was war ein Bissell Grand Rapids?
50. 1882 hatte Henry W. Seeley, ein Erfinder aus New York, eine Idee, die vielen Hausfrauen und -männern das Leben auch heute noch erleichtert. Was war das?

Lösungen siehe Seite 311 f.

Essen & Trinken

☺ 1. Welches Gemüse braucht man für die Zubereitung von Tsatsiki?
☺ 2. Aus welcher Region in Frankreich kommt ursprünglich der Muscadet?
☺ 3. Welches Fleisch braucht man für die Zubereitung von Ossobuco?
☺ 4. Welches ist das Hauptgewürz im Gulasch?
☺ 5. Was für eine Art von Eintopf ist Bouillabaisse?
☺ 6. Aus welchem Land kommt der Tokajer?
☺ 7. Wie nennt man das griechische Gericht, bei dem gehacktes Lamm- oder Rindfleisch und Auberginen übereinander geschichtet und mit Käse überbacken werden?
😐 8. Welches Gemüse enthält das Gericht Choucroute?
😐 9. Aus welcher Fleischsorte wird Haggis gemacht?
😐 10. Welche Käsesorte braucht man für Tiramisú?
😐 11. Woraus besteht Kuskus?
😐 12. Was ist Borschtsch?
😐 13. Was ist ein Crepe?
😐 14. Welches Fleisch braucht man für eine Ratatouille?
😐 15. Was für ein Käse ist Gorgonzola?
😐 16. Was verleiht Ouzo den typischen Geschmack?
😐 17. Woraus besteht Kedgeree?
😐 18. Wie nennt man Nüsse (meistens Mandeln), die in kochendem Zuckersirup geröstet werden, bis sie braun und knusprig sind?
😐 19. Womit wird das Fett in der Crème fraîche angedickt?
😐 20. Wie heißt der Branntwein, der im Nordwesten Frankreichs aus Äpfeln gemacht wird?
😐 21. Was für ein Blatt wird bei Dolmades mit Fleisch und anderen Zutaten gefüllt?
😐 22. Wie nennt man die scharfe Sauce, die man zu mexikanischen Gerichten, vor allem zu Tortillas, isst, die aus Tomaten, Chili und Zwiebeln gemacht wird?
☹ 23. Welches Fleisch wird für Châteaubriand verwendet?
☹ 24. Was ist Wan Tan?
☹ 25. Was für eine Frucht ist Shiraz?

26. Was ist Claret?
27. Was verleiht der Bloody Mary ihr scharfes Aroma?
28. Was sind Calamari?
29. Womit wird Kirschwasser aromatisiert?
30. Was für eine Eissorte ist Neapolitanisches Eis?
31. Was ist das Besondere an einem Glas Sambuca?
32. Wie wird der Angelfisch auch genannt, wenn er als Gericht serviert wird?
33. Indianer aus dem Amazonasgebiet essen gebackene Riesentaranteln. Richtig oder falsch?
34. Welches Fleisch wird in Kleftico verarbeitet?
35. Was bedeutet das Wort „Spaghetti" ursprünglich?
36. Was essen Anthropophagen?
37. Was für ein Pilz ist an der Herstellung von Alkohol beteiligt?
38. Was gehört zum Spinat auf sizilianische Art?
39. Wie nennt man die Bandnudeln, die ungefähr nur ein Drittel so dick sind wie Spaghetti?
40. Was für ein Gericht ist Mulligatawny?
41. Was ist Baklava?
42. Woraus wird Zabaione gemacht?
43. Aus welchem Teil des Rindes kommt das T-Bone-Steak?
44. Wie heißt der weiche weiße italienische Käse, der dem Hüttenkäse ähnelt?
45. Aus welcher Pflanzenfamilie stammt der Kümmelsamen?
46. Wie heißt Blumenkohl in Österreich?
47. Was für eine Art Gericht ist Julienne?
48. Wie nennt man das Konfekt, das aus geleeartigen Würfeln mit Puderzucker besteht?
49. Was ist Minestrone?
50. Was sind Gnocchi?

Lösungen siehe Seite 313 f.

Erfindungen

1. Wer erfand das Telefon?
2. Was erfand John Logie Baird?
3. Welche Funktion hatte ein Polygraf?
4. Wer wurde überall wegen seines Taschenrechners gelobt, aber wegen der Erfindung des Elektroautos C5 verspottet?
5. Unter welchem Namen wurde der John Gabel Entertainer besser bekannt?
6. Was war der Zweck der Archimedes-Schraube?
7. Wer erfand die erste mechanische Rechenmaschine?
8. Was präsentierte Elisha Greaves Otis 1853 in New York?
9. Die Römer erfanden das Hypokaustum. Wozu dient es?
10. Wer erfand das Sandwich?
11. Wer hat angeblich als Erster die Kunst entwickelt, leise für sich zu lesen, anstatt anderen vorzulesen?
12. Wer erfand den Phonograf (das Grammofon)?
13. Trotz des hohen Niveaus ihrer kulturellen Errungenschaften waren die alten Ägypter nicht die Erfinder einer grundlegenden technischen Errungenschaft. Welche war das?
14. Welches Volk entwickelte das erste richtige Papier?
15. In welchem Teil der Welt wurde der Schlittschuh erfunden?
16. Aus welcher Gegend stammt der Langbogen?
17. Welche Erfindung revolutionierte das Reiten?
18. Welche Erfindung des Menschen war das erste Objekt, das sich schneller bewegte als der Schall?
19. 1656 erfand ein holländischer Mathematiker und Astronom etwas, das die Zeitmessung revolutionierte. Was war das?
20. Welches mechanische Gerät war für Menschen, vor allem für Wissenschaftler, bei mathematischen Aufgaben hilfreich, bevor der Taschenrechner erfunden wurde?

21. Im späten Jahrhundert erfanden zwei Franzosen – Duchateau und De Chemant – etwas, das für Menschen, die gerne Süßigkeiten aßen, ein Segen war. Was war das?
22. Wer ließ den Kanal Nil – Rotes Meer bauen?
23. Was war Sheffield Silber?
24. Die Chinesen erfanden das Prinzip, Leonardo da Vinci entwarf eines, doch erst Louis Lenormand testete es 1783 tatsächlich selbst. Was war es?
25. Was erfand Benjamin Franklin, das Menschen hilft, die eine Brille tragen?
26. Welche französischen Brüder stellten einen funktionierenden Heißluftballon vor?
27. Was tat Samuel Harrison, um Menschen zu helfen, die mit einer Feder schrieben?
28. Wer stellte das Periodensystem der Elemente auf?
29. Welche Erfindung bringt man mit dem Namen Alan Turing in Zusammenhang?
30. Mit welchem Prozess bringt man den Namen Daguerre in Zusammenhang?
31. Viele Menschen entwickelten Nähmaschinen, die nie bekannt wurden. Wer war der Erste, der eine Nähmaschine erfand, die ein kommerzieller Erfolg wurde (und die noch immer seinen Namen trägt)?
32. Wer erfand das Saxofon?
33. Ascanio Sobrero, der kaum bekannt ist, entwickelte etwas, das Alfred Nobel verbesserte und das ihn berühmt machte. Welches war die ursprüngliche Erfindung und warum war Sobrero damit nicht erfolgreicher?
34. Welchen Beitrag leistete Fox Talbot im Bereich Fotografie?
35. Wer erfand den elektronischen Telegrafen, der Nachrichten verschlüsselt in Punkte und Striche übermittelte?
36. Charles Pravaz erfand eine Möglichkeit, Medikamente zu sich zu nehmen, ohne sie zu schlucken. Was war das?

37. Welchen wichtigen fotografischen Prozess entwickelte James Clark Maxwell 1861?
38. Was tat der amerikanische Farmer James Glidden, um die Produktion von Stacheldraht zu verbessern?
39. Wofür wurde die erste Heftmaschine gebraucht?
40. Die Römer erfanden die Hufsandale. Was bewirkte sie?
41. Thomas Adams nahm Chicle, fügte ein bisschen Lakritzaroma hinzu und verkaufte es als Black Jack. Was hatte er erfunden?
42. Welche Erfindung wurde als „wertvolles Gehirntonikum und intellektuelles Getränk“ verkauft?
43. Waterman ist im Zusammenhang mit dem Füllfederhalter bekannt, doch er war nicht der Erfinder. Was verbindet ihn mit dem Füllfederhalter?
44. Der wichtigste Bestandteil von Aspirin war schon den alten Griechen bekannt. Woraus wurde er gewonnen?
45. Scipione Riva-Rocci erfand ein Gerät zur Messung des Blutdrucks. Es wird noch immer benutzt. Wie heißt es?
46. Warum heißen Panzer auf Englisch „tank“?
47. 1921 stellte man fest, dass Insulin, ein Hormon, welches man aus der Bauchspeicheldrüse von Schweinen gewann, zur Behandlung einer Krankheit eingesetzt werden kann. Um welche Krankheit handelt es sich?
48. Welches war das erste Produkt, das aus Nylon hergestellt wurde?
49. Was erfand Percy Shaw, als er sah, wie seine Scheinwerfer von den Augen einer Katze reflektiert wurden?
50. Welches war das erste synthetische Insektenvernichtungsmittel der Welt?

Lösungen siehe Seite 314 f.

Ereignisse der Gegenwart I

1. Wie hieß der Anführer der PLO, der mit Israel ein Friedensabkommen schloss?
2. Wer wurde 1994 der erste schwarze Präsident von Südafrika?
3. 1986 fand der schlimmste Atomreaktor-Störfall der Welt statt. Wo?
4. Welches sowjetische Staatsoberhaupt ist zum größten Teil für die Überwindung des Kommunismus in Osteuropa verantwortlich?
5. Wie nannte man die Grenze zwischen Westeuropa und dem Ostblock nach dem Zweiten Weltkrieg gemeinhin?
6. Welchen Rekord brach Reiner Hege?
7. Welcher israelische Premierminister wurde im November 1995 ermordet?
8. Wie lautet der Name der irischen Nationalistenorganisation, die seit den siebziger Jahren für viele Bomben- und Terroranschläge in Nordirland und Großbritannien verantwortlich ist?
9. Welcher amerikanische Präsident begann seine Karriere als Filmschauspieler und wurde später Gouverneur von Kalifornien?
10. In welchem Jahr reiste Nelson Mandela zu seinem ersten Staatsbesuch nach Großbritannien?
11. Welches Land gewann den Sechstagekrieg?
12. Mit welcher Organisation bringt man Boutros Boutros-Ghali in Verbindung?
13. Wer war der erste Kanzler des wiedervereinigten Deutschlands?
14. Welches merkwürdige meteorologische Phänomen trat 1996 in Südafrika auf?
15. Wer wurde 1949 das erste Staatsoberhaupt der Volksrepublik China?
16. Welches westliche Land unterstützte die südvietnamesischen Streitkräfte im Vietnamkrieg?

17. Welche Stadt war zwischen dem Ende des Zweiten Weltkriegs und 1989 zwischen Ost- und Westdeutschland aufgeteilt?
18. Welcher indische Politiker und religiöse Führer war hauptsächlich für die Unabhängigkeit seines Landes von Großbritannien verantwortlich?
19. Kurz nachdem er zum israelischen Premierminister ernannt worden war, kündigte Binyamin Netanyahu dem Kindermädchen seiner Kinder. Warum?
20. Welches der folgenden Länder trat als letztes der Europäischen Union bei? (a) Frankreich, (b) Großbritannien oder (c) Spanien?
21. Welches europäische Land ist dafür bekannt, seit Ende des Zweiten Weltkriegs eine Reihe kurzer Koalitionsregierungen gehabt zu haben?
22. Was unterschied Papst Johannes Paul II. von seinen Vorgängern der letzten 450 Jahre?
23. Wer war der letzte weiße südafrikanische Präsident?
24. In welchem Land führt die „Zeit der Märsche" traditionell zu Feindseligkeiten zwischen den Anhängern unterschiedlicher Konfessionen?
25. Welche nordamerikanische Stadt wurde 1994 durch ein Erdbeben beschädigt?
26. Während des Krieges im ehemaligen Jugoslawien war Slobodan Milosevic das Oberhaupt welchen Staates?
27. In welchem Jahr bestieg Königin Elisabeth II. von England den Thron?
28. Für welche politische Partei warb George Bush?
29. Wer wurde der erste russische Präsident nach der Auflösung der Sowjetunion?
30. Aus welchem asiatischen Land zogen sich 1989 sowjetische Truppen nach einem zehn Jahre dauernden Guerillakrieg zurück?
31. Welcher Vorfall führte zum zweiten Golfkrieg?
32. Wen soll Lee Harvey Oswald erschossen haben?
33. Wer trat im Jahr 1992 als Präsidentschaftskandidat gegen Bill Clinton an?

34. Welche Insel spaltete sich 1949 von der Volksrepublik China ab und stellte eine eigene nationalistische Regierung auf?
35. Welches erste osteuropäische Land bildete 1980 die erste Handelsgemeinschaft?
36. Zu welchem Land gehörte die West Bank vor der Besetzung durch Israel im Jahr 1967?
37. Wie hieß Indira Gandhis Vater?
38. Wer war Vizepräsident von Ronald Reagan?
39. Welche Stadt bei Johannesburg stand bei den Studentenprotesten von 1976 im Mittelpunkt, die später zu gewalttätigen Unruhen führten?
40. Wer war amerikanischer Präsident während der Kubakrise?
41. Wer wurde 1969 durch einen militärischen Staatsstreich Libyens Staatsoberhaupt?
42. Welche Position hatte Bill Clinton inne, bevor er Präsident wurde?
43. In welchem Jahr fand der zweite Golfkrieg statt?
44. Welches Geiseldrama trug zur Niederlage Jimmy Carters bei den Präsidentschaftswahlen 1980 bei?
45. In welchem Land herrschte König Hussein?
46. Wer war der Nachfolger des ägyptischen Präsidenten Anwar Sadat?
47. Wie wird der europäische Binnenmarkt auch genannt?
48. Zu welchem Land gehörte Zypern, bevor es 1960 die Unabhängigkeit erlangte?
49. In welchen Jahren fand der Jom-Kippur-Krieg statt?
50. Welcher Skandal kostete Richard Nixon die Präsidentschaft?

Lösungen siehe Seite 316 f.

Natur

1. Unter welchem Namen ist die Blaubeere auch bekannt?
2. Zu welcher Pflanzenfamilie gehört das Geißblatt?
3. Woher stammt der Labrador?

4. Unter welchem Namen ist der schwarze Leopard besser bekannt?
5. Wie sieht ein Fliegenpilz aus?
6. Was für eine Pflanze ist eine Karnivorpflanze?
7. Wo legen Libellen ihre Eier ab?
8. Wie nehmen Lampreten (Meeresneunauge) ihre Nahrung zu sich?
9. Was ist ein Gavial?
10. Unter welchem Namen ist das Geißblatt auch noch bekannt?
11. Wie alt kann ein Papagei werden?
12. Worin unterscheidet sich das Aussehen eines Borstenigels von dem eines Igels?
13. Welche Bäume wachsen in der Tundra?
14. Was sondern die Wurzeln der Skammonia ab?
15. Wie viele Beine hat ein Tausendfüßler im Durchschnitt?
16. Wo leben Walrosse?
17. In welcher Position verbringen Faultiere einen Großteil des Tages?
18. In welcher Umgebung wächst Enzian?
19. Was für ein Tier ist ein Steinbock?
20. Wozu benutzen Wildschweine ihre hervorstehenden Eckzähne?
21. Mit welchem domestizierten Tier ist das Guanako verwandt?
22. Was für ein Tier ist der Flughund?
23. Wie transportiert ein Eichhörnchen sein Futter?
24. Wo leben Tapire?
25. Welches ist nach dem Elefant das größte Landsäugetier der Welt?
26. Was für ein Tier ist das Karibu?
27. Was für eine Art Vegetation findet man in der Taiga?
28. Was ist ein Taubenschwänzchen?
29. Zu welcher Pflanzenfamilie gehört der Krokus?
30. Welches ist der größte Greifvogel?
31. Wie überwältigt ein Gepard seine Beute?
32. Auf was für einer Pflanze wachsen Kiwis?
33. Als was ist der Syringa auch noch bekannt?

34. Was für eine Art Tier ist ein Marmosett?
35. Wie tötet ein Python seine Opfer?
36. Zu welcher Tierfamilie gehört das Känguru?
37. Wo leben Giraffen?
38. Was für eine Art Tier ist das Weißschwanzgnu?
39. Zu welcher Tierfamilie gehören Salamander?
40. Wie heißt das Insekt, das Malaria überträgt?
41. Welche Bärenart wird auch Braunbär genannt?
42. Bei welcher Affenart haben die erwachsenen Männchen einen bunt gefärbten Kopf und ein buntes Hinterteil?
43. Wo lebt der Emu?
44. Welches ist der größte Süßwasserfisch?
45. Was fressen Koalas?
46. Wie heißt das Insekt, das die Schlafkrankheit überträgt?
47. Haben Pumas ein geflecktes Fell?
48. Welchem Tier ähnelt ein Okapi?
49. Wovon lebt eine Zecke?
50. Was für eine Art Tier ist ein Chinchilla?

Lösungen siehe Seite 317 f.

Medizin

1. Welches Augenleiden wird verursacht, wenn überschüssige Flüssigkeit nicht richtig abfließen kann?
2. Warum werden Menschen nicht gegen die normale Erkältung immun?
3. An welcher Krankheit leidet jemand, dem das Protein Faktor VIII im Plasma fehlt?
4. Wovor haben Menschen mit einer Agoraphobie Angst?
5. Was ist bei einer Person entzündet, die an Periodontitis leidet?
6. Wie unterscheiden sich die Körperzellen eines Menschen mit dem Down-Syndrom von denen normaler Menschen?
7. Was für eine Art Krebs ist ein malignes Melanom?

☹ 8. Was fehlt Menschen, die an einer Anämie leiden?
☹ 9. Was ist eine Thrombose?
☺ 10. Bei welcher allergischen Erkrankung ziehen sich die Muskeln der Bronchien und der Bronchiolen zusammen, was zu einer Verengung der Atemwege führt?
☹ 11. Bei der Krankheit Rachitis kommt es zu einer Mangelerscheinung in den Knochen. Welcher Mangel ist das?
☹ 12. Die Mammografie wird zur Diagnose welcher Krankheit eingesetzt?
☹ 13. Was ist die Ursache für Angina Pectoris?
☹ 14. Woran leidet ein Mensch mit Osteoporose?
☹ 15. Wofür steht die Abkürzung AIDS?
☹ 16. Was für eine Krankheit ist Psoriasis?
☹ 17. Was bedeutet Grand mal?
☹ 18. Welche weit verbreitete Virusinfektion ist seit 1979 aufgrund weltweiter Impfungen nicht mehr vorgekommen?
☹ 19. Welches Organ ist bei einem Menschen betroffen, der an einem Emphysem leidet?
☺ 20. Wofür steht die Abkürzung EKG?
☹ 21. Welche Krankheit überträgt die Aedesmücke?
☺ 22. Welche Körperzellen sind bei der Leukämie befallen?
☺ 23. Wenn jemand kurzsichtig ist, was für eine Linse braucht er dann, um wieder normal sehen zu können?
☺ 24. Welches Virus verursacht die Windpocken?
☺ 25. Welches Organ ist betroffen, wenn jemand an Hepatitis leidet?
☹ 26. Zu welchem chronischen Zustand kann eine Poliomyelitis führen?
☹ 27. Welches sind die wichtigsten Symptome einer Tetanusinfektion?
☹ 28. Welcher Teil des Körpers ist bei der Encephalitis entzündet?
☹ 29. Welche gefährliche Folge kann ein geplatzter Blinddarm haben?
☹ 30. Welche Drüsen sind bei einer Mumpserkrankung hauptsächlich betroffen?
☹ 31. Welchen Teil des Körpers befällt das Bacterium vibrio cholerae?

☹ 32. Welches Organ ist hauptsächlich durch Tuberkulose betroffen?
☹ 33. Wie nennt man die Rubeolae auch noch?
☹ 34. Welches Virus verursacht eine kalte offene Wunde?
☹ 35. Welche Infektionskrankheit wird durch Spirochätose ausgelöst?
☹ 36. Wie heißt der Zustand, bei dem die Magenschleimhaut entzündet ist?
☹ 37. Wie nennt man Mononucleosis infectiosa auch noch?
☹ 38. Welche degenerative Nervenkrankheit steht mit der Zerstörung der Gehirnzellen, die Dopamine produzieren, in Verbindung?
☹ 39. Welche schwere ansteckende Krankheit wird durch die Bordetella-pertussis-Bakterien verursacht?
☹ 40. Was für eine Krankheit ist Scherpilzflechte?
☺ 41. In welchem Teil des Körpers beginnt normalerweise Gicht?
☹ 42. Was ist der Zweck einer Vagotomie?
☹ 43. Wodurch wird ein Schlaganfall verursacht?
☹ 44. Welcher Zustand beschreibt die Entzündung der Membrane der Stirnhöhle?
☹ 45. Warum wurden Produktion und Anwendung von Asbest verboten?
☹ 46. Wodurch wird ein Gerstenkorn verursacht?
☹ 47. Welcher Teil des Körpers ist bei einer Spondylitis entzündet?
☹ 48. Wie nennt man Ikterus auch noch?
☹ 49. Was untersuchen Ärzte mit einer Angiografie?
☹ 50. Wie wirkt sich eine Katarakt aus?

Lösungen siehe Seite 319 f.

Wetter

☺ 1. Ist in der Atmosphäre die Stratosphäre, die Mesosphäre oder die Troposphäre der Erde am nächsten?
☹ 2. Wie nennt man die Übergangszonen von einer Luftmasse zur anderen?

3. Wie nennt man die „Absolute Temperaturskala" noch?
4. Mit welchem Instrument misst man die Windgeschwindigkeit?
5. Was ist ein Anemograph?
6. Wie nennt man einen Wind mit einer Geschwindigkeit von über 119 km/h laut Beaufort-Skala?
7. Wie nennt man gemeinhin die äquatorialen Windstillen?
8. Wie nennt man eine dunkle, trichterförmige Wolke, die schnell rotierende Luftmassen enthält, die sich in einer kumulonimben Wolkenmasse bilden und sich bis zur Erde ausdehnen?
9. Was ist eine Windhose?
10. Wofür braucht man ein Hygrometer?
11. Was für ein Barometer ist ein Statoskop?
12. Welches Metall wird überwiegend zur Herstellung von Thermometern und Barometern benutzt?
13. In welchem Teil der Atmosphäre findet man die Ozonschicht?
14. Welches ist die meteorologische Verwendung von Silberjodid?
15. Was ist Firn?
16. Was ist ein Neve?
17. Was bewirkt der Golfstrom?
18. Was ist ein Rainwash?
19. Was ist ein Pluviometer?
20. Wie viel Regen muss in einem Regenwald fallen, damit er unter die Kategorie Regenwald fällt?
21. Was ist saurer Regen?
22. Was ist eine Isohyete?
23. Welche primitiven aeronautischen Geräte werden häufig benutzt, um meteorologische Ausrüstung zu transportieren?
24. Was sind Hydrometeore?
25. Was ist der im südlichen Asien vorkommende Monsun?
26. Was bedeutet diluvial?
27. Was ist, meteorologisch gesehen, eine Springflut?
28. Was ist ein Schlagwetter?

29. Wie heißt die wissenschaftliche Bezeichnung für eine Gewitterwolke?
30. Was sind noctilucente Wolken?
31. Was ist ein Ceilometer?
32. Was ist eine Wetterscheide?
33. Was ist Zirrostratus?
34. Was ist eine Haloerscheinung?
35. Was ist ein Atmospherium?
36. Was heißt Zirrocumulus?
37. Was ist eine Federwolke?
38. Was bedeutet im Zusammenhang mit Wolken das Ausflocken?
39. Was war Tiros 1?
40. Was ist die relative Luftfeuchtigkeit?
41. Was ist Thermik?
42. Was ist die gefühlte Temperatur?
43. Was ist im Hinblick auf atmosphärische Begriffe ein vertikaler Temperaturgradient?
44. Was ist der Taupunkt?
45. Was ist eine Wärmeinsel?
46. Was ist ein Meteorograf?
47. Was ist der Unterschied zwischen Wetter und Klima?
48. Wie viel Schnee entspricht ungefähr 2,5 Zentimeter Regen?
49. Ab welcher Geschwindigkeit hat eine weitere Erhöhung der Windgeschwindigkeit kaum einen Einfluss mehr auf die gefühlte Temperatur?
50. Wie nennt man die äußerste Schicht der Atmosphäre?

Lösungen siehe Seite 320 ff.

Popmusik

1. Welches war das erste Album, das Michael Jackson nach seinem Millionenerfolg *Thriller* herausbrachte?
2. Wer schrieb das Musical *South Pacific*?
3. Welcher Sänger veröffentlichte das Album *No Jacket Required*?

☺ 4. Der Name welcher englischen Gruppe stammt aus einem Muddy-Waters-Song?
☺ 5. Wie heißt das Greatest-Hits-Album von Roxette?
☺ 6. Welches war das Debütalbum von Sade?
☺ 7. Wer sang den Titelsong für den Film *Waiting to Exhale*?
☹ 8. Aus welchem Musical stammt der Song *Sixteen Going on Seventeen*?
☹ 9. Zu welcher Gruppe gehört Marti Pellow?
☹ 10. Welche Gruppe veröffentlichte das Album *Achtung Baby*?
☺ 11. Welche Sängerin sang den Titelsong des James-Bond-Films *Golden Eye*?
☺ 12. Auf welchem UB40-Album findet man den Song *Kingston Town*?
☺ 13. Mit welcher Sängerin nahm James Taylor den Song *Mockingbird* auf?
☺ 14. Welche Gruppe veröffentlichte den Titel *Breakfast in America*?
☺ 15. 1983 landete Irene Cara mit *What a Feeling* einen Hit. Aus welchem Film stammt der Song?
☺ 16. Wer schrieb den Song *Raindrops Keep Falling On My Head*?
☺ 17. Mit welchem Musikinstrument bringt man Kenny Ball in Verbindung?
☺ 18. In welchem Film kommen die Songs *Stayin' Alive* und *How Deep Is Your Love* vor?
☺ 19. Wer schrieb die Titelmusik zu dem Film *The Good, the Bad and the Ugly*?
☹ 20. Wie heißt das Greatest-Hits-Album von Tears For Fears?
☺ 21. Welcher Sänger veröffentlichte das Album *Born in the USA*?
☺ 22. Auf welchem Simon & Garfunkel-Album erschien *The Boxer* zum ersten Mal?
☺ 23. Aus welchem Musical stammt der Titel *Pick a Pocket or Two*?
☺ 24. Wer schrieb die Songs zu dem Film *Toy Story*?

25. Welcher Sänger veröffentlichte das Album *Mercury Falling*?
26. Auf welchem Album von Simply Red findet man den Song *Something Got Me Started*?
27. In welchem Jahr landeten die Rolling Stones mit *Satisfaction* einen Hit?
28. Mit welchem Instrument steht Gheorge Zamfir in Verbindung?
29. Mit welchem Sänger nahm Barbra Streisand den Song *You Don't Bring Me Flowers* auf?
30. Welche Gruppe nahm die Songs *Georgy Girl* und *The Carnival Is Over* auf?
31. Wer schrieb den Song *Ev'ry Time We Say Goodbye*?
32. Welche französische Sängerin wurde als „Spatz von Paris" bekannt?
33. Wie heißt das Album „The Best of Bob Marley"?
34. Welche Soulsängerin veröffentlichte das Album *I Feel For You*?
35. Zu welcher Gruppe gehört Heather Small?
36. In welchem Musical kommen die Titel *Summer Nights* und *You're the One That I Want* vor?
37. Aus welchem Walt-Disney-Film stammt der Song *Versuch's mal mit Gemütlichkeit*?
38. Welche schottische Gruppe veröffentlichte das Album *The Cutter and the Clan*?
39. Wer veröffentlichte das Album *The Return of the Space Cowboy*?
40. Wer war der Leadsänger von den Commodores?
41. Wer war die Sängerin von Yazoo?
42. Wer war Richard Wayne Penniman?
43. In welchem Jahr nahmen die Dire Straits ihr Album *Brothers in Arms* auf?
44. Welche Sängerin veröffentlichte das Album *It's A Man's World*?
45. Auf welchem Bon-Jovi-Album wurde der Song *Livin' on a Prayer* zum ersten Mal veröffentlicht?
46. Wie lautete der Titel von Kate Bushs Debütalbum?
47. Auf welchem Queen-Album wurde der Song *Who Wants to Live Forever* zum ersten Mal veröffentlicht?

48. Mit welcher Gruppe sang Marc Almond, bevor er seine Solokarriere begann?
49. Auf welchem Album der Beatles wurde der Song *Strawberry Fields Forever* zum ersten Mal veröffentlicht?
50. Welche Sängerin veröffentlichte das Album *Boys For Pele*?

Lösungen siehe Seite 322 ff.

Bibel

1. Woher kommt das Wort „Bibel“ ursprünglich?
2. Was ist der Pentateuch?
3. Wie viele Bücher umfasst das Alte Testament?
4. Wie viele Bücher umfassen das Alte und das Neue Testament zusammen?
5. Wie heißen die 15 Bücher, die in der hebräischen Bibel nicht enthalten sind?
6. Wie nannte man die griechische Übersetzung der fünf Bücher Moses?
7. Warum wurde die Septuaginta so genannt?
8. Welches sind die ältesten noch existierenden Bibelmanuskripte?
9. Wie nennt man ein Manuskript in Form eines modernen Buches mit beidseitig beschriebenen Seiten?
10. Wie lautet der hebräische Name für den Pentateuch?
11. Welche beiden Bücher erzählen die Geschichte von König David?
12. Wie lautet die Inschrift an der Wand bei Belzasars Fest?
13. Warum führte Abraham die Juden nach Ägypten?
14. Welches waren die ersten beiden Söhne Abrahams?
15. Welches ist die älteste Stadt der Welt?
16. Wie heißen die Söhne Noahs?
17. Wer waren die Söhne von Isaak und Rebecca?
18. Welcher Prophet wurde in eine Löwengrube geworfen?
19. Welcher Sohn von David und Bathseba war für seine Weisheit bekannt?

20. Wer schnitt Samson im Schlaf die Haare ab?
21. Wer war der riesenhafte Philister aus Gat?
22. Als sich das jüdische Königreich in zwei Teile teilte, wie wurde da der südliche Teil genannt?
23. Welche beiden Meere werden durch den Jordan verbunden?
24. Welcher babylonische König eroberte 597 v. Chr. Jerusalem?
25. Wie hieß die Priestersekte, die in Qumran lebte und die Schriftrollen vom Toten Meer schrieb?
26. Wer führte die Kinder Israels aus Ägypten?
27. Wer besetzte das Gelobte Land, als die Israeliten dort eintrafen?
28. An die Erlösung von welcher der ägyptischen Plagen wird mit dem Passahfest erinnert?
29. Welche Königin stellte die Weisheit Salomons auf die Probe?
30. In welchem Land war Sargon König?
31. Welcher persische Eroberer von Babylon erlaubte den Israeliten die Heimkehr?
32. Wie nannte man das Land zwischen den Flüssen Tigris und Euphrat?
33. Wer war König, als Jesus geboren wurde?
34. Wo liegt Nazareth?
35. Wie heißt das Galiläische Meer auch?
36. Wer wird als Gründer des Christentums bezeichnet?
37. Wer war der erste christliche Märtyrer?
38. Wie heißen die vier Evangelien des Neuen Testaments?
39. Wie ist der vollständige Name des Buches, das häufig fälschlicherweise „Die Offenbarung" genannt wird?
40. Welches ist die biblische Bedeutung der Zahl 666?
41. Auf welchem Hügel fand die Kreuzigung statt?
42. Wer waren die Heiligen Drei Könige?
43. Wer lebte von Johannisbrot und Honig?
44. Wer tanzte für den Kopf von Johannes dem Täufer?
45. Wer waren die vier Reiter der Apokalypse?
46. Wie nennt man die Evangelien von Matthäus, Markus und Lukas?
47. Benennen Sie drei der Paulusbriefe.

48. Was ist ungewöhnlich an der Volkszählung, die in der Geschichte von der Geburt Christi erwähnt wird?
49. Welches Buch kommt nach den drei Büchern des Johannes?
50. Wer wurde dazu auserwählt, den Platz von Judas Ischarioth bei den Jüngern einzunehmen?

Lösungen siehe Seite 324 f.

Der menschliche Körper

1. Welcher Teil des Auges kontrolliert den Lichteinfall?
2. In welchem Organ findet man diese drei Knochen: Hammer, Amboss und Steigbügel?
3. Welche Blutgefäße transportieren das Blut vom Herzen weg?
4. Was sind Neuronen?
5. Wie heißt die Membrane, die das Gehirn umgibt?
6. Wie heißt das Nervengewebe, das die beiden Gehirnhälften verbindet?
7. Welcher Muskel kontrolliert die Beugung des Arms?
8. Wozu dient Cartilago?
9. Wie heißt die Flüssigkeit, in der rote und weiße Blutkörperchen voneinander getrennt werden?
10. Worauf genau beziehen sich die beiden Werte beim Blutdruckmessen?
11. Wie sind die Muskeln am Knochengerüst befestigt?
12. Welche Blutgefäße ermöglichen den Blutfluss zwischen Arterien und Venen?
13. Was ist die Hauptfunktion der Lymphozyten?
14. Was trennt das Septum atrioventriculare?
15. Welches Hormon ist für die Höhe des Blutzuckerspiegels verantwortlich?
16. Wie viel Blut befindet sich durchschnittlich in einem menschlichen Körper?
17. Wo befindet sich die Hypophyse?
18. In welchem Teil des Körpers findet man die Phallanx?

19. In welchem Gewebe werden die roten Blutkörperchen gebildet?

20. Welcher ist der längste Knochen im menschlichen Körper, und wo befindet er sich?

21. Welche beiden Muskelgruppen sind für die Atmung wichtig?

22. Wie heißt die Membrane, die die Lungen umgibt?

23. Wie nennt man die Luftröhre noch?

24. Wie heißen die halbmondförmigen knorpligen Scheiben im Kniegelenk?

25. Welches Enzym im Magen ist für die Aufspaltung der Proteine verantwortlich?

26. In welchem Organ wird die von der Leber produzierte Gallenflüssigkeit gelagert?

27. Warum ist die Gallenflüssigkeit zur Funktion des Verdauungssystems notwendig?

28. Welches Organ reguliert die Zuckermenge im Körper?

29. Aus welchen drei Teilen besteht der Dünndarm?

30. Welches ist das größte Organ des menschlichen Körpers?

31. Welche Funktion hat der Blinddarm?

32. Wie nennt man die flüssigen Inhaltsstoffe des Dünndarms?

33. Aus welchen chemischen Bestandteilen bestehen Proteine?

34. In welchem Organ befinden sich die Hepatozyten?

35. Wie heißen die Zellorganellen, die für die Umwandlung der Zellen, z.B. in Energie, verantwortlich sind?

36. Welches Organ produziert Urin?

37. Wofür steht die Abkürzung DNA?

38. Welches Hormon produziert die Nebennierenrinde?

39. Wie viele Zähne gehören zu dem gesunden Gebiss eines Erwachsenen?

40. Welche Körperteile enthalten Keratin?

41. Wie heißt die Verbindung von der Niere zur Blase?

42. Wogegen schützt das Melanin die Haut?

43. Was ist das Cranium?

44. Wie nennt man den weißen Teil des Auges?

45. Wofür ist die Cochlea verantwortlich?

😐 **46.** Was wird durch den Corpus callosum zusammengehalten?

☹ **47.** Was passiert, wenn Melanozyten in der Haut verklumpt sind?

☹ **48.** In welchem Teil des Körpers findet man den Kalkaneus?

☹ **49.** Welche Funktion hat der Plättchenfaktor 3?

☹ **50.** Wie nennt man den Kehlkopf noch?

Lösungen siehe Seite 325 ff.

Redewendungen aus aller Welt

😐 **1.** Mit welchem Land bringt man den Ausspruch „E pluribus unum“ in Verbindung?

😐 **2.** Was für ein Gegenstand wurde gelegentlich als „memento mori“ aufbewahrt?

😐 **3.** Welcher Ritterorden wurde mit den Worten „Honi soit qui mal y pense“ gegründet?

🙂 **4.** Wer sagte „Veni, vidi, vici“ und bei welcher Gelegenheit?

🙂 **5.** Was ist mit „Mens sana in corpore sano“ gemeint?

🙂 **6.** Was tut jemand, der „ultra vires“ agiert?

😐 **7.** Was bedeutet der Satz „Finis coronat opus“?

😐 **8.** Was sind „enfants terribles“?

🙂 **9.** Was bedeutet das Motto „Per aspera ad astra“?

🙂 **10.** Was bedeutet der Ausdruck „O tempora! O mores!“?

☹ **11.** Wie heißt der lateinische Ausdruck für „So geht dahin der weltliche Ruhm“?

🙂 **12.** Wo hört man den Satz „Faites vos jeux!“?

🙂 **13.** Was bedeutet: „Plus ça change, plus c’est la même chose“?

🙂 **14.** Was ist mit dem Ausdruck „Delenda est Carthago“ gemeint?

🙂 **15.** Was bedeutet der philosophische Ausspruch „Cogito, ergo sum“?

😐 **16.** Was bedeutet die Anweisung „Divide et impera“?

😐 **17.** Wie würde man „Dulce et decorum est pro patria mori“ übersetzen?

18. Welchen Fortbewegungsapparat versteht man unter „per pedes“?
19. Was meinte Archimedes, als er „Eureka!“ rief?
20. Was bedeutet „Ultima ratio“?
21. Wessen Motto ist „Ich dien“?
22. Was ist mit dem Ausdruck „Fiat lux“ gemeint?
23. Was besagt die Aufforderung „Carpe diem“?
24. Was meinte Heraklit, als er sagte: „Panta rhe’i“?
25. Was bedeutet „Que sera, sera“?
26. Wie würde man die Begrüßung „Salaam aleikum“ übersetzen?
27. Was heißt „Quod erat demonstrandum“?
28. Was versteht man unter „La donna è mobile“?
29. Wen nennt man einen „Don Quijote“?
30. Was meint man mit „Quintessenz“?
31. „Fortuna favet fatius“ und „Fortuna favet fortibus“ drücken aus, wie Fortuna ihre Gunst verteilt. Nämlich wie?
32. Warum braucht man sich vor einem „fulmen brutum“ nicht zu fürchten?
33. Was ist ein „Coup de foudre“?
34. Was ist ein „Coup de théatre“?
35. Was ist ein „Coup de poing“?
36. Was ist mit dem Ausspruch „In vino veritas“ gemeint?
37. Welcher Gedanke wird mit dem Ausspruch „Dum spiro, spero“ ausgedrückt?
38. Was meinte Galileo, als er angeblich gesagt hat „Eppur si muove“?
39. Was bedeutet der Satz: „J’y suis, j’y reste“?
40. Was ist ein Votum non placet?
41. Was meinen die Moslems mit dem Ausdruck „Inschallah“?
42. Was erwartet man unter der Aufschrift „Hic iacet …“?
43. Würde der Ausdruck „Festina lente“ Sie dazu veranlassen, sich zu beeilen?
44. Was versteht man unter dem Ausdruck „Tempus fugit“?
45. Wären Sie durch einen Kollegen ermutigt, der Ihnen sagt: „Volo, non valeo“?

46. Wie wird die Abkürzung „usw." im Englischen wiedergegeben?
47. Ist der Ausdruck „Vedi Napoli e poi muori" eine Aufforderung, Neapel zu besuchen?
48. Was bedeutet „O sancta simplicitas"?
49. Was ist ein „deus ex machina"?
50. Was ist mit dem Ausdruck „C'est magnifique mais ce n'est pas la guerre" gemeint?

Lösungen siehe Seite 327 f.

Ereignisse der Gegenwart II

1. Wie nannte man den Aufstand der Palästinenser von 1988?
2. Nelson Mandela ist Anführer welcher Partei?
3. Wer war Jimmy Carters Nachfolger als Präsident der Vereinigten Staaten?
4. Wie hieß der ägyptische Präsident, der 1981 von islamischen Fundamentalisten ermordet wurde?
5. Welcher deutsche Kanzler erhielt für seine Bemühungen zur Reduzierung der Spannungen zwischen Ost und West den Friedensnobelpreis?
6. Von welchem Land versuchte Biafra sich zu trennen?
7. Wer kam 1973 nach einem Militärputsch in Chile an die Macht?
8. Welches afrikanische Land wurde 1962 nach einem über sieben Jahre dauernden Krieg von Frankreich unabhängig?
9. Welcher Vorfall führte zur Suezkrise?
10. Wer war von 1964 bis 1991 Präsident von Sambia?
11. Was passierte am 17. Juni 1953 in Ostberlin?
12. Wie nannte man die kommunistisch gestützten südvietnamesischen Guerillas?
13. Wer war Indiens erster Premierminister nach der Unabhängigkeit?
14. Wie hieß der Friedensvertrag, der 1979 von Menachem Begin, Anwar Sadat und Jimmy Carter unterzeichnet wurde?

☹ **15.** Wo wurde Martin Luther King ermordet?
☹ **16.** Von welchem Land war Idi Amin Diktator?
☹ **17.** Wie hieß der amerikanische Spaceshuttle, der 1986 kurz nach dem Start explodierte?
☹ **18.** Welcher Vorfall führte dazu, dass die USA 1986 Libyen bombardierten?
☹ **19.** Wo wurde der Vertrag der Europäischen Union unterzeichnet?
☺ **20.** Wann fiel die Berliner Mauer?
☺ **21.** Welches war das eigentliche Ziel der Pan Am Boeing, die 1989 über Lockerbie abstürzte?
😐 **22.** Welches waren die Gründerstaaten der Europäischen Wirtschaftsgemeinschaft?
😐 **23.** Welcher kommunistische Führer wurde 1989 überwältigt und zusammen mit seiner Frau exekutiert?
😐 **24.** Wer verlor 1960 die amerikanischen Präsidentschaftswahlen gegen John F. Kennedy?
😐 **25.** Wo war das Giftgasleck, das 1984 über 6.000 Menschen tötete?
😐 **26.** Wer war der am längsten amtierende britische Premierminister des 20. Jahrhunderts?
😐 **27.** Wofür steht die Abkürzung OPEC?
😐 **28.** Wer war der sowjetische Staatssekretär während der Kubakrise?
😐 **29.** In welchem Krieg besetzte Israel die Golanhöhen?
😐 **30.** Welches waren die ersten beiden Staaten des ehemaligen Jugoslawiens, die die Unabhängigkeit verkündeten?
😐 **31.** Wann wurde die NATO gegründet?
😐 **32.** Welches sowjetische Staatsoberhaupt bekam 1990 den Friedensnobelpreis verliehen?
☹ **33.** Zu welcher Bewegung gehörte der ehemalige kambodschanische Führer Pol Pot?
☹ **34.** In welchem Jahr wurde Margaret Thatcher Großbritanniens erster weiblicher Premierminister?
☹ **35.** Wo fand die erfolglose, von der CIA unterstützte Invasion Kubas statt?
☹ **36.** Welcher Arzt führte die erste Herztransplantation durch?

37. Welche Mittelmeerinsel wurde 1974 von türkischen Truppen besetzt?
38. Was war das Ziel der SALT-Abkommen?
39. Wer erklärte 1979 Iran zur Islamischen Republik?
40. Was war Perestroika?
41. Welche internationale Organisation wurde 1945 gegründet, um Frieden, Sicherheit und wirtschaftliches Wachstum zu fördern?
42. Welche außenstehende Armee unterstützte die nordkoreanische Armee im Koreakrieg?
43. Wer war Anführer der polnischen Gewerkschaftsunion Solidarnosc?
44. Wer wurde nach der Unabhängigkeit Zimbabwes erster Premierminister?
45. Welcher afrikanische Herrscher wurde 1974 abgesetzt?
46. Wer war der am längsten amtierende französische Präsident der Geschichte?
47. In welchem Jahr war die Ölkrise, die durch ein Embargo der arabischen Nationen verursacht wurde?
48. Welches war das kommunistische Pendant zur NATO während des Kalten Krieges?
49. Wie hieß die Zeit der Reformen und Liberalisierung in der Tschechoslowakei im Jahr 1968?
50. Wer wurde der erste Präsident Zyperns, nachdem es 1960 die Unabhängigkeit erlangt hatte?

Lösungen siehe Seite 329 f.

Was fällt aus der Reihe?

1. Welche Schlange gehört nicht dazu: (a) Kobra, (b) Viper, (c) Python, (d) Klapperschlange?
2. Welcher Komponist gehört nicht dazu: (a) Schubert, (b) Vivaldi, (c) Händel, (d) Bach?
3. Welches Getränk gehört nicht dazu: (a) Amaretto, (b) Sherry, (c) Marsala, (d) Portwein?
4. Welches ist nicht Bestandteil des Gehirns: (a) Zerebrum, (b) Kortex, (c) Thalamus, (d) Ileum

5. Welcher Maler gehört nicht dazu: (a) Vincent van Gogh, (b) Paul Cézanne, (c) Claude Monet, (d) Paul Rubens?
6. Welcher Baum gehört nicht zu derselben Familie wie die anderen: (a) Blutbuche, (b) Eibe, (c) Eiche, (d) Kastanie?
7. Welches Musikinstrument gehört nicht dazu: (a) Saxofon, (b) Trompete, (c) Tuba, (d) Posaune?
8. In welchem Land bezahlt man nicht mit Dollars: (a) Jamaica, (b) Südafrika, (c) Singapur, (d) Australien?
9. Welcher US-Staat gehört nicht dazu: a) Virginia, (b) Florida, (c) Pennsylvania, (d) Oklahoma?
10. Welches Getränk gehört nicht dazu: (a) Calvados, (b) Beaujolais, (c) Chianti, (d) Claret?
11. Welches ist kein Sternbild: (a) Ceres, (b) Großer Bär, (c) Orion, (d) Delphinus?
12. Welche(r) Musiker(in) gehört nicht dazu: (a) Anne-Sophie Mutter, (b) Yehudi Menuhin, (c) Claudio Arrau, (d) Pinchas Zuckermann?
13. Welches der folgenden Gerichte gehört nicht dazu: (a) Vindaloo, (b) Rogan Gosht, (c) Pasanda, (d) Gazpacho?
14. Welches Tier gehört nicht dazu: (a) Löwe, (b) Giraffe, (c) Nashorn, (d) Elefant?
15. Welches Land gehört nicht dazu: (a) Ghana, (b) Elfenbeinküste, (c) Malawi, (d) Honduras?
16. Welche der folgenden politischen Persönlichkeiten gehört nicht dazu: (a) Kerensky, (b) Trotzky, (c) Chruschtschow, (d) Lenin?
17. Welcher US-Staat war nicht an der Konföderation im Bürgerkrieg beteiligt: (a) Massachusetts, (b) Louisiana, (c) Florida, (d) Tennessee?
18. Welcher gehört nicht dazu: (a) Pädologe, (b) Pädiatrist, (c) Gerontologe, (d) Pädagoge
19. Welche Blume gehört zu einer anderen Pflanzenfamilie als die anderen: (a) Aurikel, (b) Alpenveilchen, (c) Löwenmaul, (d) Schlüsselblume?
20. Welches Theaterstück gehört nicht dazu: (a) Die vertauschte Braut, (b) Kiss Me Kate, (c) Sunset Boulevard, (d) Miss Saigon?

21. Welcher Fisch gehört nicht dazu: (a) Makrele, (b) Karpfen, (c) Forelle, (d) Hecht?

22. Welche Freizeitbeschäftigung gehört nicht dazu: (a) Kreuzworträtsel, (b) Bilderrätsel, (c) Puzzle, (d) Patience?

23. Welcher berühmte Sportler gehört nicht dazu: (a) Carl Lewis, (b) Mark Spitz, (c) Johnny Weissmuller, (d) Matt Biondi?

24. Welche Stadt gehört nicht dazu: (a) La Paz, (b) Islamabad, (c) Casablanca, (d) Manila?

25. Wer hat den Friedensnobelpreis nicht bekommen: (a) Nelson Mandela, (b) Michail Gorbatschow, (c) Martin Luther King, (d) John F. Kennedy?

26. Welcher Pilz ist nicht essbar: (a) Fliegenpilz, (b) Pfifferling, (c) Champignon, (d) Morchel?

27. Welcher Sänger gehört nicht dazu: (a) Eddie Cochran, (b) Chuck Berry, (c) Frank Sinatra, (d) Little Richard?

28. Welches Land gehört nicht dazu: (a) Jamaika, (b) Barbados, (c) Puerto Rico, (d) Madeira?

29. Welcher Film gehört nicht dazu: (a) Ein Herz und eine Krone, (b) Sie haben alle gelacht, (c) Das Fenster zum Hof, (d) Frühstück bei Tiffany?

30. Welche musikalische Form gehört nicht dazu: (a) Oratorium, (b) Choral, (c) Kantate, (d) Oper?

31. Welcher Mann gehört nicht dazu: (a) Jacques Cousteau, (b) Graham Greene, (c) James A. Michener, (d) Ernest Hemingway?

32. Was gehört nicht dazu: (a) Rubin, (b) Topas, (c) Bernstein, (d) Saphir?

33. Welches Tier gehört nicht dazu: (a) Chamäleon, (b) Gecko, (c) Alligator, (d) Salamander?

34. Welche Insel gehört nicht dazu: (a) Sardinien, (b) Korsika, (c) Sizilien, (d) Elba?

35. In welchem Land bezahlte man noch nie mit Franken/Francs: (a) Tunesien, (b) Kamerun, (c) Belgien, (d) Schweiz?

36. Welches Gericht gehört nicht dazu: (a) Pizza Margherita, (b) Ratatouille, (c) Coq au vin, (d) Eier Florentiner Art?

37. Welcher Körperteil gehört nicht dazu: (a) Trizeps, (b) Achillessehne, (c) Schlüsselbein, (d) Beugemuskel?
38. Wer gehört nicht dazu: (a) Leonard Bernstein, (b) Placido Domingo, (c) Herbert von Karajan, (d) Sir Georg Solti?
39. Welches Gebiet gehört nicht dazu: (a) Umbrien, (b) Normandie, (c) Toscana, (d) Lombardei?
40. Welcher der Folgenden ist kein griechischer Gott: (a) Apollo, (b) Tartarus, (c) Ares, (d) Dionysos?
41. Welches Volk gehört nicht dazu: (a) Inka, (b) Azteken, (c) Ägypter, (d) Maya?
42. Welche Stadt gehört nicht dazu: (a) Miami, (b) Boston, (c) Salt Lake City, (d) Nashville?
43. Welche Persönlichkeit gehört nicht dazu: (a) Sir Isaac Newton, (b) Emile Berliner, (c) Thomas Alva Edison, (d) Alexander Graham Bell?
44. Welches Getränk gehört nicht dazu: (a) Cognac, (b) Sliwowitz, (c) Cassis, (d) Kirsch?
45. Welcher Mann gehört nicht dazu: (a) Richard Burton, (b) Michael Wilding, (c) Stewart Granger, (d) Eddie Fisher?
46. Welcher Vogel gehört nicht dazu: (a) Buchfink, (b) Rotkehlchen, (c) Regenpfeifer, (d) Drossel?
47. Welcher der folgenden amerikanischen Präsidenten gehört nicht dazu: (a) Jimmy Carter, (b) Dwight Eisenhower, (c) Ronald Reagan, (d) Richard Nixon?
48. Welches der folgenden Länder gehört nicht zum Commonwealth: (a) Kanada, (b) Bahamas, (c) Thailand, (d) Kenia?
49. Welche der folgenden Schlachten fand nicht während des Zweiten Weltkrieges statt? (a) Die Schlacht von Verdun, (b) die Schlacht von Stalingrad, (c) die Schlacht von El Alamein, (d) die Schlacht von Tobruk?
50. Welcher Stoff gehört nicht dazu: (a) Jod, (b) Magnesium, (c) Kalzium, (d) Retinol?

Lösungen siehe Seite 330 ff.

Flüsse

☹ 1. Unter welchem anderen Namen ist der Delaware Fluss noch bekannt?

☹ 2. Von welchem großen Fluss ist der Jefferson River der Oberlauf?

☹ 3. Welcher anders bezeichnete Wasserweg vereinigt sich mit dem Wabash River?

☺ 4. An welchem Fluss liegt London?

☺ 5. St. Louis, Missouri, liegt in der Nähe des Zusammenflusses zweier großer Flüsse. Welcher?

☺ 6. Welches ist der längste Fluss der Welt?

☺ 7. Welches ist der längste Fluss in China?

☺ 8. Das Delta welchen Flusses war Schauplatz bitterer Kämpfe während des Vietnamkrieges?

☹ 9. Jericho war ursprünglich eine Festung, die über das Tal welchen Flusses herrschte?

☹ 10. Bis zu welcher Stadt ist der Mississippi mit Hochseedampfern zu befahren?

☹ 11. Welches ist der Hauptfluss von Zentral- und Südosteuropa?

☹ 12. Durch welche Länder fließt die Elbe?

☹ 13. In der Nähe welcher Stadt fließt die Seine in den Kanal von England?

☹ 14. In welches Meer fließt die Donau?

☹ 15. An welchem Fluss liegt Düsseldorf?

☹ 16. Welche bayerische Stadt liegt an der Isar?

☹ 17. Welcher amerikanische Fluss verbindet Tanana mit Holy Cross und durchfließt die Kaiyuh-Berge?

☹ 18. Buenos Aires und Montevideo liegen an welchem Fluss?

☺ 19. Welcher Fluss fließt durch Moskau?

☺ 20. Welcher berühmte russische Fluss fließt in das Kaspische Meer?

☺ 21. Wie heißt der heilige Fluss von Indien?

☺ 22. Welcher Fluss fließt durch den Grand Canyon in Amerika?

☺ 23. An welchem Fluss liegt New York?

☺ 24. An welchem Fluss findet man den Bois de Boulogne?

☺ 25. Der Tiergarten in Berlin liegt an welchem Fluss?
☺ 26. Welcher Fluss in Thailand spielt in einem berühmten Film eine Rolle?
☺ 27. Durch welche Stadt fließt der Menam?
☺ 28. Welcher Fluss verbindet den See von Genezareth mit dem Toten Meer?
☺ 29. Welcher Fluss fließt auf seinem Weg zum Atlantik durch Kinshasa?
☹ 30. Der Fluss, der zwischen Texas und Mexiko entlangfließt, hat zwei Namen (je nachdem, an welchem Ufer man steht). Welche?
☹ 31. Welcher Fluss verbindet den Ontario-See mit dem Meer?
☹ 32. Wie heißt der wichtigste Fluss in Brasilien?
☹ 33. Welcher Fluss fließt durch Kolumbien und Venezuela?
☹ 34. Welcher Fluss fließt durch Liverpool?
☹ 35. Nennen Sie zwei Flüsse, die durch Portugal fließen.
☹ 36. Unter welchem Namen kennen die Engländer die Donau?
☹ 37. Welche indische Stadt liegt am Hugli?
☹ 38. Welcher pakistanische Fluss fließt durch Hyderabad und in das Arabische Meer?
☹ 39. In der Nähe welchen Flusses liegen die Städte Sheffield, Florence und Athens?
☹ 40. Cincinnatti liegt am Ufer welchen Flusses?
☹ 41. Wie heißt der Fluss, der den Sklavensee mit dem Beaufortsee verbindet?
☹ 42. An welchem Fluss liegt Mobile, Alabama?
☹ 43. An welchem Fluss befinden sich Athens, Nanticoke, Berwick und Columbia?
☺ 44. Welcher Fluss, der den Namen einer Frucht trägt, bildet die Grenze zwischen Südafrika und Namibia?
☺ 45. Welcher Fluss fließt von Norden nach Süden durch Kalifornien?
☺ 46. Welcher Fluss fließt durch North und South Dakota?
☺ 47. Der Oberlauf welchen Flusses heißt Isis?
☺ 48. Wie heißt der große Fluss, der durch Neu-Südwales fließt?

49. Welcher Fluss bildet die Grenze zwischen Thailand und Laos?
50. Cambridge, England, liegt am River Cam. An welchem Fluss liegt Cambridge, Massachusetts?

Lösungen siehe Seite 332 f.

Weltraum

1. Nennen Sie die Planeten des Sonnensystems in der richtigen Reihenfolge, von der Sonne aus beginnend.
2. Wie heißen die Monde des Mars?
3. Von welchem Planeten ist Charon ein Satellit?
4. Was sind Perseiden?
5. Wo findet man das Humboldtmeer?
6. Welches der folgenden Meere ist kein Meer, das sich auf dem Mond befindet? (a) Das Meer der Heiterkeit, (b) das Meer der Wunder oder (c) das Meer der Gefahren?
7. Wie lautet der deutsche Name für die Konstellation Monoceros?
8. In welchem Jahr wurde Sputnik 1 gestartet?
9. Wer flog in Wostok 1 mit?
10. Wer war die erste Frau im Weltall?
11. Was war so besonders an der Woshkod 2 Mission?
12. Was war so bemerkenswert an der Sojus 19 Mission?
13. Was passierte mit Sojus T10–1?
14. Wer war der erste britische Astronaut?
15. Was war so besonders an dem amerikanischen Astronauten Enos?
16. Wer flog beim ersten bemannten suborbitalen Flug der Amerikaner mit?
17. Wer hatte bei dem ersten bemannten Weltraumflug das Kommando?
18. Wie heißt der planetarische Nebel in der Konstellation Lyra?
19. Was ist ein Raumschiff?

☺ 20. Wann begannen die Raumflüge des Raumschiffs Columbia?
☺ 21. Wie heißt der Gasnebel in der Konstellation Taurus?
☺ 22. Was war der Zweck der Giotto-Mission, die 1985 von der European Space Agency durchgeführt wurde?
☺ 23. Welche Mission führte den ersten erfolgreichen Vorbeiflug an der Venus durch?
☺ 24. Welches waren die Missionen, die als Erste erfolgreich auf dem Mars landeten und Fernsehbilder der Marsoberfläche auf die Erde sandten?
☺ 25. Welches Problem, das später behoben wurde, trat bei dem Hubble-Weltraumteleskop auf?
☺ 26. Welche Form hat die Milchstraße?
☺ 27. Wie groß ist der Mond im Durchmesser?
☹ 28. Was ist Zodiakallicht?
☺ 29. Welches Gas kommt in der Atmosphäre der Venus am häufigsten vor?
☺ 30. Welches sind die am weitesten entfernten und am hellsten leuchtenden Objekte im Universum?
☺ 31. Was ist der Solarwind?
☺ 32. Was ist eine Aurora?
☺ 33. Nennen Sie zwei Auroras.
☺ 34. Was ist eine Sonnen-Eklipse (Sonnenfinsternis)?
☺ 35. Was ist die Ekliptik?
☺ 36. Was ist ein weißer Zwerg?
☺ 37. Was ist ein roter Riese?
☺ 38. Was für ein Stern ist Antares?
☺ 39. Welches ist die unserer Milchstraße am nächsten liegende Spiralgalaxie?
☺ 40. Wo findet man die Konstellation Perseus?
☹ 41. In welcher Konstellation findet man den Stern Betelgeuse?
☺ 42. Was ist ein Superriese?
☺ 43. Was ist ein Nebel?
☺ 44. Was ist ein schwarzes Loch?
☺ 45. Was ist ein weißes Loch?
☺ 46. Was ist dunkle Materie?
☺ 47. Was ist eine Antigalaxie?
☹ 48. Was ist eine Metagalaxie?

49. Wo findet man die Konstellation Andromeda?
50. Was sind Megallanische Wolken?

Lösungen siehe Seite 333 ff.

Berühmte Leute I

1. Wen verführte der Gott Zeus in Gestalt eines Schwans?
2. Welcher griechische Held war nur an der Ferse verwundbar?
3. Von welchem Land war Chiang Kaishek Staatsoberhaupt?
4. Welche romantische legendäre Figur war ein einfacher Soldat der Royal Airforce?
5. Wer erstellte das Periodensystem der chemischen Elemente?
6. Holmes hatte seinen Watson, aber wem half und wen begleitete Dr. Petrie?
7. Pheidippides war als Begründer welchen Rennens berühmt?
8. Welcher blinde Dichter schrieb *Das verlorene Paradies*?
9. Wer ist der Held in *Der Fänger im Roggen*?
10. Wer vereinigte Deutschland durch eine Politik von „Blut und Eisen“?
11. Welcher Georgier leitete Stalins Geheimpolizei?
12. Welche Königin von Ikeni kämpfte gegen die römischen Invasoren von Großbritannien?
13. Wie heißt der römische Meeresgott?
14. Welcher Römer hatte den Vorsitz bei dem Gerichtsverfahren gegen Jesus?
15. Wie hieß der französische Maler aus dem 19. Jahrhundert, der für seine geringe Körpergröße bekannt war?
16. Wer wurde wegen eines Gemäldes berühmt, auf dem die Zerstörung Guernicas dargestellt wird?
17. In welcher Geschichte von J. D. Salinger küsste Seymour Glass sich selbst?

18. Wer war das jüngste Mitglied der Romanfamilie Glass von J. D. Salinger?
19. Wer gehört nicht dazu: Mohandas, Indira, Sanjay, Rajiv?
20. Wie heißt der Zyklop aus der griechischen Sage?
21. Wer war der böse Gott aus der altnordischen Sage?
22. Wer war die Frau des indischen Helden Rama?
23. Welchen berühmten Arzt schuf Boris Pasternak?
24. Wer war der Bruder des angelsächsischen Häuptlings Hengist?
25. Wer war der schottische Mathematiker, der die Logarithmen erfand?
26. Wer war der erste Kanzler des Nachkriegsdeutschland?
27. In der Bibel werden zwei Menschen dafür gerühmt, den Philister Goliath getötet zu haben. Der bekanntere ist David. Wie heißt der zweite?
28. Das Skelett eines Mannes namens Yehohanan wurde 1968 in Israel gefunden. Wie ist er gestorben?
29. Wofür war Joseph Grimaldi berühmt?
30. Unter welchem Namen wurde Archibald Leach berühmt?
31. Herr Austerlitz und Fräulein McMath wurden unter anderen Namen berühmt. Wie hießen sie?
32. Wer war der Regisseur des 1968 gedrehten Films *Romeo und Julia*?
33. Wer war für die Erfindung des Dynamit und des Gelatinedynamits berühmt?
34. Wer entwickelte die Reifen des Ford Modell T?
35. Welcher Spanier träumte vom Ruhm eines Ritters?
36. Welcher Entdecker war unter dem Namen „Il Millioni" bekannt?
37. Wer wurde dafür berühmt, dass er in einem Fass die Niagarafälle überwand?
38. Was war so ungewöhnlich an der Erhängung von John „Babacombe" Lee?
39. Alexander Solschenizyn schrieb einen Roman über einen Tag im Leben eines Mannes. Um wen handelt es sich?
40. Welcher chinesische Philosoph schrieb *Die Analekten*?

☹ 41. Welcher indische Politiker und religiöse Führer trotzte den Briten, indem er Salz produzierte?
☺ 42. Welcher ägyptische König verschmähte die alten Götter und begründete stattdessen eine neue Form der Verehrung für die Sonne?
☺ 43. Die Bekanntschaft mit welchem Mann war „verrückt, schlecht und gefährlich“?
☺ 44. Er war ernsthaft behindert und hatte einen Sprachfehler, wurde aber dennoch der Herrscher von Rom. Wer war das?
☺ 45. Wer war im Volk unter dem Namen „Virgin Queen“ bekannt?
☺ 46. Wer brachte den Engländern den Weihnachtsbaum?
☹ 47. Wie wurde Admiral Nelsons Körper nach seinem Tod bei der Schlacht von Trafalgar aufbewahrt?
☺ 48. Wer verliebte sich angeblich in sein eigenes Spiegelbild?
☺ 49. Welche legendären Damen hießen Medusa, Stheno und Euryale?
☺ 50. Wer schrieb *Wind, Sand und Sterne*?

Lösungen siehe Seite 336 f.

Fragen-Potpourri I

☺ 1. Welcher griechische Philosoph begründete den Atomismus?
☹ 2. Was hat eine Gruppe Ausgestoßener in Japan und eine baskische Separatistenorganisation gemeinsam?
☺ 3. Welches der sieben Weltwunder befand sich in Babylon?
☺ 4. Der Ngorongoro Nationalpark hat eine explosive Verbindung. Welche?
☺ 5. Jeder hat schon einmal von den „Wassern von Babylon“ gehört. Welcher Fluss fließt durch diese Stadt?
☺ 6. Soweto in Südafrika ist kein afrikanisches Wort. Was bedeutet es?
☺ 7. In welchem Film tanzte Gene Kelly mit einem Regenschirm?

☺ 8. Welche Erklärung gab W.C. Fields dafür, dass er auf dem Sterbebett die Bibel las?
☺ 9. Unter welchem Namen war der englische Kriegsberichterstatter William Joyce besser bekannt?
☺ 10. Unter welchem Namen wurde die Europäische Union ursprünglich bekannt?
☺ 11. Welcher ägyptische Herrscher verursachte die Suezkrise?
☺ 12. Wie heißt das israelische Parlament?
☺ 13. In welchem Land fand der Boxeraufstand statt?
☺ 14. Was ist Collagen?
☺ 15. Was ist ein Limerick?
☺ 16. Wer wird traditionsgemäß als Begründer des Taoismus bezeichnet?
☹ 17. Wer hat die Theorie vom dialektischen Materialismus entwickelt?
☹ 18. Welche Eigenschaft haben Eduard V. und Eduard VIII. gemeinsam?
☹ 19. Wie hieß die berühmte Königin von Ikeni?
☹ 20. Welcher Herrscher ritt auf einem römischen Konsul?
☹ 21. Welche unmögliche Konstruktionsaufgabe bekamen die Juden von ihren ägyptischen Widersachern?
☺ 22. Zu welchem Zweck wurde Natron benutzt?
☺ 23. Wie nennt man einen Heuchler, abgeleitet aus einem Lustspiel von Molière?
☺ 24. Welches Instrument war der Vorläufer der Posaune?
☺ 25. Wo wurde der Komponist Tschaikowski geboren?
☺ 26. Welcher englische Maler mit passendem Namen tötete seinen Vater?
☹ 27. Welcher französische Mathematiker starb im Alter von 21 Jahren in einem Duell?
☹ 28. Welche religiöse Gruppe verehrt den äthiopischen Herrscher Haile Selassie?
☺ 29. Würden Sie einen Molotowcocktail trinken?
☺ 30. Was entdeckte Howard Carter 1922?
☺ 31. Welchen Brandanschlag soll Marinus van der Lübbe 1933 verübt haben?
☺ 32. Welcher Georgier wurde als Onkel Joe bekannt?
☺ 33. Was waren Kulaks?

34. Wie hieß der 33. Präsident der USA?
35. Wie nennt man die Menschen, die den Lehren des Zarathustra folgen?
36. Welche in einer Schlacht geschlagene Flotte wurde von dem Herzog von Medina Sidonia angeführt?
37. Für welchen militärischen Fehlschlag war General Galtieri von Argentinien verantwortlich?
38. Unter welchem Namen wurde Siddartha Gautama sehr bekannt?
39. Wie heißt die seit dem 6. Jh. v. Chr. im Kapitol in Rom angelegte Sammlung von Orakelsprüchen?
40. Wer sagte: „Speak softly and carry a big stick" („Sprich sanft und trage einen großen Stock bei dir")?
41. In welchem Land findet man die Guerillas des Leuchtenden Pfads?
42. In welchem Land operierte die Rote-Armee-Fraktion?
43. Was passierte 31 v. Chr. bei der Schlacht von Aktium?
44. Wie heißen die deutschen Bundespräsidenten?
45. Wessen Exekution verleitete Voltaire zu dem Ausspruch, dass die Engländer gelegentlich einen Admiral erschießen, um die anderen zu ermutigen?
46. Warum ist ein Basenji ein schlechter Wachhund?
47. Welches Pigment sondert der Tintenfisch ab?
48. Was ist ein Haiku?
49. Was ist ein Malapropismus?
50. Wer schrieb *Sechs Personen suchen einen Autor*?

Lösungen siehe Seite 337 ff.

Klassische Musik

1. Wie heißt die deutsche Opernform des 18. Jahrhunderts, bei der Lieder mit Dialogen durchsetzt sind?
2. Wie viele Saiten hat ein Cello?
3. Wer schrieb die Orchesterbearbeitung von *Bilder einer Ausstellung*?
4. Die *Polowtischen Tänze* gehören zu welcher Oper?
5. Wer schrieb die *Egmont-Ouvertüre*?

6. Aus welchem Land stammte Béla Bartók?
7. Welches Instrument spielt Anne-Sophie Mutter?
8. Auf welchem musikalischen Werk basiert der *Young Person's Guide to the Orchestra*?
9. Welches Orchesterwerk basiert auf *Tausendundeine Nacht*, und wer schrieb es?
10. Die *Ode an die Freude* gehört zu welchem musikalischen Werk?
11. Wie viele Symphonien schrieb Bruckner?
12. Wer schrieb die *Reformationssinfonie*?
13. Welches Wort beschreibt ein vokales und orchestrales Werk, das eine geistliche Handlung ohne dramatische Effekte erzählt?
14. Wie nennt man eine Bassvioline auch?
15. Wer schrieb das *Deutsche Requiem*?
16. Aus welchem musikalischen Werk stammt *Anitras Tanz*?
17. Wie viele Halbtöne gibt es in einer Tonleiter?
18. Wer erstellte einen Katalog der Musikwerke von Wolfgang Amadeus Mozart?
19. Welcher Komponist entwickelte die Zwölftontechnik der Reihenmusik?
20. Wer komponierte *Mein Vaterland*?
21. Zu welcher Familie gehört das Englisch Horn?
22. Wie viele Symphonien schrieb Brahms?
23. Riccardo Muti leitet welches Opernhaus?
24. Wer komponierte *Die Schöpfung*?
25. Was ist der Unterschied zwischen einem Intervall und einem Akkord?
26. Womit werden bei einem Klavier die Saiten angeschlagen?
27. In welchem Werk findet man einen Abschnitt, der *Fortuna Imperatrix Mundi* heißt?
28. Unter welchem Namen ist die *Hebriden-Ouvertüre* von Mendelssohn noch bekannt?
29. Wie nennt man ein Intervall mit acht Ganztonschritten?
30. Aus welchem musikalischen Werk stammt Mendelssohns *Hochzeitsmarsch*?

😐 31. Wer schrieb die Oper *Das Leben für den Zaren*?
☹ 32. Welcher Komponist wird als Architekt des Impressionismus angesehen?
☹ 33. Für welches Instrument war Fritz Kreisler berühmt?
☹ 34. Welches ist die einzige komische Oper von Richard Wagner?
☺ 35. Was für ein Instrument baute Henry Steinway?
☺ 36. Wer schrieb *Eine Steppenskizze aus Mittelasien*?
😐 37. Für welche Stimmlage ist Elisabeth Schwarzkopf bekannt?
😐 38. Was bedeutet im Zusammenhang mit dem Tempo der Begriff „assai"?
😐 39. Was ist so ungewöhnlich an Beethovens achter Symphonie?
😐 40. Aus welchem Land kommt die Polonaise?
😐 41. Welches Instrument spielt Narciso Yepes?
😐 42. Wer schrieb *Till Eulenspiegels lustige Streiche*?
😐 43. Für welche Stimmlage ist Dame Janet Baker berühmt?
😐 44. Wie heißt die dritte Symphonie von Beethoven?
😐 45. Was ist eine Sarabande?
☹ 46. Wer schrieb *Die Karelia Suite*?
☹ 47. Welche drei Verdi-Opern basieren auf Dramen von Shakespeare?
☹ 48. Wie heißt die vierte Symphonie von Schubert?
☹ 49. Welches Instrument spielt Arthur Grumiaux?
☹ 50. Was für ein Instrument ist ein Sousafon?

Lösungen siehe Seite 339 f.

Weltreligionen

☺ 1. Wie heißen die Klassen und Unterklassen, die die hinduistische Gesellschaft bilden?
☺ 2. Wer war der Prophet des Islam?
☺ 3. In welchem Buch sind alle Lehren des Judentums zusammengefasst?
☺ 4. Welcher Titel wurde Siddhartha Gautama verliehen?

☺ 5. Die Religion der Sikhs enthält Elemente aus welchen beiden Religionen?
☺ 6. Welches sind die drei monotheistischen Weltreligionen?
☺ 7. Wie nennt die römisch-katholische Kirche die Verabreichung von Wein und Brot zum Gedenken an das letzte Abendmahl Christi?
☺ 8. Welche Christen akzeptieren die Bibel als einzige Informationsquelle?
☺ 9. Welches Werk ist eine Zusammenfassung des jüdischen gesprochenen Gesetzes?
☺ 10. Wie heißt das heilige Buch des Islam?
☺ 11. Welches Gebet wird im Judentum von den Trauernden nach dem Tod eines engen Verwandten rezitiert?
☺ 12. Wie nennt man das Verwaltungsorgan der östlichen orthodoxen Kirchen?
☺ 13. Theravada ist die Schule welcher großen Religion?
☺ 14. Welche Religion ging aus dem Babismus hervor?
☺ 15. Von wem wird in der römisch-katholischen Kirche die heilige Messe zelebriert?
☺ 16. Wie heißt der neunte Monat im Jahr der Muslims?
☺ 17. Welcher ehemalige Prinz lehrte die Doktrin, dass es einen Pfad zum Ende allen Leidens gibt?
☺ 18. Wer rangiert in der östlichen orthodoxen und der römisch-katholischen Kirche gleich hinter dem Priester?
☺ 19. Wie wird im Judentum der Versöhnungstag genannt?
☺ 20. Wie oft pro Tag soll ein Muslim beten?
☺ 21. Wie nennt man ein Mitglied der Priesterkaste im Hinduismus?
☹ 22. Welcher Buddhismus lehrt den Zustand plötzlicher Erleuchtung, auch Satori genannt?
☹ 23. Welcher Vorfall im Mittelalter führte dazu, dass das Christentum sich spaltete?
☹ 24. Wie viele Sakramente gibt es in der orthodoxen Kirche?
☹ 25. Wer initiierte die Methodistenbewegung in der christlichen Kirche?
☺ 26. Welches war das Ziel der ökumenischen Bewegung?

27. Welchen Ort muss jeder Muslim einmal im Leben besucht haben?
28. Welcher der großen Götter im Hinduismus hat die Funktion eines Retters?
29. Welches jüdische Fest erinnert an den Auszug Israels aus Ägypten, der durch Moses angeführt wurde?
30. Was ist im Zen-Buddhismus ein Koan?
31. Welche Fleischsorte dürfen Muslime nicht essen?
32. Welche Religion basiert auf dem Werk Laotses?
33. Worauf basieren die Messen der römisch-katholischen Kirche normalerweise?
34. Wie heißen die ältesten heiligen Texte im Hinduismus, die in Sanskrit geschrieben waren und in vier Sammlungen aufbewahrt wurden?
35. Welche Bewegung, die im späten 19. Jahrhundert gegründet wurde, hatte das Ziel, einen jüdischen Staat in Palästina zu gründen?
36. Woraus besteht im Islam die Sunna?
37. Wie heißt in der christlichen Kirche die Zeit vor Ostern?
38. Liegt Ostern in allen christlichen Kirchen auf demselben Tag?
39. Welche beiden Zweige des Protestantismus entwickelten sich aus der Reformation?
40. Welches ist das Ziel des Hinduismus?
41. Wie nennt man im Buddhismus das Stadium der Befreiung von der Wiedergeburt?
42. Wie nennt man den Zweig des Islam, der die ersten vier Kalifen als rechtmäßige Nachfolger Mohammeds akzeptiert?
43. Wohin ging Mohammed, nachdem er Mekka verlassen hatte?
44. Wie bezeichnet man Mohammeds Abreise aus Mekka?
45. An welchem Tag wird in der christlichen Kirche der Tag gefeiert, an dem Jesus die Erde verließ?
46. Welche Kaste wird im Hinduismus von den anderen vier Hauptkasten nicht akzeptiert, weil sie als unrein gilt?

☹ 47. Welches Fest erinnert in der christlichen Kirche an die Ankunft des Heiligen Geistes bei den Jüngern Christi?
☹ 48. Wie heißt das jüdische Fest, das an die Verkündung des Gesetzes auf dem Berg Sinai erinnert?
☹ 49. An welchem Tag wird in der christlichen Kirche der Dreikönigstag gefeiert?
☹ 50. Welchen anderen Zweig des Islams gibt es neben den Sunniten noch?

Lösungen siehe Seite 340 ff.

Botanik

☺ 1. Welche bekannte Pflanze lieferte das Gift, das Sokrates tötete?
☺ 2. Zu welcher Pflanzenfamilie gehören Bärenklau, die Rübe und Fenchel?
☺ 3. Was für Pflanzen sind Papaveraceae?
☺ 4. Welche Pflanze liefert das Medikament Digitalis?
☺ 5. Was haben die folgenden Pilze gemeinsam: Fliegenpilz, Grüner Knollenblätterpilz, Speitäubling?
☹ 6. Was ist der gebräuchliche Name für den Pilz *Amanita muscaria* und wofür wurde er früher verwendet?
☹ 7. Welcher Parasit, der den Druiden heilig ist, wächst häufig auf Apfelbäumen?
☹ 8. Aus welchem Teil des Meerrettichs wird die scharfe Meerrettichsauce gemacht?
☹ 9. Welche giftige Substanz findet man in der Tollkirsche, dem Hahnenfußgewächs und dem Schöllkraut?
☹ 10. Wie lautet der andere gebräuchliche Name für Gartenraute?
☹ 11. Aus welcher Pflanze wird Aquavit gebrannt?
☹ 12. Unter welchem geläufigen Namen ist Urtikaria bekannt?
☹ 13. Welche bekannte Frucht gehört zur Pflanzenfamilie der *Fragaria*?

14. *Quercus robur* und *Quercus coccinea* sind typische Bäume ihrer Heimatländer. Wie heißen sie auf Deutsch und wo wachsen sie?
15. Was ist das ungewöhnlichste Merkmal der Eibe?
16. Die Schuppentanne hat scharfe, spitze Blätter, so dass sie schwer zu besteigen ist. Der englische Name dieses Baumes weist auf dieses Merkmal hin. Wie lautet er?
17. Welche Baumfamilie ist als Salix bekannt?
18. *Betula pendula* ist für seine hellgraue Rinde bekannt. Unter welchem Namen ist dieser Baum gemeinhin bekannt?
19. Welcher kleine immergrüne Baum aus dem Fernen Osten wurde in den südlichen Staaten Amerikas sehr bekannt?
20. Dieser Baum kommt aus dem Südosten der USA, wächst bis zu 20 Metern und hat eine harte Frucht, die erst essbar ist, nachdem sie dem Herbstfrost ausgesetzt war. Wie heisst dieser Baum?
21. Die Rinde dieses Baumes, der eine erdbeerähnliche Frucht trägt, kann zur Herstellung von Papier oder Stoff verwendet werden. Wie heißt der Baum?
22. Welcher Baum liefert ein wichtiges Öl, das dem Gin seinen Geschmack verleiht?
23. Wie lautet die andere Bezeichnung für Eberesche?
24. An welchem Teil einer Pflanze befindet sich das Stoma?
25. Wie heißen die samentragenden Stäbchen in der Mitte einer Blüte?
26. Was ist eine Infloreszenz?
27. Wie heißt der klebrige Teil der weiblichen Staubfäden, die die Pollen aufnehmen?
28. Wie heisst die süße, zuckerhaltige Flüssigkeit, die in einer Blüte produziert wird?
29. Warum ist es für Blüten wichtig, vorbeifliegende Insekten anzulocken?
30. Was passiert, wenn man auf einen Bovist tritt?
31. Lackmus, der Stoff, mit dem man den Säure- oder Basengehalt misst, wird aus welcher Pflanze gewonnen?

32. Welche vom Menschen verursachte Bedrohung ist besonders für die Flechten gefährlich?
33. Welches ist das auffälligste Merkmal der Sukkulenten?
34. Wovon leben die Karnivoren?
35. Welches Gas wird bei der Fotosynthese produziert?
36. Ernähren sich auch Pilze durch Fotosynthese?
37. Wie heißt das Nolimetangere in Deutsch?
38. Wie verteilen sich die Samen der Platane?
39. Welche sehr teure, essbare Substanz wird aus Krokussen gewonnen?
40. Welche Funktion haben Chloroplastzellen?
41. Woraus wird Pesto gemacht?
42. Wenn Pflanzen beschädigt werden, produzieren sie ein Hormon, das man Traumatin nennt. Welches ist seine Funktion?
43. Wie lautet der Fachausdruck für die Bewegung, die ein Pflanzenteil durch äußere Einwirkung macht?
44. Welches Wort beschreibt den Vorgang, dass eine Pflanze weiß wird, wenn sie nicht genug Licht bekommt?
45. Was ist mit der fototropischen Reaktion einer Pflanze gemeint?
46. Was ist das Besondere an der Sinnpflanze (*Mimosa pudica*)?
47. Wie wird in der Landwirtschaft der Riementang genutzt?
48. Wovon ernähren sich Saprophyten?
49. Welche Fleisch fressende Pflanze hat einen Namen, der auf eine unirdische Herkunft schließen lässt?
50. Welche Pflanzen kommen auf der Welt am häufigsten vor?

Lösungen siehe Seite 342 f.

Logisch!

Das Zeitwunder

Ein junger Mann verkündet: „Vorgestern war ich 17, aber dieses Jahr werde ich noch 19." Ist das möglich?

Lösung siehe Seite 343

Logeleien mit Streichhölzern

Können Sie, wenn Sie vier Streichhölzer entfernen, die übrig gebliebenen so anordnen, dass die obere und die untere Reihe noch immer neun Streichhölzer enthalten, auch nach unten gerechnet?

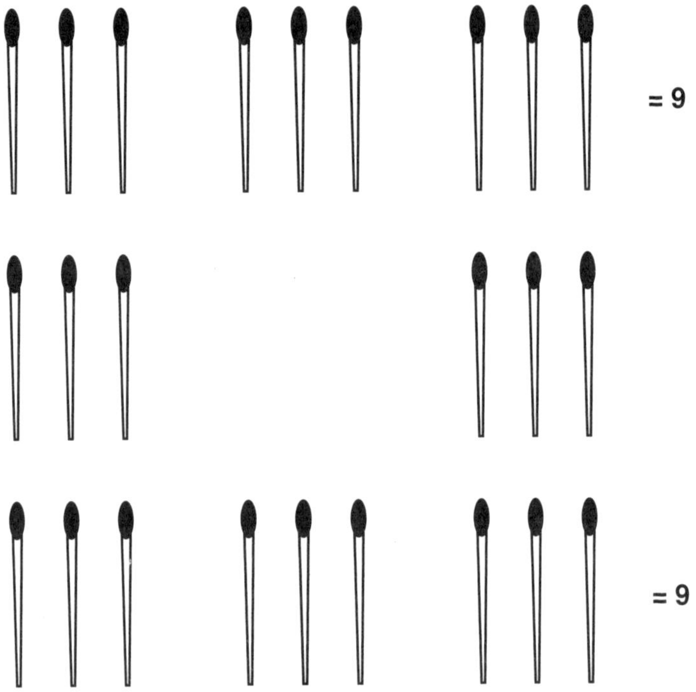

☹ Nur ganz geübte Querdenker finden noch eine zweite Möglichkeit. Sie auch?

Lösung siehe Seite 344

Noch ein Streichholztrick!

☺ a) Können Sie durch Umlegen von zwei Streichhölzern die Anzahl der Quadrate um eins erhöhen?

☹ **b.** Können Sie die Anzahl der Quadrate noch einmal um eins erhöhen, indem Sie ein weiteres Streichholz umlegen?

Lösung siehe Seite 344

Das schwere Los eines Kellners

Ein Kellner serviert in einem Hotel für 51 Gäste Gemüse. Es gibt Erbsen, Möhren und Blumenkohl. Zwei Gäste mehr als die, die nur Erbsen möchten, wollen nur Erbsen und Möhren. Doppelt so viele Gäste möchten nur Erbsen wie die, die nur Blumenkohl möchten. 25 Gäste möchten keinen Blumenkohl, 18 möchten keine Möhren und 13 keine Erbsen. Sechs Gäste möchten Blumenkohl und Erbsen, aber keine Möhren.

a) Wie viele Gäste möchten alle drei Gemüsesorten?
b) Wie viele Gäste möchten nur Blumenkohl?
c) Wie viele Gäste möchten zwei von drei Gemüsesorten?
d) Wie viele Gäste möchen nur Möhren?
e. Wie viele Gäste möchten nur Erbsen?

Lösung siehe Seite 345

Sie meinen, Sie wären gut in Mathe?

Können Sie die folgende Formel so addieren, dass das Ergebnis 100 ist? Sie dürfen jede Zahl nur einmal verwenden, aber Sie dürfen so viele mathematische Symbole hinzufügen, wie Sie möchten.

$$\frac{61}{18}$$

Lösung siehe Seite 345

Cocktailspieße

1. Können Sie, indem Sie in der unten stehenden Figur nur drei Cocktailspieße bewegen, vier gleiche Dreiecke legen? Es müssen alle Cocktailspieße verwendet werden.

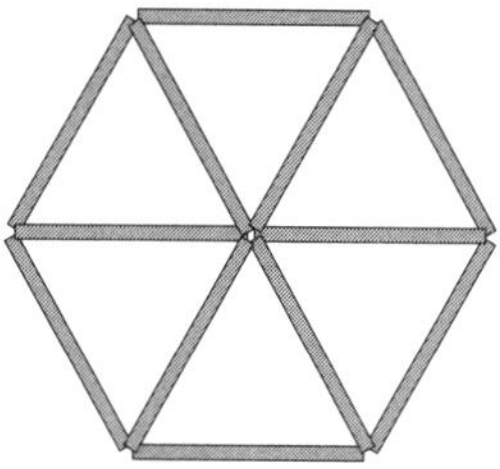

2. Können Sie, indem Sie in der unten stehenden Figur nur drei Cocktailspieße bewegen, sieben Dreiecke und drei Rauten legen?

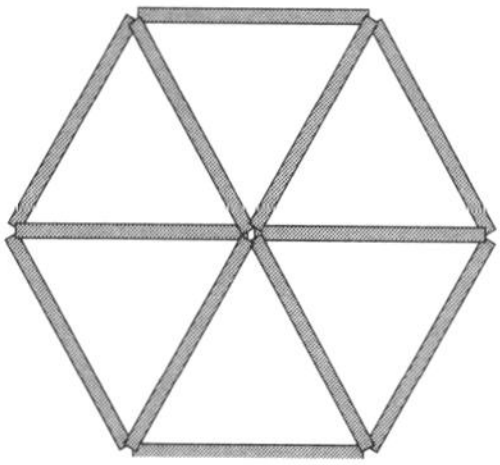

3. Bilden Sie mit sechs gleich langen Streichhölzern eine Figur mit vier gleichseitigen Dreiecken.

Lösung siehe Seite 345

Verschieben

☹ Vervollständigen Sie entsprechend den ersten Gittern die beiden unvollständigen Gitter.

10	18	3
7		9
2	4	11

	4	
11		18
	3	

T	D	M
L		E
K	U	Z

	U	
E		T
	Z	

Lösung siehe Seite 346

Komplizierte Zahlen- und Buchstabenraster

☹ Errechnen Sie den Wert, der jeweils an Stelle der ? zu setzen ist.

1.

	A	B	C	D	E	F
a	7	9	6	5	3	3
b	4	6	3	7	0	3
c	9	2	4	1	1	4
d	5	8	2	7	2	6

7	7	5	6	1	9
4	9	6	6	0	0
3	5	1	9	0	6
8	9	4	6	?	?

2.

	A	B	C	D
a	F	D	N	V
b	J	I	O	Z
c	M	Q	H	Q
d	G	A	L	Y

R	U	F	U
P	N	E	W
B	A	J	?
Q	W	M	?

3.

	A	B	C	D	E	F
a	7	8	3	5	7	9
b	3	7	4	5	2	9
c	2	2	1	2	2	2
d	4	2	7	5	0	8
e	6	5	9	8	6	4
f	8	2	1	7	5	6

9	1	6	8	4	5
8	3	2	8	8	2
3	0	?	3	1	1
0	9	?	4	9	9
6	4	9	9	1	5
7	1	4	9	6	7

4.

	A	B	C	D
a	5	9	10	16
b	8	8	5	4
c	4	36	2	8
d	10	2	25	8

20	14	8	12
3	4	16	4
6	7	?	6
10	8	4	8

Lösung siehe Seite 346

Die magischen Vierecke

Können Sie diese beiden magischen Vierecke so vervollständigen, dass jede der folgenden Additionen 34 ergibt? Jede der Zahlen 1 bis 16 darf nur einmal verwendet werden.

Die Zeilen waagerecht	= 34
Die Spalten senkrecht	= 34
Die Diagonalen quer	= 34
Die vier Zahlen in der Mitte	= 34
Die vier Zahlen in den Ecken	= 34

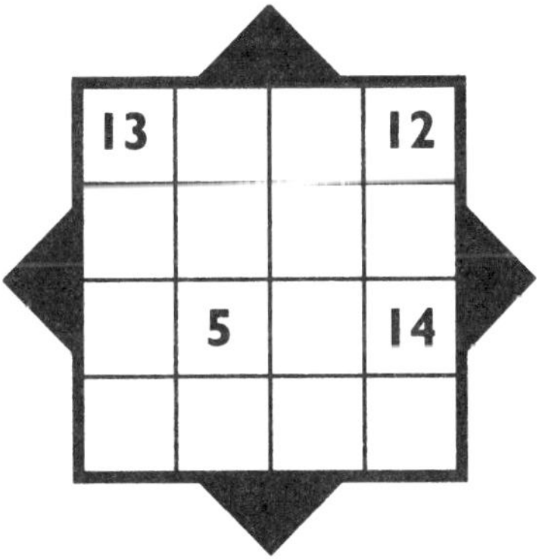

Lösungen siehe Seite 346

Verknüpfungen

☹ Welche Zahl steht jeweils für das Fragezeichen?

1.

8752	4524	1080
6978	5382	4346
7388	6424	?

2.

7628	5126	3020
9387	6243	1088
8553	2254	?

3.

9337	56	-1
8725	62	4
4821	?	-5

Lösung siehe Seite 347

Das Partyproblem

Auf einer Party tragen zweimal so viele Gäste eine Uhr wie einen Ring und ein Armband, aber keine Uhr. 45 Gäste tragen sowohl eine Uhr als auch einen Ring, aber kein Armband. 79 Gäste tragen kein Armband und 53 tragen keinen Ring. Es tragen acht mehr nur einen Ring als nur ein Armband. 10 tragen sowohl einen Ring als auch ein Armband, aber keine Uhr. Eine Uhr und einen Ring, aber kein Armband tragen dreimal so viele Gäste wie die, die alle drei Schmuckstücke tragen.

a) Wie viele Gäste tragen eine Uhr und ein Armband, aber keinen Ring?
b) Wie viele Gäste tragen alle drei Schmuckstücke?
c) Wie viele Gäste tragen nur ein Armband?
d) Wie viele Gäste tragen nur eine Uhr?
e. Wie viele Gäste tragen nur zwei der drei Schmuckstücke?

Lösung siehe Seite 347

Rasterrätsel

a. Wie viele Quadrate können Sie auf dieser Abbildung erkennen?

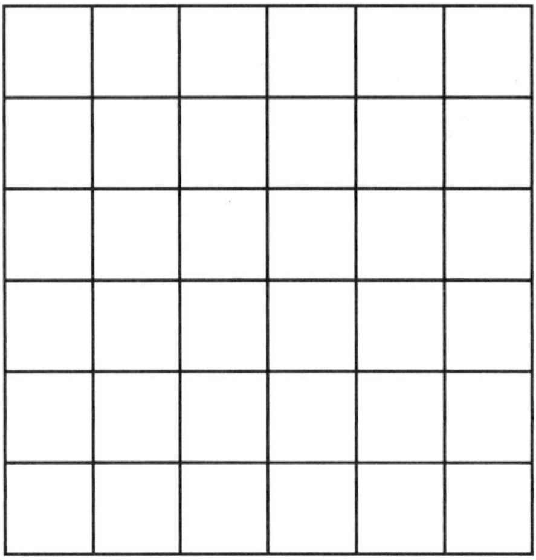

b. Gibt es eine Möglichkeit, wie man die Anzahl der Quadrate in jeder beliebig großen Matrix mit Quadraten zählen kann?

Lösung siehe Seite 347

Brauchen Sie einen Computer?

Was kommt als Nächstes?

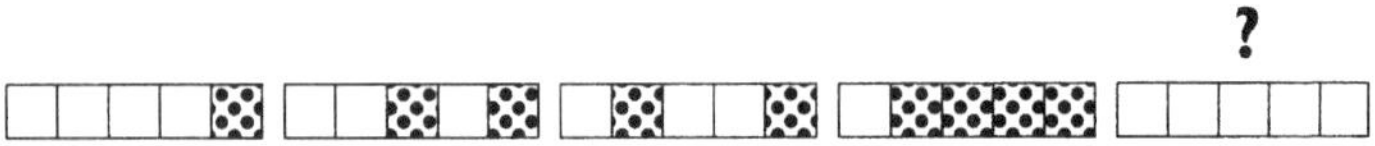

Lösung siehe Seite 347

Gleiche Formen

Können Sie diese Matrix entlang den Linien in vier Teile teilen, die sowohl ein Dreieck als auch einen Stern enthalten? Jeder Teil muss genau gleich groß sein und die gleiche Form haben, lediglich die Position der Dreiecke und Sterne variiert.

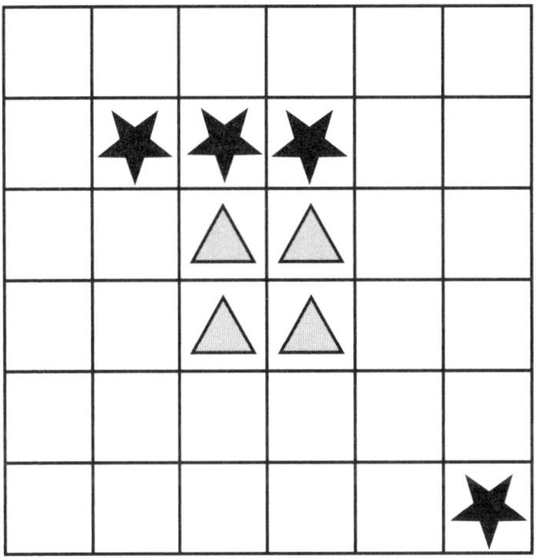

Lösung siehe Seite 348

Das doppelte Quadrat

Wenn Sie ein Stück Papier, das wie ein Kreuz geformt ist (siehe unten), mit zwei geraden Schnitten durchschneiden, können Sie diese Ausschnitte so umordnen, dass sie zwei Quadrate bilden?

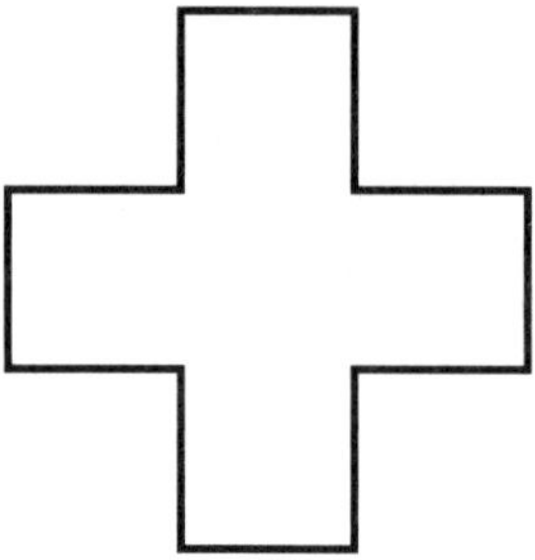

Lösung siehe Seite 348

Dreiecke

Welches Dreieck hat die größere Fläche?

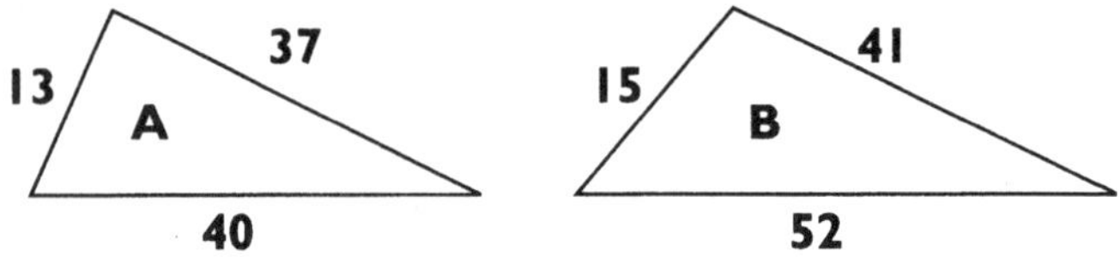

Lösung siehe Seite 348

Die Federn des Prinzen von Wales

☹ Eine Dame ging in London eine Straße entlang, als drei Federn auf sie herabfielen und sie bewusstlos zu Boden sank. Wie lässt sich das erklären?

Lösung siehe Seite 348

Leere Quadrate

☺ **1.** Sollte Quadrat A, B, C oder D in das leere Feld in diesem Raster eingesetzt werden?

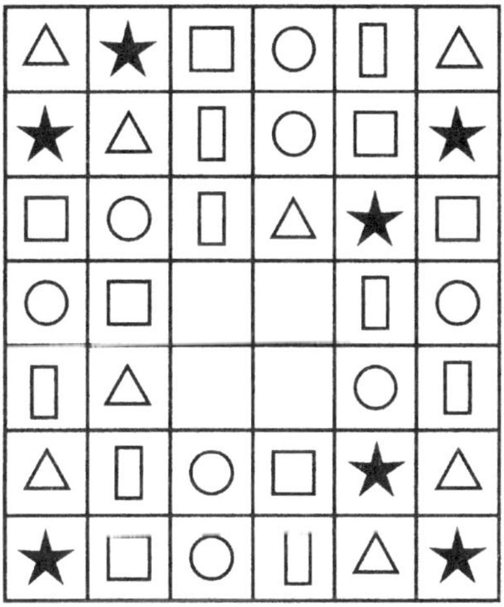

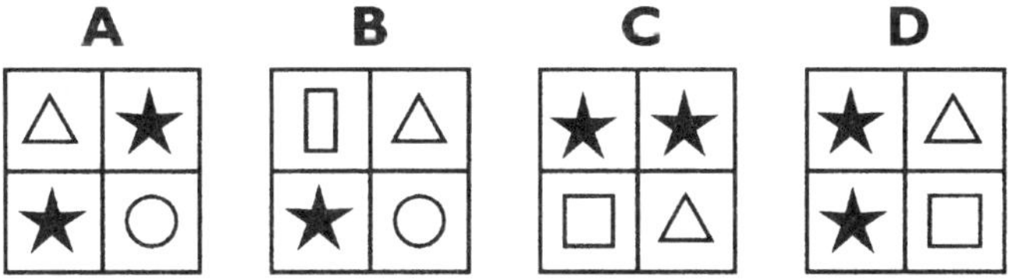

Lösung siehe Seite 349

2. Sollte Quadrat A, B, C oder D in das leere Feld in diesem Raster eingesetzt werden?

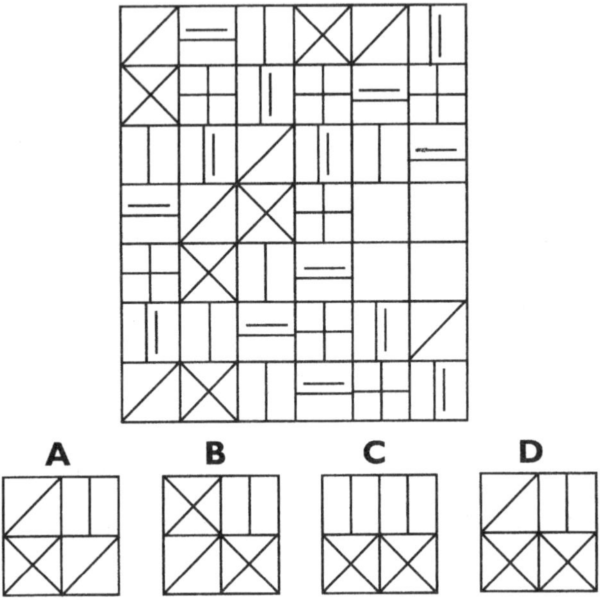

Lösung siehe Seite 349

3. Für welche Zahl stehen die Fragezeichen?

5	2	1	9	7				2	8	9	0	5				6	1	3	2	4			
1	6	8	8	4	G	A	I	3	2	0	2	6	D	F	B	2	3	7	1	7	C	H	E
6	9	8	0	0				6	1	3	9	3				?	?	?	?	?			

Lösung siehe Seite 349

4. Für welche Zahl stehen die Fragezeichen?

4	2	5	3	1				7	0	1	3	6				1	9	9	0	8			
3	8	2	8	7	F	D	A	2	2	1	4	5	H	I	E	5	7	4	6	7	G	B	C
8	0	1	7	7				9	1	3	8	6				?	?	?	?	?			

Lösung siehe Seite 349

Ungewöhnliche Safes

1. Hier sehen Sie einen ungewöhnlichen Safe. Jede Taste darf nur einmal in der richtigen Reihenfolge gedrückt werden, bis man auf **Öffnen** kommt. Die Anzahl der Schritte und die Richtung steht auf den einzelnen Tasten (z.B. 1 S bedeutet eine Taste in Richtung Süden etc.). Welche Taste müssen Sie als Erstes drücken?

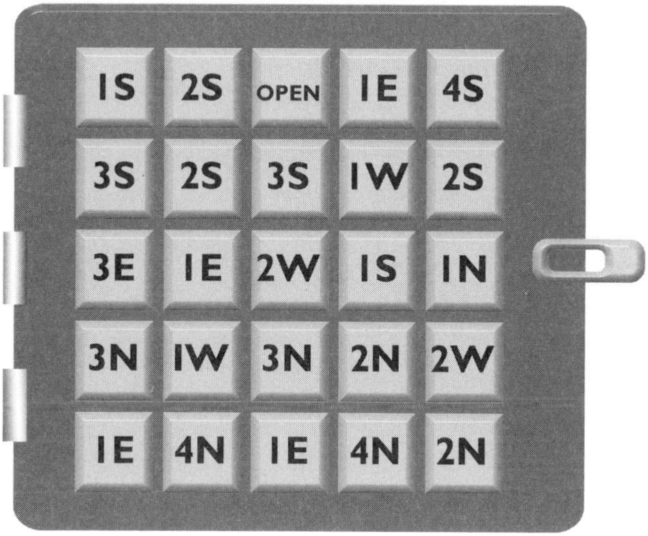

Lösung siehe Seite 349

2. Hier sehen Sie einen ungewöhnlichen Safe. Jede Taste darf nur einmal in der richtigen Reihenfolge gedrückt werden, bis man auf **Öffnen** kommt. Die Anzahl der Schritte und die Richtung steht auf den einzelnen Tasten (3 U bedeutet drei Schritte im Uhrzeigersinn, 1 G bedeutet einen Schritt gegen den Uhrzeigersinn). Welche Taste müssen Sie als Erstes drücken?

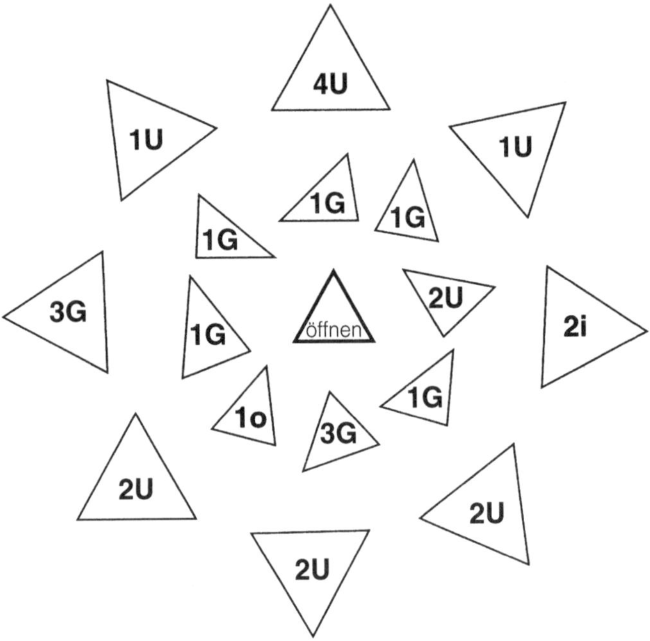

Lösung siehe Seite 349

3. Schreiben Sie einen Buchstaben in diese Abbildung, sodass man entlang den geraden Linien jeweils ein Wort erhält. Welches sind die vier Wörter?

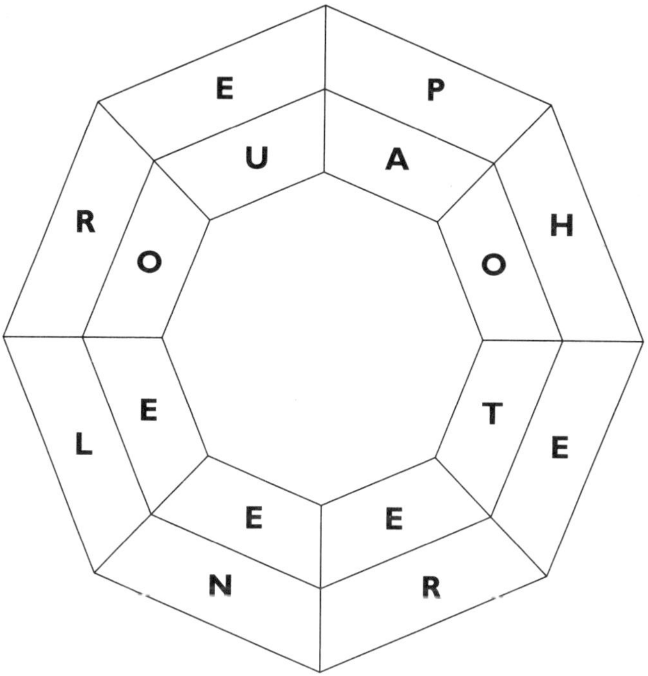

Lösung siehe Seite 349

4. Schreiben Sie einen Buchstaben in diese Abbildung, sodass man entlang den geraden Linien jeweils ein Wort erhält. Welches sind die vier Wörter?

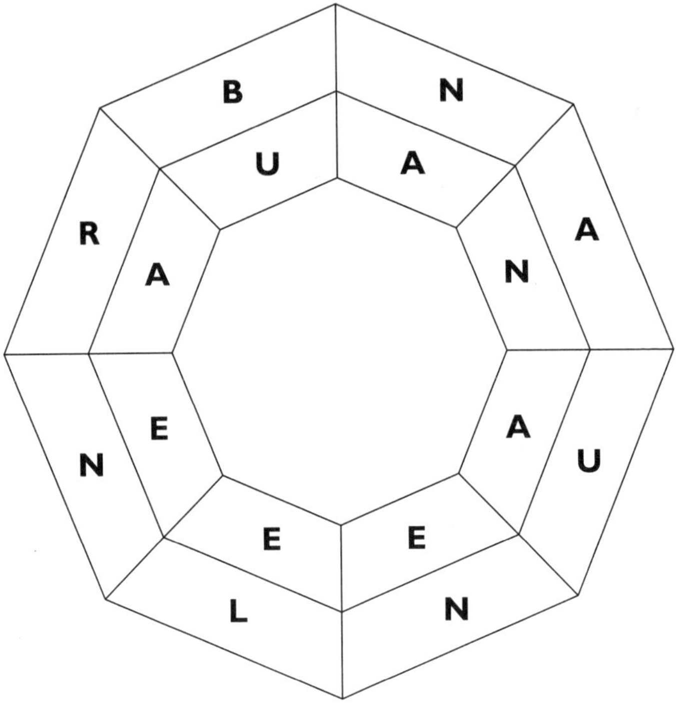

Lösung siehe Seite 349

Hürdenlauf fürs Gehirn

Hürde 1

1. Welche Zahlen gehören an die Stelle der Fragezeichen?

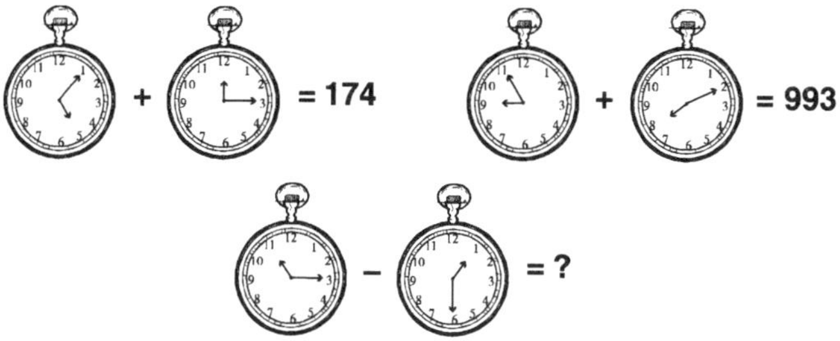

2.

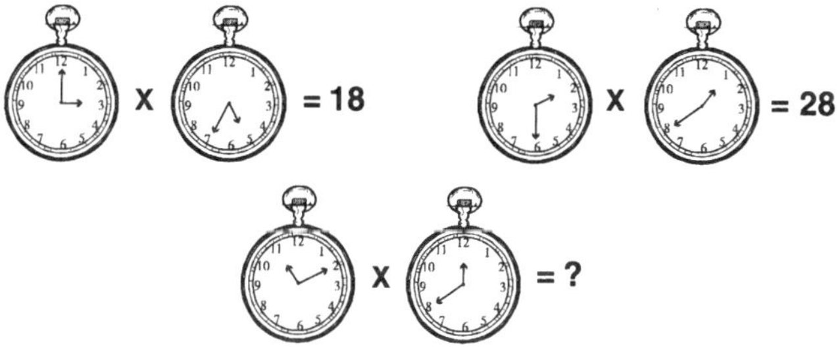

3.

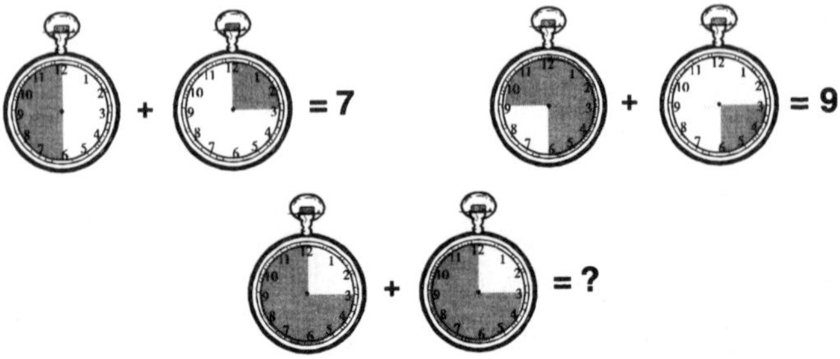

4.

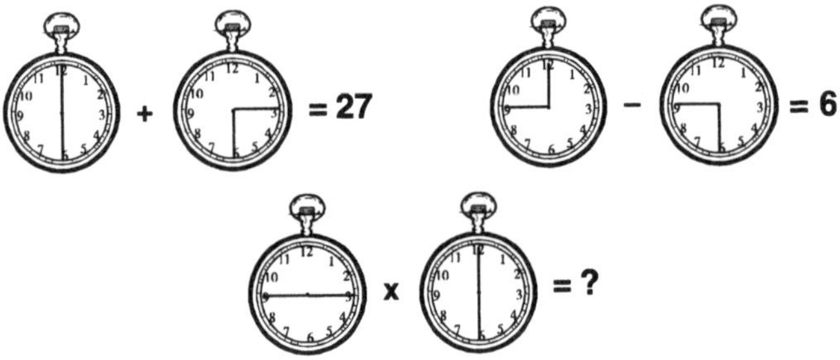

Lösung siehe Seite 349

Hürde 2

☹ Können Sie die fehlenden Zahlen in den unten stehenden Abbildungen ausrechnen? Jede Zahl darf nur einmal verwendet und nicht umgekehrt werden.

1.

2.

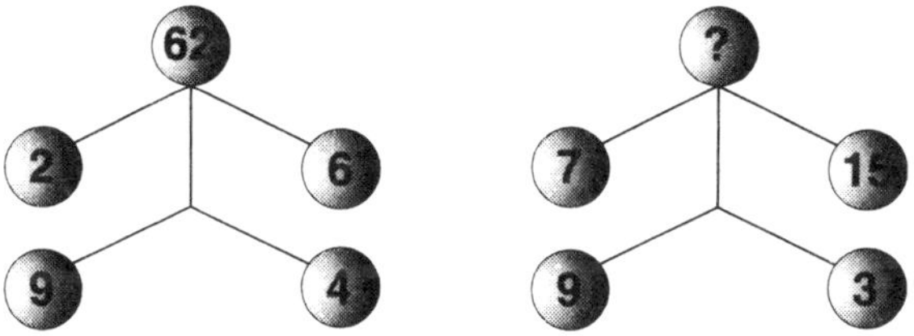

3.

4.

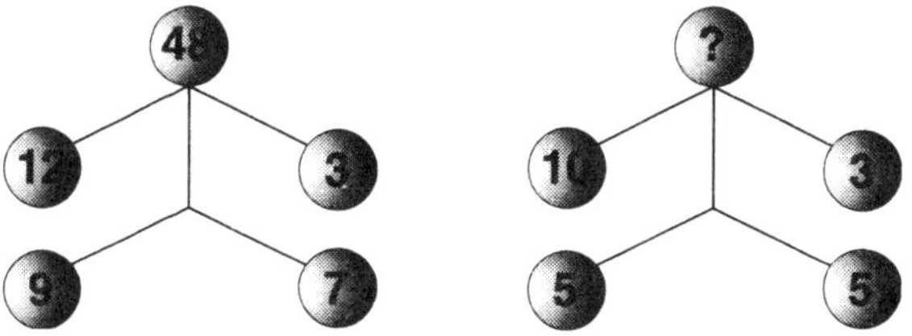

5.

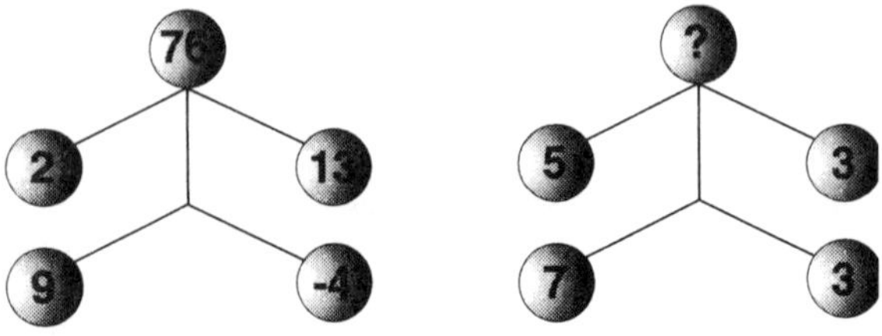
76
2
13
9
-4
?
5
3
7
3

6.

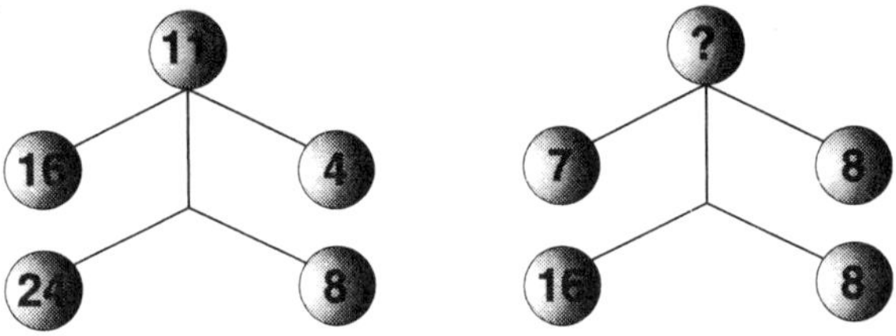
11
16
4
24
8
?
7
8
16
8

7.

73
16
24
37
4
?
82
37
16
9

8.

21
9
12
6
3
?
12
20
8
2

9.

10.

Lösung siehe Seite 350

Der einzige Weg durch diesen Abschnitt führt über die Lösung der Bilderrätsel

Hürde 3

1.–10. Welches Zeichen fällt aus dem Rahmen?

1.

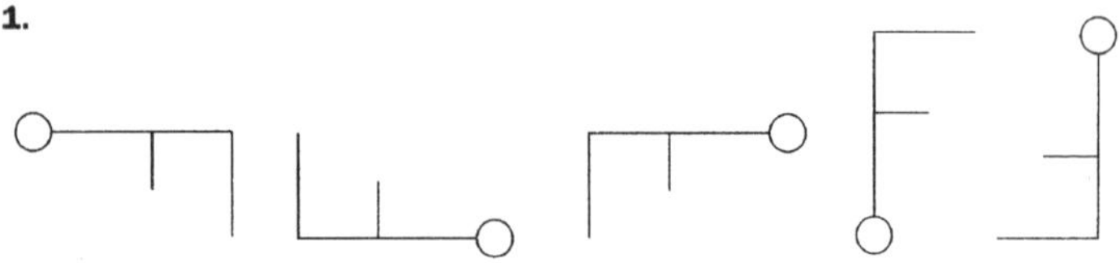

A B C D E

2.

A B C D E

3.

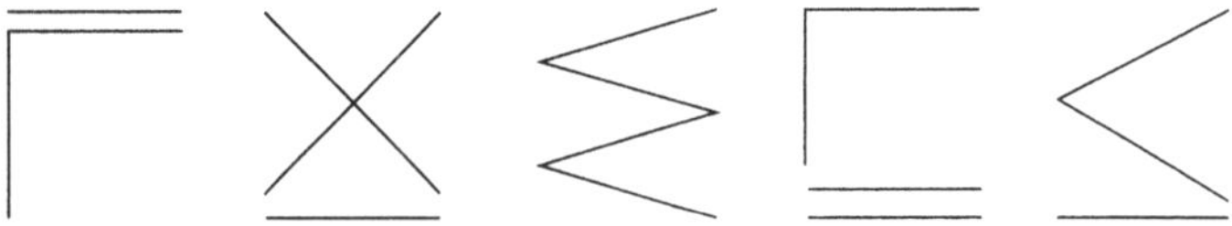

A B C D E

4.

A B C D E

5.

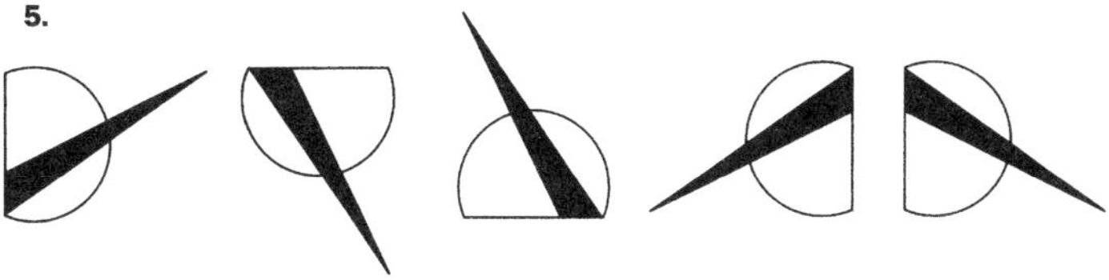

A **B** **C** **D** **E**

6.

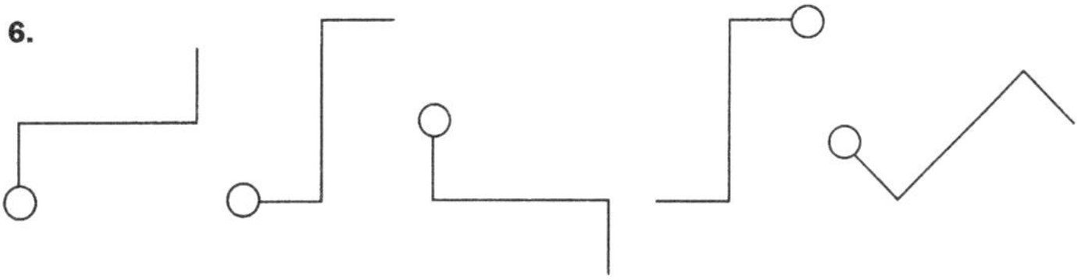

A **B** **C** **D** **E**

7.

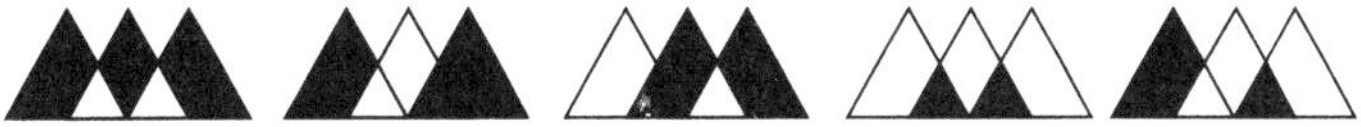

A **B** **C** **D** **E**

8.

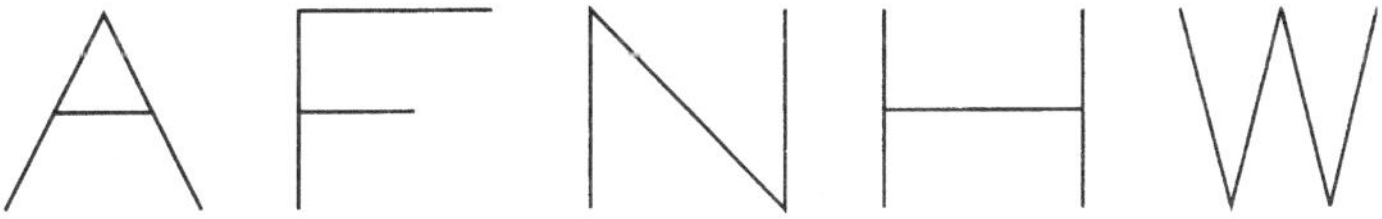

A **B** **C** **D** **E**

9.

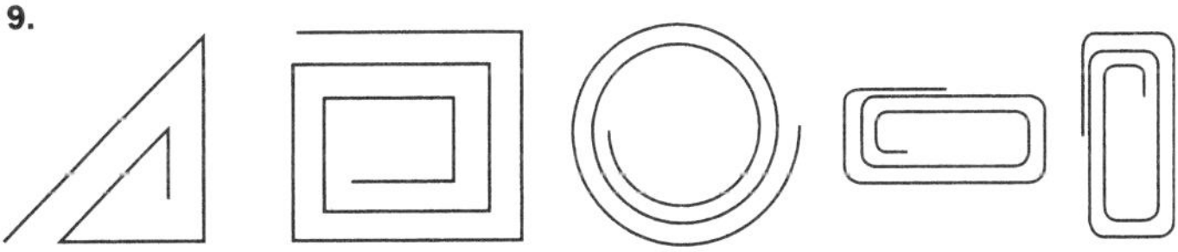

A **B** **C** **D** **E**

10.

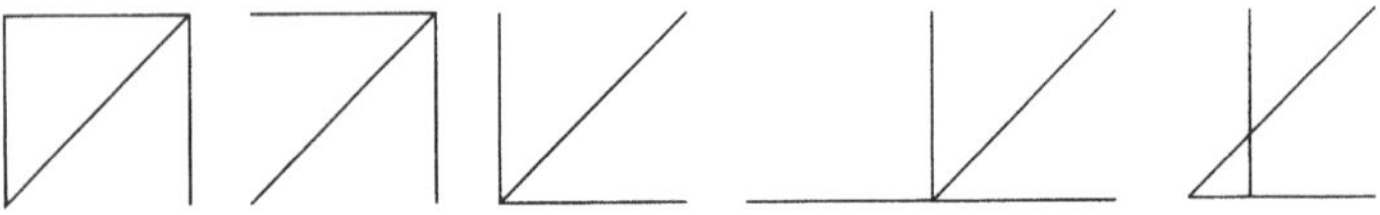

A B C D E

Lösungen siehe Seite 350

Hürde 4

☹ 11.–25. Welche Figur gehört an die Stelle des Fragezeichens?

11.

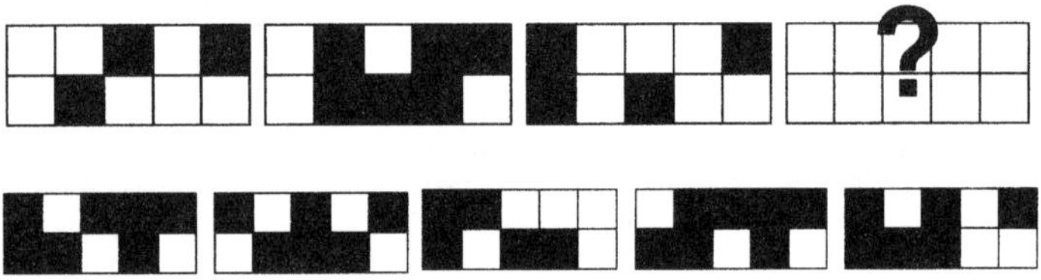

A B C D E

12.

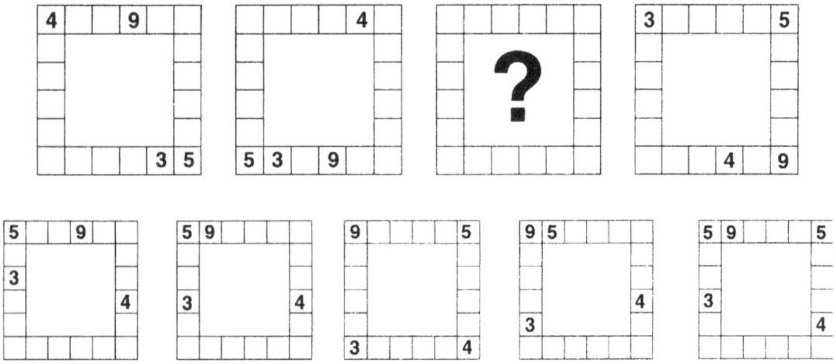

A B C D E

13.

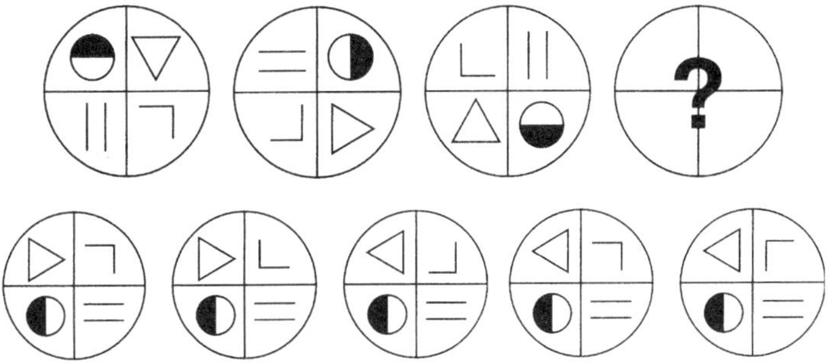

A B C D E

14.

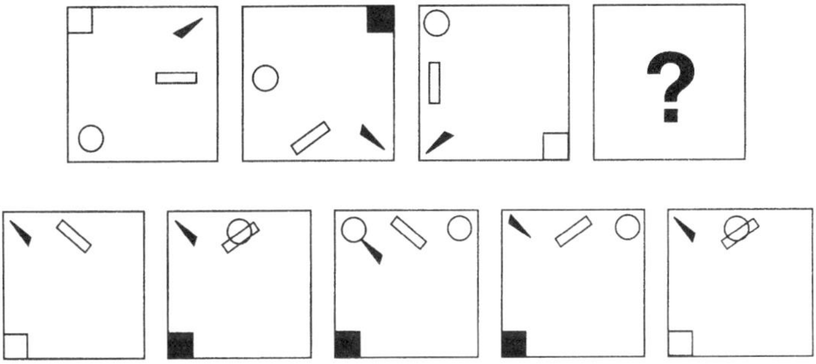

A B C D E

15.

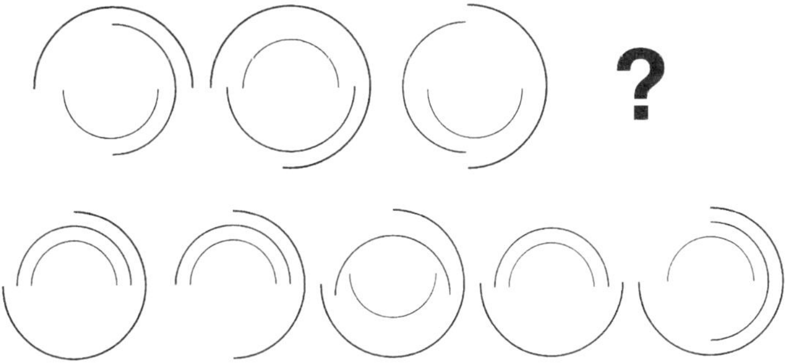

A B C D E

16.

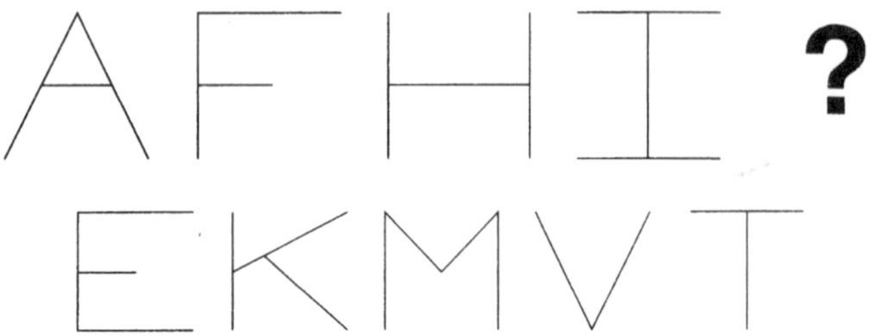

A B C D E

17.

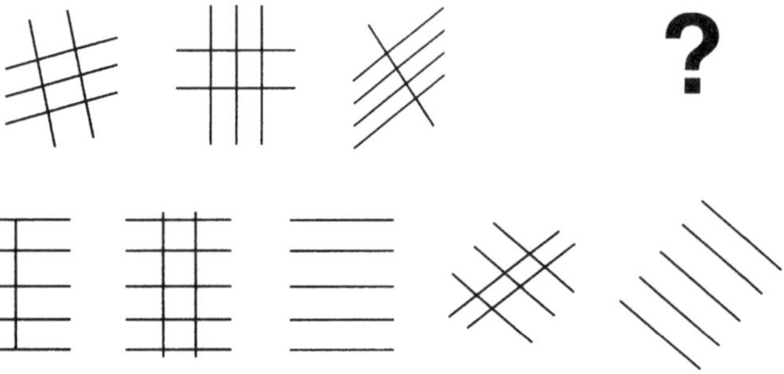

A B C D E

18.

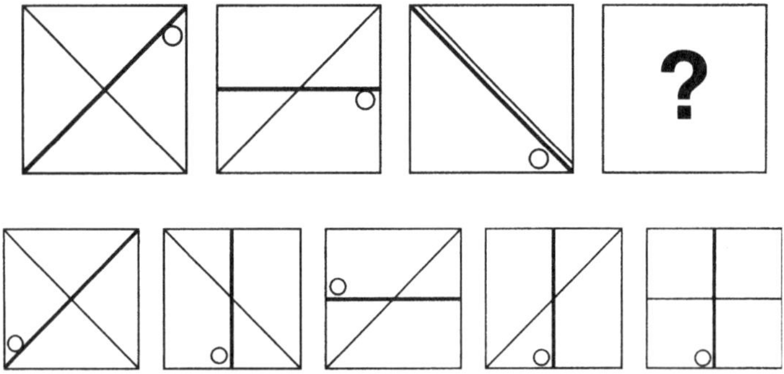

A B C D E

19.

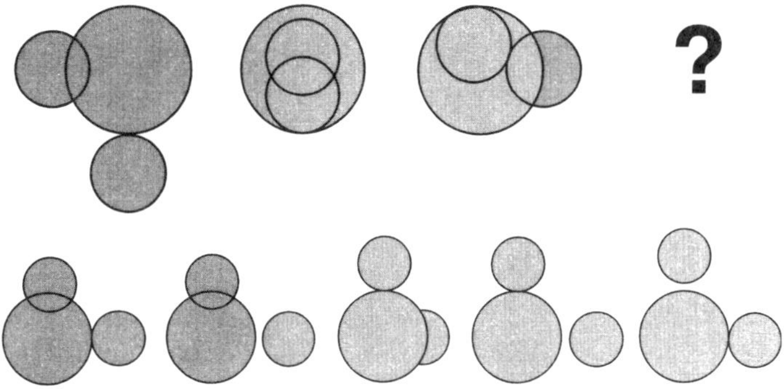

A B C D E

20.

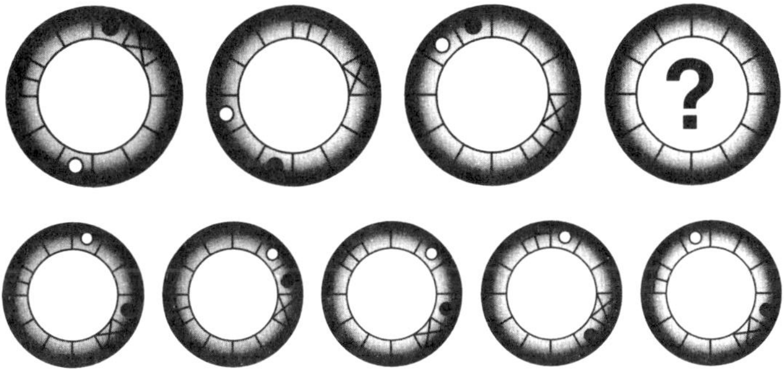

A B C D E

☹ 21.–25 … ist zu … wie … zu?

21.

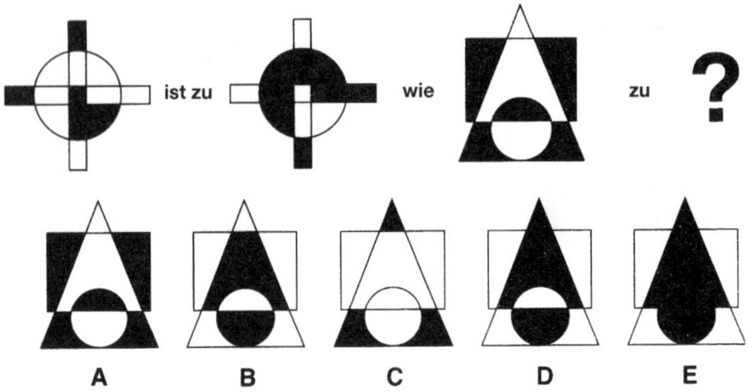

22.

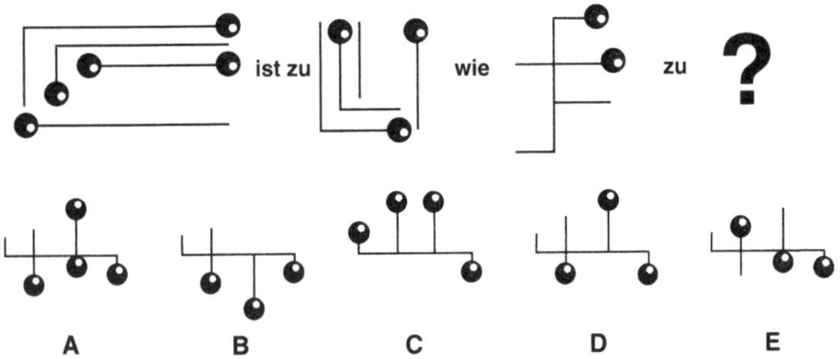

23.

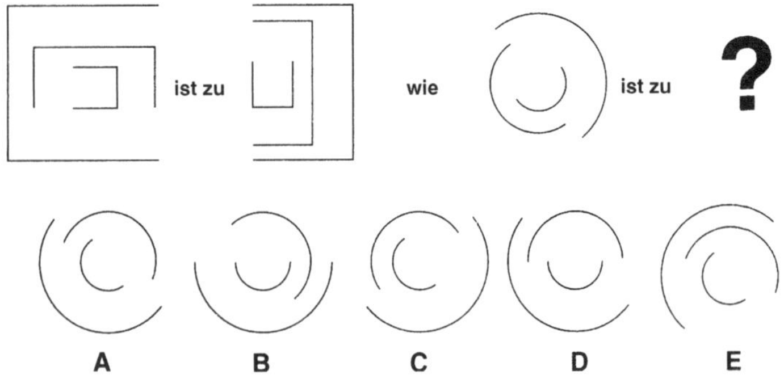

24.

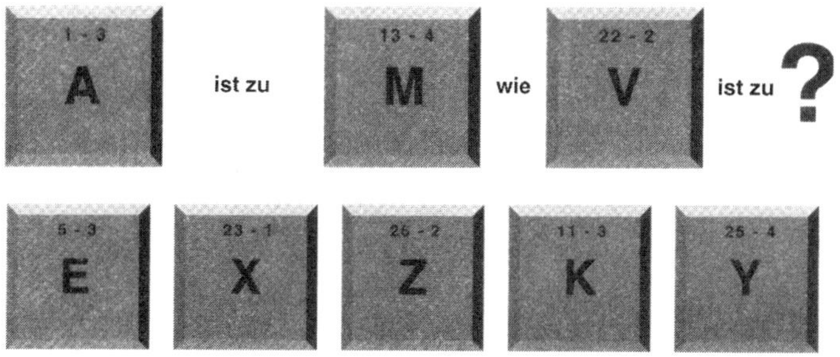

25.

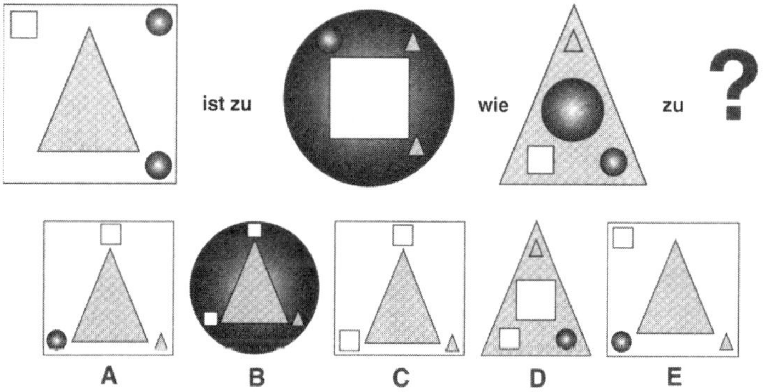

Lösungen siehe Seite 350 f.

Hürde 5

Hier geht es immer um Aufgaben mit Spiegelungen. Aus den vier vorgegebenen Figuren hat eine einen Fehler.

Beispiel:

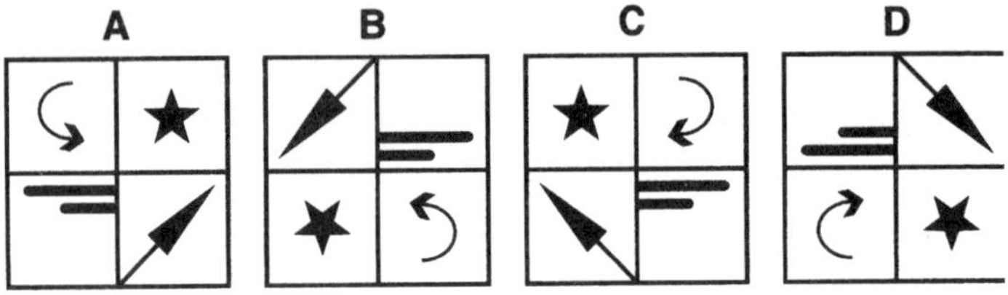

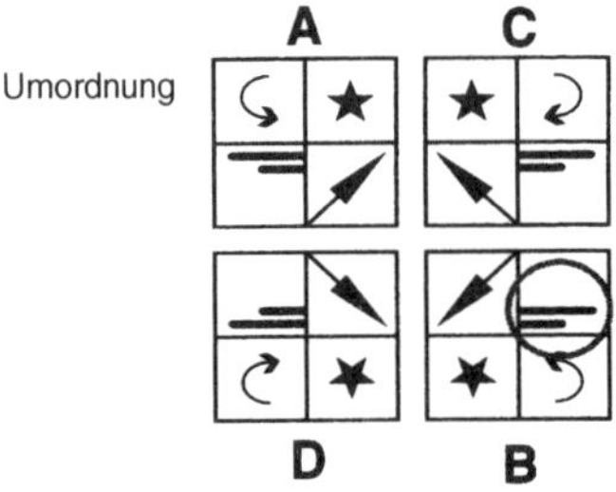

B ist der Fehler, weil  so aussehen sollte 

☹ 26.–30. Jedes der nächsten Rätsel hat etwas mit Spiegelungen zu tun. Welche der Abbildungen A, B, C, D oder E ist falsch?

26.

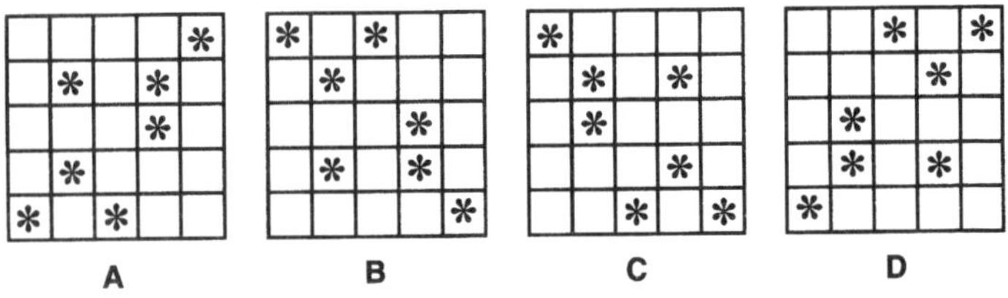

27.

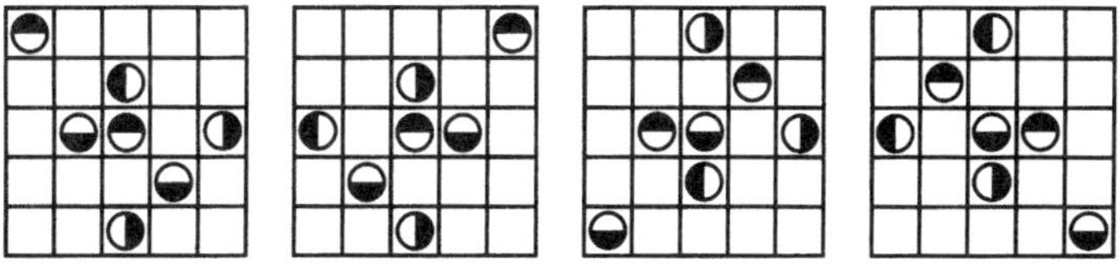

A B C D

28.

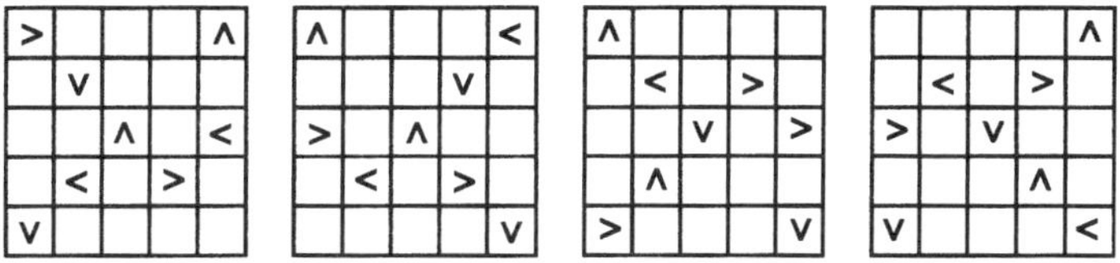

A B C D

29.

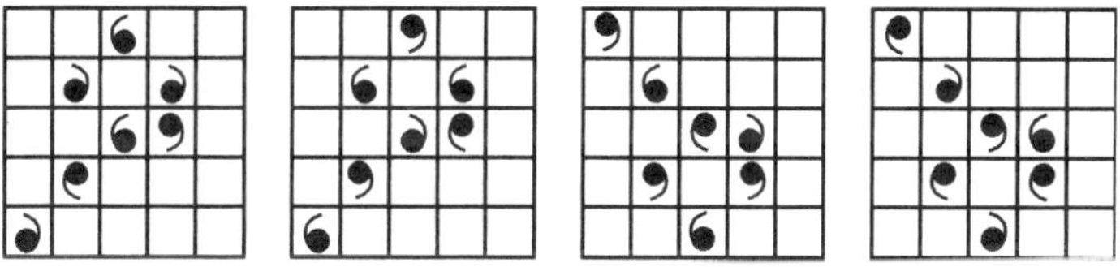

A B C D

30.

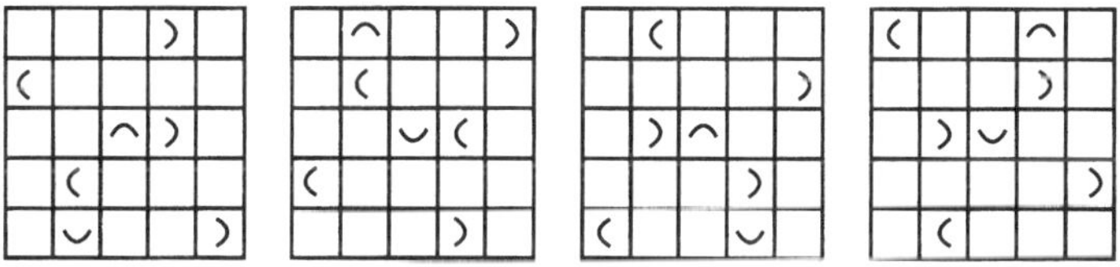

A B C D

Lösungen siehe Seite 351

Hürde 6

31.–35. Kein Symbol kommt auf mehreren Seiten des Würfels vor. Welche dieser Abbildungen sind nicht Abbildungen desselben Würfels?

31.

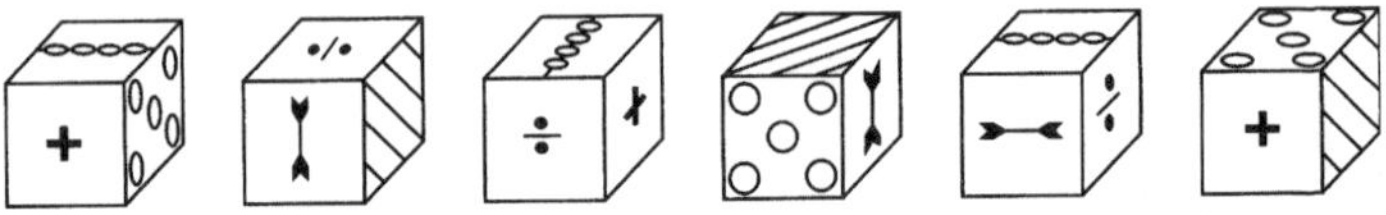

A B C D E F

32.

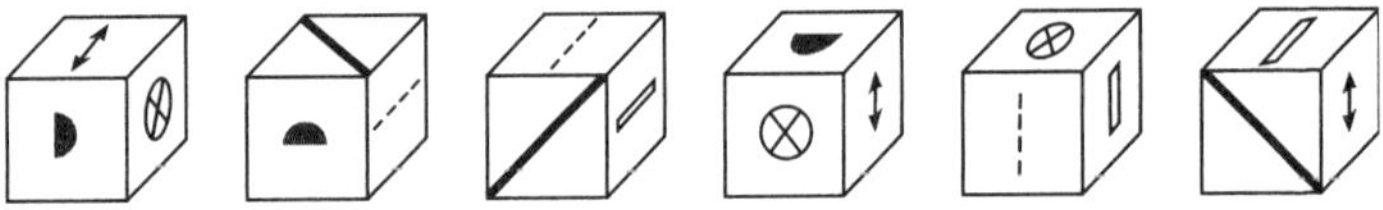

A B C D E F

33.

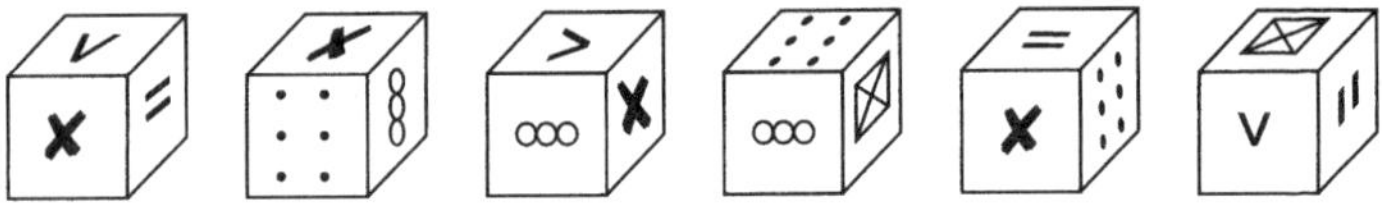

A B C D E F

34.

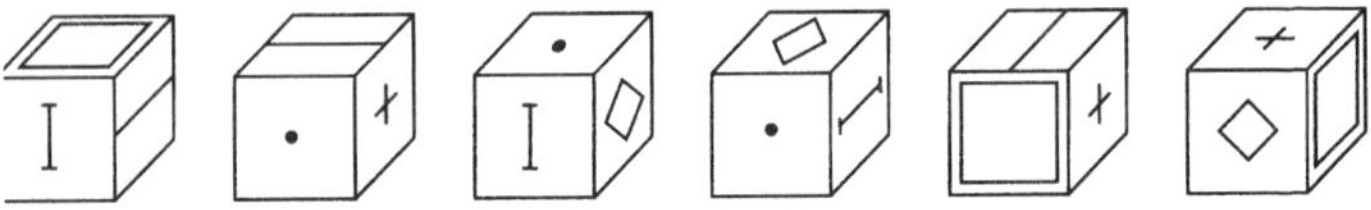

A B C D E F

35.

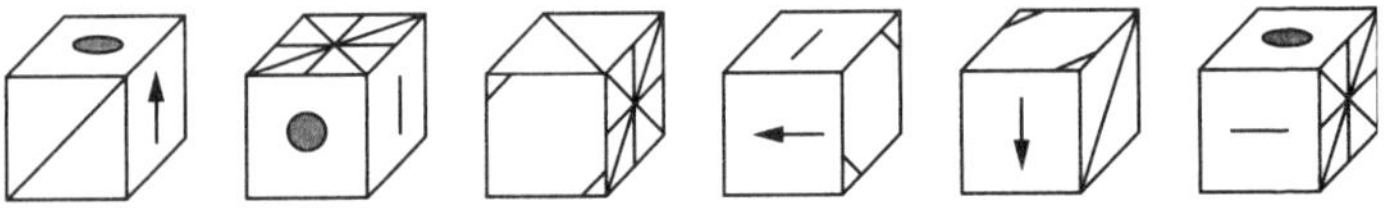

A B C D E F

Lösungen siehe Seite 351

Hürde 7

☺ 36.–40. Welcher dieser Würfel kann aus der Vorlage zusammengesetzt werden?

36.

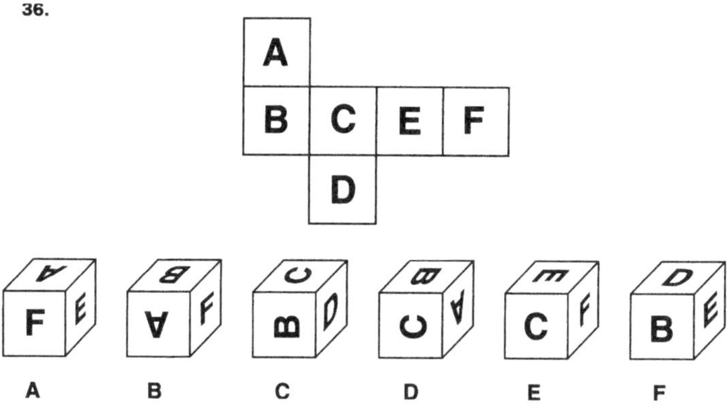

37.

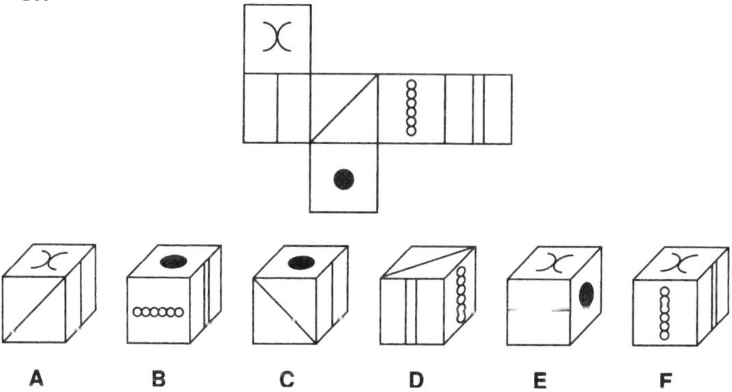

38.

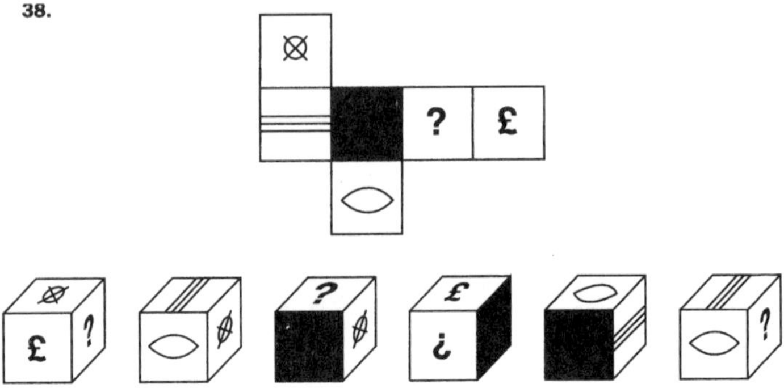

A B C D E F

39.

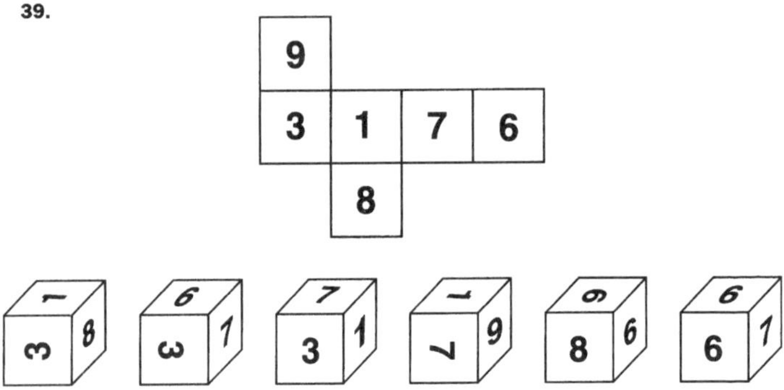

A B C D E F

40.

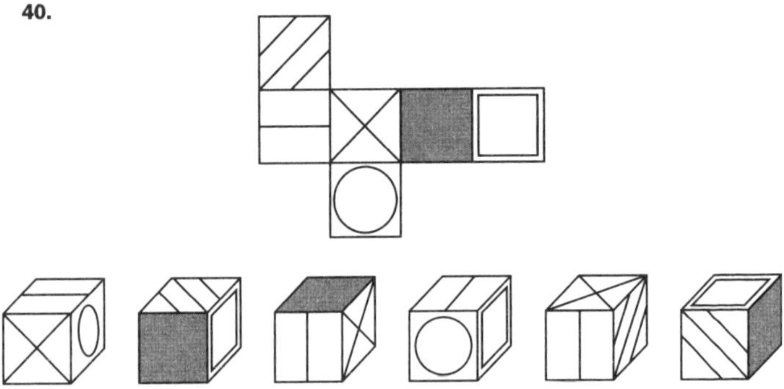

A B C D E F

Lösungen siehe Seite 351

Hürde 8

☺ 41.–43. Finden Sie heraus, welche Figur – A, B, C, D, E, F oder G – für die Vorlage nicht benutzt wurde.

41.

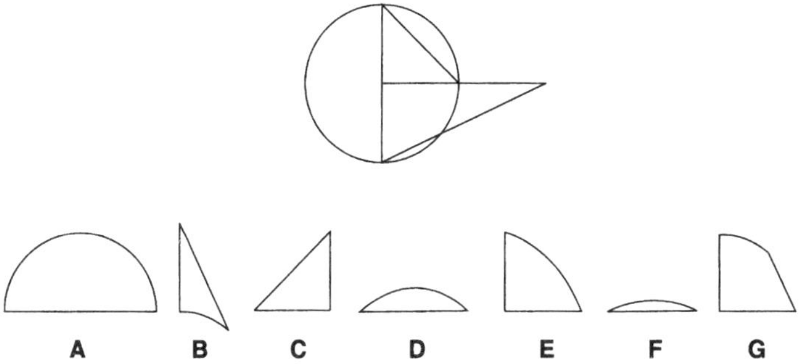

42.

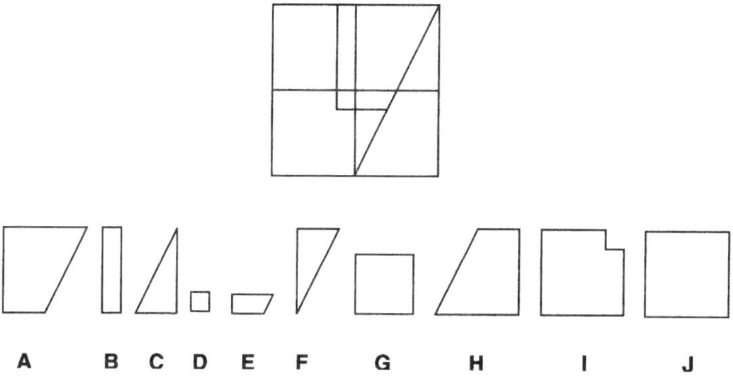

43.

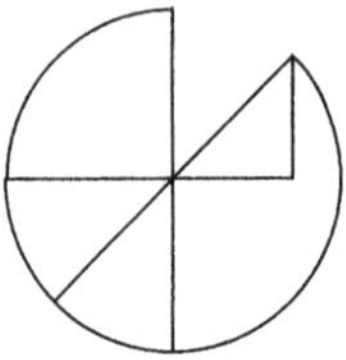

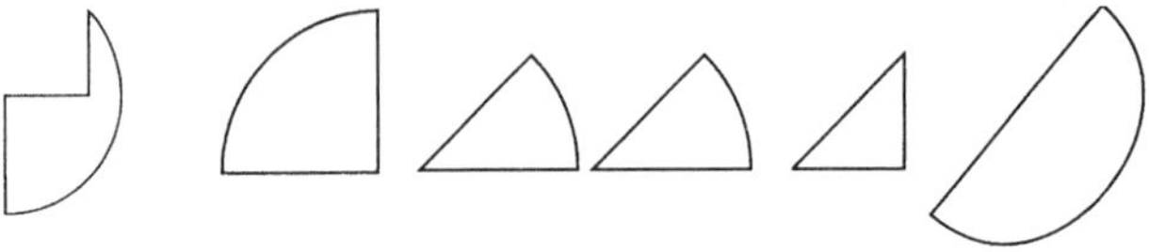

A **B** **C** **D** **E** **F**

Lösungen siehe Seite 352

Hürde 9

44.–45. Welche Figur – A, B, C, D oder E – gehört an die Stelle des Fragezeichens?

44.

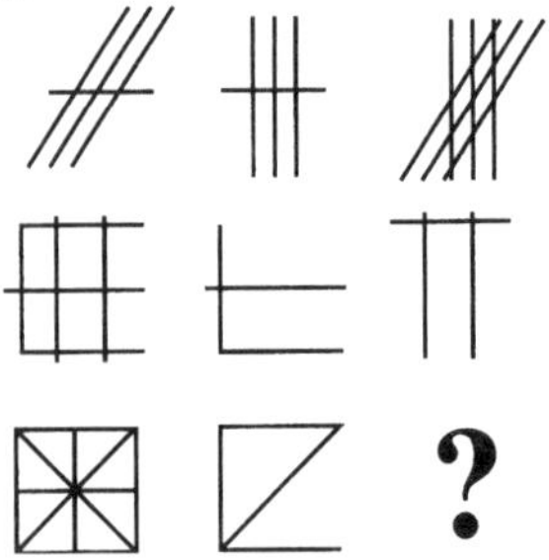

A **B** **C** **D** **E**

45.

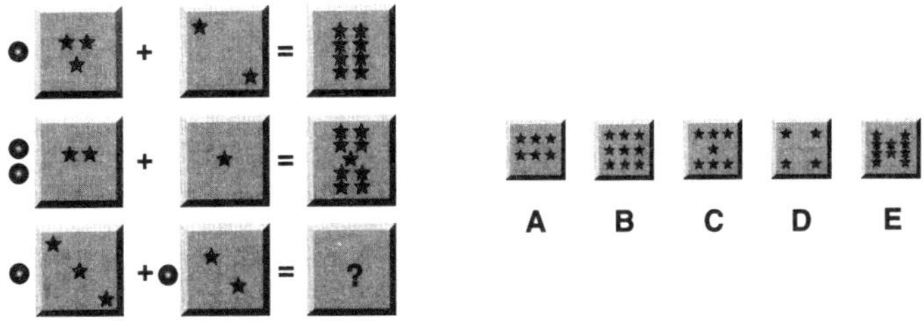

Lösungen siehe Seite 352

Hürde 10

☹ 46.–50. Welche der Figuren – A, B, C, D oder E – kann man nicht erzeugen, indem man alle Punkte mit einer Linie verbindet, die jeden Punkt mindestens einmal berührt?

46.

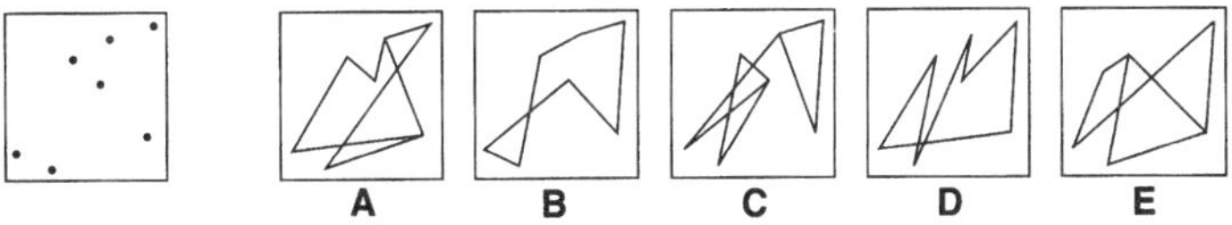

47.

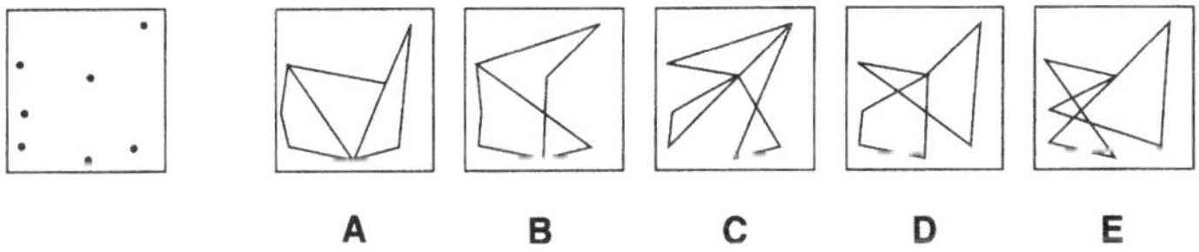

48.

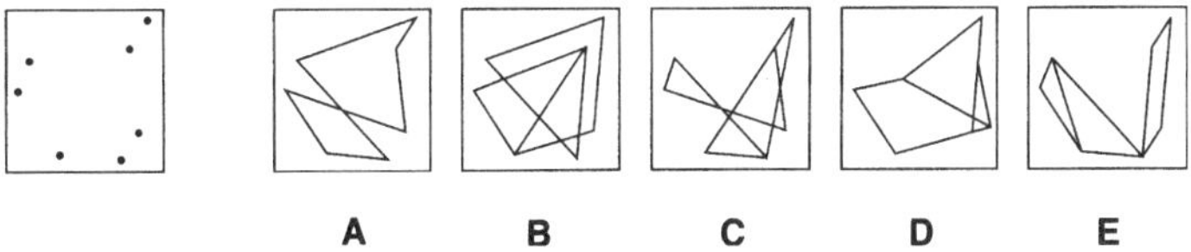

49.

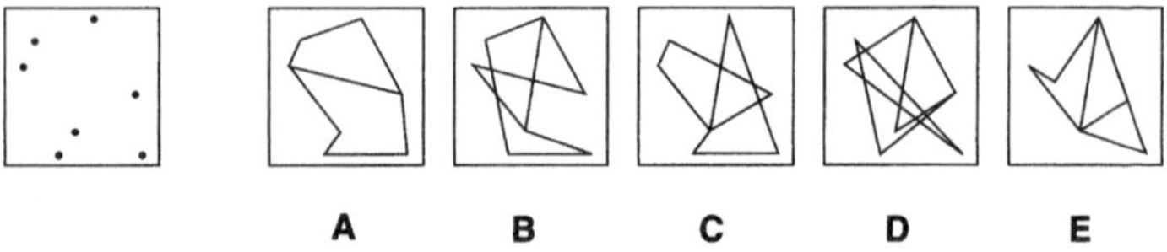

50.

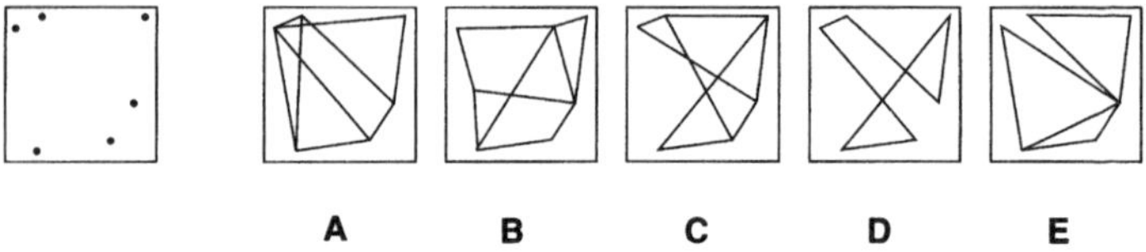

Lösung siehe Seite 352

Gedächtnistests

Gedächtnistest Nr. 1

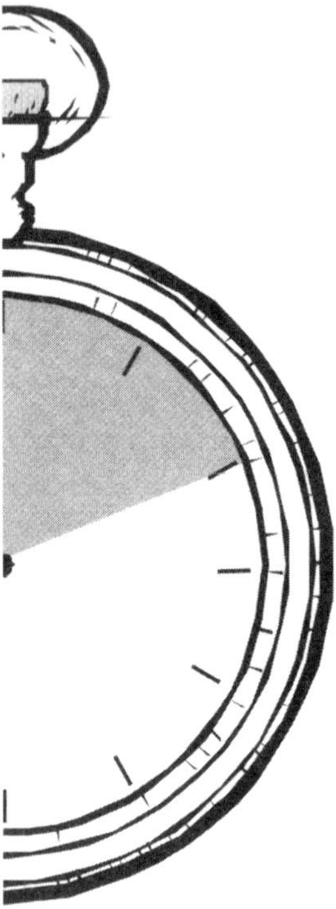

Sie haben nur wenige Minuten Zeit, sich die wichtigsten Informationen einzuprägen. Wenn Sie vergesslich sind, dann bekommen Sie hier nur wenige Punkte.

Lesen Sie sich die nächste Seite mit den Grundstücksinformationen zwei Minuten lang sorgfältig durch, und dann beginnen Sie mit dem Test auf der nächsten Seite.

Wenn Sie den Test begonnen haben, blättern Sie nicht zurück.

Stellen Sie die Uhr und beginnen Sie jetzt.

Insgesamt haben Sie für diesen Test zehn Minuten Zeit.

Gut zu verkaufen

Gut Altenhof
Lindenallee 1
Seedorf
Kreis Ratzeburg

Ein wunderschönes dreigeschossiges Gutshaus wird im Randbezirk von Seedorf angeboten. Das Anwesen stammt aus dem Barock und wurde während der letzten zehn Jahre aufwändig restauriert, ohne die barocken Elemente zu zerstören (wie z.B. die Deckenmalerei). Das Haus ist nach Süden ausgerichtet mit überwältigendem Blick über die Elbe und den dahinter liegenden Wald. Das Grundstück liegt verkehrsgünstig nahe der A 24 und der B 404.

Das Gebäude ist mit Gaszentralheizung, Doppelverglasung und Sicherheitssystem ausgerüstet.

Für dieses Objekt werden Angebote ab € 1,8 Millionen entgegengenommen.

Das dreigeschossige Haus verfügt über ein Wohnzimmer, ein Atelier, ein Esszimmer, eine kleine Küche, Speisekammer, Toilette und Abstellraum im Erdgeschoss. Im ersten Stock befinden sich vier Schlafzimmer, zwei davon mit eigenem Bad, und das große Badezimmer verfügt über eine Eckbadewanne, Dusche und angrenzendes Ankleidezimmer. Im zweiten Stockwerk befinden sich weitere drei Schlafzimmer und ein großes Spielzimmer. Zu dem Anwesen gehört eine Doppelgarage, in der drei Autos Platz finden.

Das Gutshaus ist von einem großen Garten umgeben, der sorgfältig mit einer Vielfalt von Bäumen und Sträuchern angelegt wurde. Das Grundstück wird durch eine gepflegte Hecke begrenzt. Auf dem Grundstück befindet sich außerdem ein Gemüsegarten mit Kartoffeln, Mohrrüben, Salat, Zwiebeln, Knoblauch und Dicken Bohnen. Das Anwesen kann nach Absprache mit dem Eigentümer besichtigt werden.

A. Fragen und Rätsel

Fragen:

☹ **1.** Wie heißt das Haus?
☹ **2.** In welcher Stadt liegt es?
☹ **3.** Liegt es im Kreis Rendsburg oder Ratzeburg?
☹ **4.** Wie viele Stockwerke hat das Haus?
☹ **5.** In welchem Teil von Seedorf befindet sich das Anwesen?
☹ **6.** In welcher Zeit wurde das Haus gebaut?
☹ **7.** Gibt es in dem Haus Deckenmalereien?
☹ **8.** Wie hoch ist das Mindestgebot für das Anwesen?
☹ **9.** Soll man mit der Maklerfirma Kontakt aufnehmen, um das Anwesen zu besichtigen?
☹ **10.** Wie viele Schlafzimmer hat das Haus?
☹ **11.** Welches Zimmer grenzt an das große Badezimmer?
☹ **12.** Verfügt das große Badezimmer über eine Massagedusche?
☹ **13.** Wie viele Schlafzimmer befinden sich im zweiten Stock?
☹ **14.** Welche beiden Straßen sind vom Objekt aus schnell zu erreichen?
☹ **15.** Welcher Fluss ist vom Grundstück aus zu sehen?
☹ **16.** Verfügt das Haus über Doppelverglasung oder Isolierverglasung?
☹ **17.** Wo befindet sich das Spielzimmer?
☹ **18.** Welche Gemüsesorten wachsen im Gemüsegarten?
☹ **19.** Gibt es einen Obstgarten?
☹ **20.** Wie viele Autos finden in der Garage Platz?
☹ **21.** Gehört die Garage zum Grundstück?
☹ **22.** Ist das Haus nach Südosten ausgerichtet?
☹ **23.** Was kann man außer dem Fluss noch vom Haus aus sehen?
☹ **24.** Gibt es im Erdgeschoss ein Atelier?
☹ **25.** Haben zwei oder drei Schlafzimmer ein eigenes Bad?

1. ______________________________
2. ______________________________
3. ______________________________
4. ______________________________
5. ______________________________
6. ______________________________
7. ______________________________
8. ______________________________
9. ______________________________
10. ______________________________
11. ______________________________
12. ______________________________
13. ______________________________
14. ______________________________
15. ______________________________
16. ______________________________
17. ______________________________
18. ______________________________
19. ______________________________
20. ______________________________
21. ______________________________
22. ______________________________
23. ______________________________
24. ______________________________
25. ______________________________

Lösungen siehe Seite 352 f.

Gedächtnistest Nr. 2

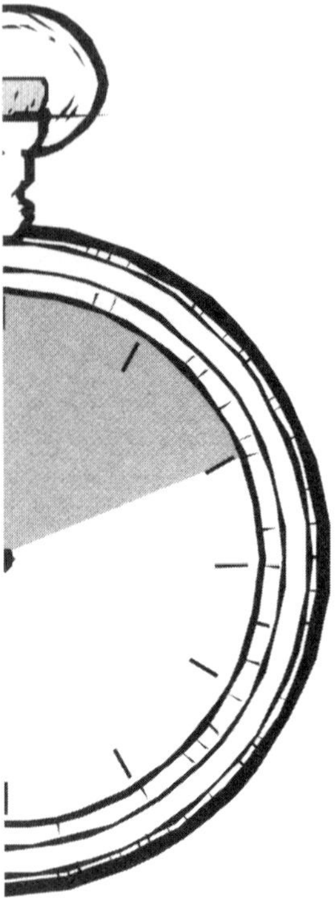

Prägen Sie sich die Speisekarte auf der nächsten Seite zwei Minuten lang ein und beginnen Sie dann den Test auf der übernächsten Seite.

Wenn Sie mit dem Test begonnen haben, blättern Sie nicht zurück. Sie haben insgesamt zehn Minuten Zeit.

Internationale Speisekarte

Indisch

Vorspeisen	Preis in Rupien
Samosa	1200
Pakora	1200
Shish Kebab	900
Hauptgerichte	
Huhn Masala	3000
Lamm Bhuna	3600
Huhn Vindaloo	3600
Huhn Korma	3000
Huhn Tandoori	3600
(Reis nicht im Preis eingeschlossen)	
Desserts	
Kulfi	1200
Gebackene Banane	1800

Französisch

Vorspeisen	Preis in Euro
Schnecken	3,00
Froschschenkel	3,00
Hauptgerichte	
Boeuf Bourguignon	10,00
Chateaubriand	12,00
Ratatouille	6,00
Desserts	
Crêpes Suzettes	4,50

Englisch

Vorspeisen	Preis in Pfund
Tomatensuppe	2,00
Cock-A-Leekie Suppe	2,00
Hauptgerichte	
Roast Beef mit Yorkshire Pudding	6,00
Cottage Pie	4,00
Welsh Rarebit	4,00
Desserts	
Götterspeise Roly Poly mit Vanillesauce	2,00
Apple Pie mit Sahne	3,00

Italienisch

Vorspeisen	Preis in Euro
Minestrone	2,50
Hauptgerichte	
Spaghetti Bolognese	6,00
Lasagne	6,00
Pizza (verschiedene Beläge)	5,50
Desserts	
Eis	2,50
Zabaione	3,00

Kreditkarten werden nicht akzeptiert

A. Fragen und Rätsel

Fragen:

☹ **1.** Es gibt vier unterschiedliche Küchen, aus denen man auswählen kann. Welche?

☹ **2.** Aus wie vielen Gerichten mit Huhn konnte man bei der indischen Küche auswählen?

☹ **3.** Wie viele Vorspeisen gab es auf der französischen Karte?

☹ **4.** Sie hatten Spaghetti Bolognese von der italienischen Karte. Was mussten Sie bezahlen?

☹ **5.** War das Chateaubriand billiger als das Boeuf Bourguignon?

☹ **6.** Was kostete Roast Beef mit Yorkshire Pudding?

☹ **7.** Wie hieß das Lammgericht auf der indischen Karte?

☹ **8.** Wie viele Desserts standen auf der englischen Karte?

☹ **9.** Standen auf der französischen oder der italienischen Karte mehr Hauptgerichte?

☹ **10.** In welchem Teil der Speisekarte standen die gebackenen Bananen?

☹ **11.** In welchen Speisekarten standen Suppen als Vorspeisen?

☹ **12.** War der Reis zum Huhn Korma im Preis inbegriffen?

☹ **13.** Was kosteten die Crêpes Suzettes?

☹ **14.** Was kostete der Cottage Pie?

☹ **15.** Wie viele Suppen standen insgesamt auf der Speisekarte?

☹ **16.** Konnte man Pizza mit verschiedenen Belägen bekommen?

☹ **17.** Was stand am unteren Rand der Speisekarte?

☹ **18.** Wie hießen die Desserts auf der italienischen Karte?

☹ **19.** Wie viele Vorspeisen standen auf der italienischen Karte?

☹ **20.** Welche beiden Arten von Suppen standen auf der englischen Speisekarte?

☹ **21.** Was war die billigste Vorspeise auf der indischen Karte?

☹ **22.** Welche Karte bot die wenigsten Süßspeisen an?

☹ **23.** Was kostet der Kaffee auf der französischen Karte?

1. ____________________
2. ____________________
3. ____________________
4. ____________________
5. ____________________
6. ____________________
7. ____________________
8. ____________________
9. ____________________
10. ____________________
11. ____________________
12. ____________________
13. ____________________
14. ____________________
15. ____________________
16. ____________________
17. ____________________
18. ____________________
19. ____________________
20. ____________________
21. ____________________
22. ____________________
23. ____________________

Lösungen siehe Seite 353 f.

Gedächtnistest Nr. 3

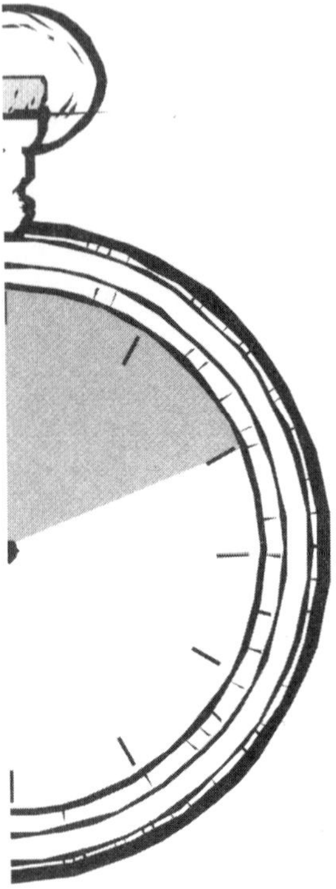

Prägen Sie sich das Gedicht auf der nächsten Seite drei Minuten lang ein und beginnen Sie dann mit dem Test auf der übernächsten Seite.

Wenn Sie den Test begonnen haben, blättern Sie nicht zurück.

Stellen Sie die Uhr und fangen Sie an.

Sie haben für diesen Test zehn Minuten Zeit.

Eugen Roth

Überfälle

Wie liegt so friedsam treuer Sitten
Ein liebes Nest in Deutschlands Mitten:
Schon rücken von der Autobahn
Kunst-Überfallkommandos an:
Die Wagen halten, Hornruf gellt.
Schlagartig wird der Ort umstellt.
Der Kirche gilt der erste Stoß:
Ein Trupp stürmt lärmend auf sie los,
Und drängt durch die romanische Pforte.
Ein Tonband schnarrt Erklärungsworte,
Ein Bild, von Grünewald gemalt,
Wird scharf elektrisch angestrahlt
Und Kunstbegeistrung, ohne Zügel,
Schwenkt des Altares schwere Flügel.
Schon ist der ganze Ort beschlagnahmt:
Beim Zuckerbäcker wird geschlagrahmt
Und alles schreit – wie eine Waffe
Das Schlagwort schwingend – „Káffe, Káffe!"
Gefüllt sind alle Mördergruben:
Die Imbisshütten, Trachtenstuben,
Die Ansichtskartenausstoß-Stellen,
Die Bier- und Coca-Colaquellen.
Dann endets jäh, wie Zauberschlag:
Posaunen, wie am Jüngsten Tag,
Wie wilden Jägers Horridoh,
Zerreißen alle Freuden roh:
Signale schmettern, Rufe tönen,
Laut hört man die Motoren dröhnen.
Der Spuk zerstiebt, der Ort ist leer –
Papiere liegen weit umher …
Doch siehe da, am Horizont
Entwickelt sich die neue Front:
Mit frischen Rundreisregimentern,
Bereit, das Kirchenschiff zu entern,
Kommt nicht beglückend, doch beglückt –
Die nächste Truppe angerückt,
Den Ort im Sturm zu überlaufen. –
Papier türmt sich bereits zu Haufen …

Fragen:

☹ **1.** Welches Bauwerk wird besichtigt?
☹ **2.** Wie nennt man den Baustil?
☹ **3.** Welcher berühmte Maler wird erwähnt?
☹ **4.** Welche Technik wird bei der Besichtigung eingesetzt?
☹ **5.** Wie viele Getränke werden erwähnt?
☹ **6.** Wie heißen die Getränke?
☹ **7.** Wie heißen die beiden Blasinstrumente?
☹ **8.** Gehören die Flügel einem Vogel?
☹ **9.** Welches Schiff soll geentert werden?
☹ **10.** Was wird außer den Getränken noch verkauft?

1. ____
2. ____
3. ____
4. ____
5. ____
6. ____
7. ____
8. ____
9. ____
10. ____

Lösungen siehe Seite 354

Gedächtnistest Nr. 4

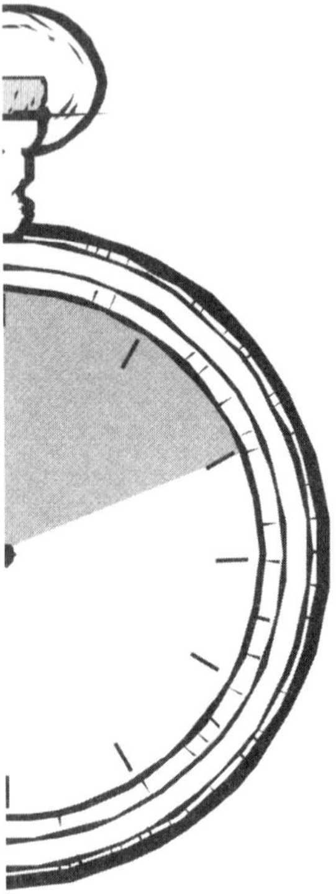

Prägen Sie sich die Informationstafel des Reisebüros zwei Minuten lang gut ein und beginnen Sie dann mit dem Test auf der übernächsten Seite.

Wenn Sie den Test begonnen haben, blättern Sie nicht zurück.

Stellen Sie die Uhr und fangen Sie an.

Sie haben für diesen Test zehn Minuten Zeit.

KOS 14 Tage
Vollpension **€** 310,—
2. Juni

Angebot der Woche!

London Wochenende
Great Palace Hotel
3 Tage Vollpension **€** 350,—

Orlando 14 Tage
Nur Hotel **€** 449,—
13. Juni

Zante 14 Tage
Halbpension **€** 229,—
15. Juli

Mallorca 7 Tage
Vollpension **€** 159,—
8. Juni

Sydney 21 Tage
All inclusive **€** 2010,—
10. Juni

Rabatte auf Fl ge

10% auf	AMSTERDAM
10% auf	PARIS
25% auf	PALMA
15% auf	BENIDORM
10% auf	SAN FRANCISCO
10% auf	SYDNEY
20% auf	DELHI
25% auf	ALGARVE
15% auf	NIZZA

Frankfurt 14 Tage
Selbstversorger **€** 1000,—
16. Juni

Teneriffa 14 Tage
Vollpension **€** 449,—
15. Dezember

Fragen:

☹ **1.** Wie viele Rabatte auf Flüge gab es?
☹ **2.** Welches war das Ziel des Angebots der Woche?
☹ **3.** Wie hieß das Hotel bei dem Wochenende in London?
☹ **4.** Was kostete der Urlaub in Orlando?
☹ **5.** War der Urlaub in Frankfurt „Room only" oder Selbstversorger?
☹ **6.** Wie hoch war der Rabatt bei Flügen nach Amsterdam?
☹ **7.** Wie viele Urlaubsangebote gab es insgesamt?
☹ **8.** Welches war das billigste Urlaubsangebot?
☹ **9.** Wenn Sie am 15. Juli abreisen wollten, wohin würden Sie reisen?
☹ **10.** Nennen Sie die Urlaubsangebote mit Vollpension.
☹ **11.** Wie viele Tage blieb man bei der Wochenendreise nach London dort?
☹ **12.** Kostete das Wochenende in London € 320,- oder € 350,-?
☹ **13.** Welche beiden Urlaubsreisen würden € 449,- kosten?
☹ **14.** Wohin würde man am 16. Juni für € 1000,- reisen?
☹ **15.** Wie viele Urlaubsreisen über 14 Tage wurden angeboten?
☹ **16.** Wie viel Rabatt gab es auf den Flug nach Delhi?
☹ **17.** Auf welche beiden Flüge gab es 25% Rabatt?
☹ **18.** Auf welche beiden Flüge gab es 15% Rabatt?
☹ **19.** Um wie viel war der Flug nach Nizza reduziert?
☹ **20.** Was kostete die Reise nach Frankfurt?

1. ______________________________
2. ______________________________
3. ______________________________
4. ______________________________
5. ______________________________
6. ______________________________
7. ______________________________
8. ______________________________
9. ______________________________
10. ______________________________
11. ______________________________
12. ______________________________
13. ______________________________
14. ______________________________
15. ______________________________
16. ______________________________
17. ______________________________
18. ______________________________
19. ______________________________
20. ______________________________

Lösungen siehe Seite 354

Bilderrätsel

1. Welche dieser Schmetterlinge sind identisch?

A

B

C

D

E

F

Lösung siehe Seite 355

2. Welches Rechteck passt in die Mitte?

A

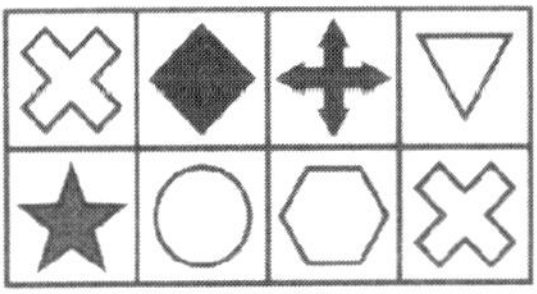

B

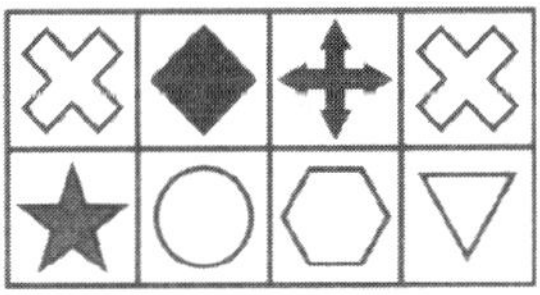

C

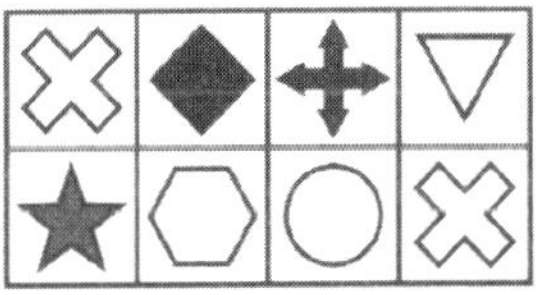

D

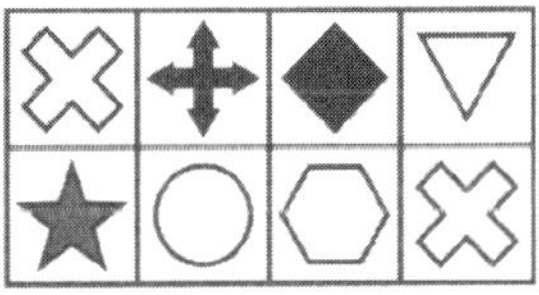

Lösung siehe Seite 355

3. Finden Sie die 10 Unterschiede in Abbildung B.

A

B

Lösung siehe Seite 355

4. Welches Muster fällt aus der Reihe?

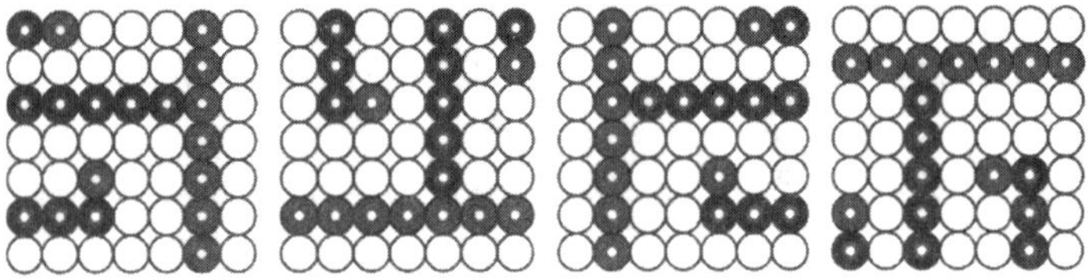

A B C D

Lösung siehe Seite 355

5. Finden Sie die 8 Unterschiede in Abb. B.

A

B

Lösung siehe Seite 356

6. Vervollständigen Sie die Analogie „… verhält sich zu … wie … zu …“

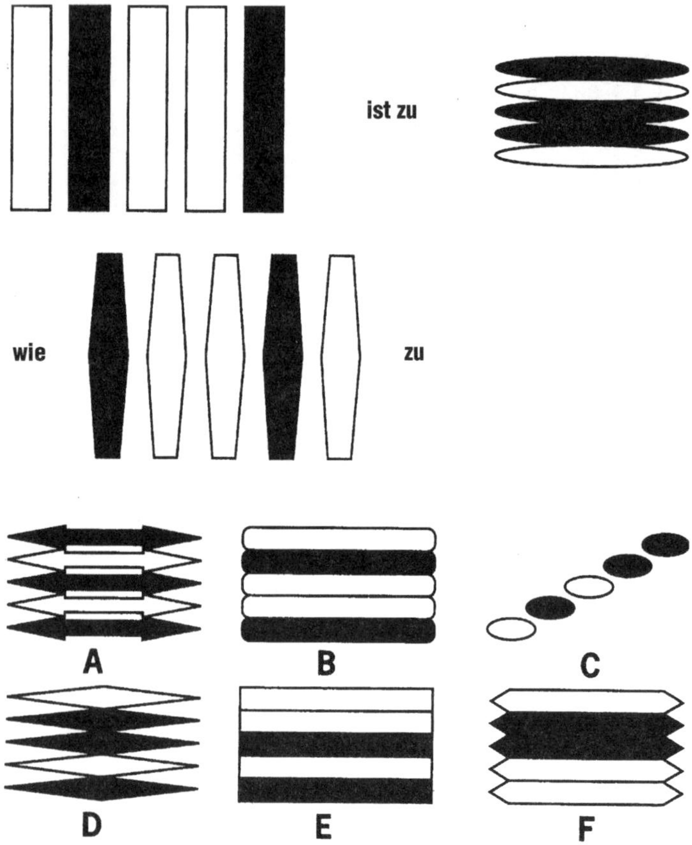

Lösung siehe Seite 356

☺ 7. Welche beiden Muster passen nicht zu den anderen drei?

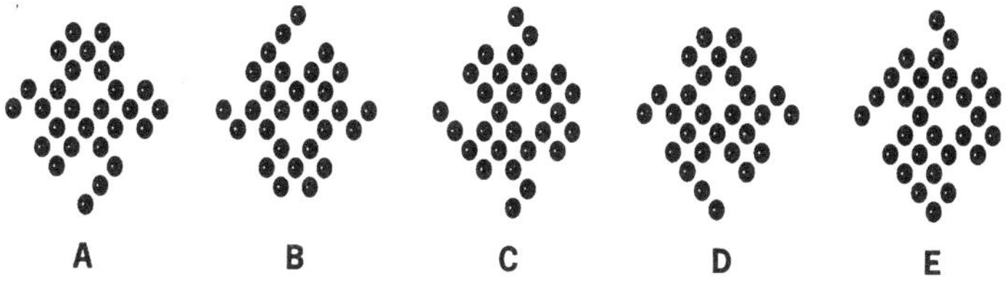

Lösung siehe Seite 356

☺ 8. Welche Reihe folgt in dieser Serie als Nächstes?

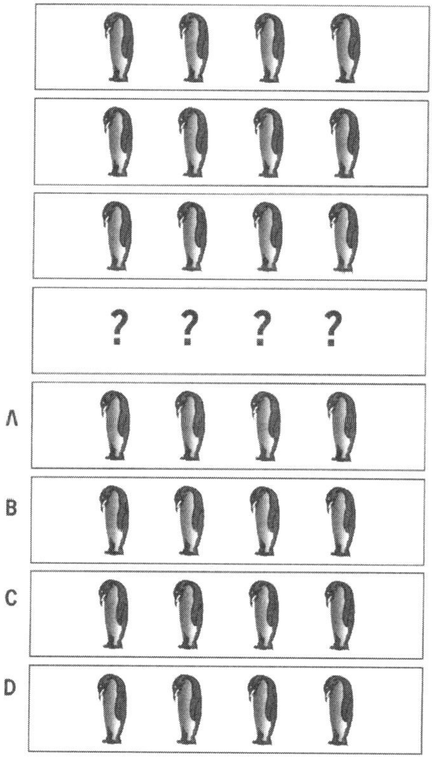

Lösung siehe Seite 356

☺ **9.** Welche der folgenden Konstellationen fällt aus der Reihe?

Lösung siehe Seite 356

☺ **10.** Ziehen Sie vier gerade Linien, die dieses Bild in sieben Teile unterteilen. In jedem Teil sollen 3 Pyramiden und 7 Bälle enthalten sein. Die Linien müssen nicht von einem Bildrand zum anderen reichen.

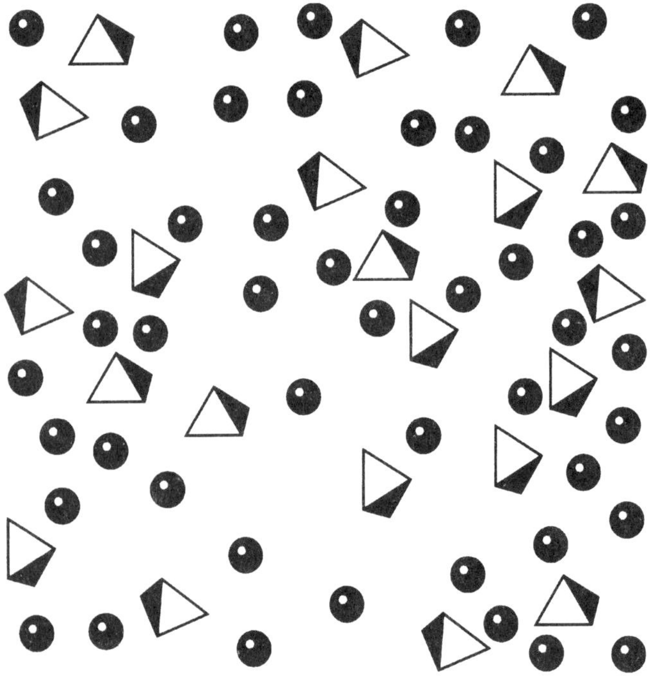

Lösung siehe Seite 356

11. Welche Kombination passt in die Mitte dieser Figur und vervollständigt das Bild?

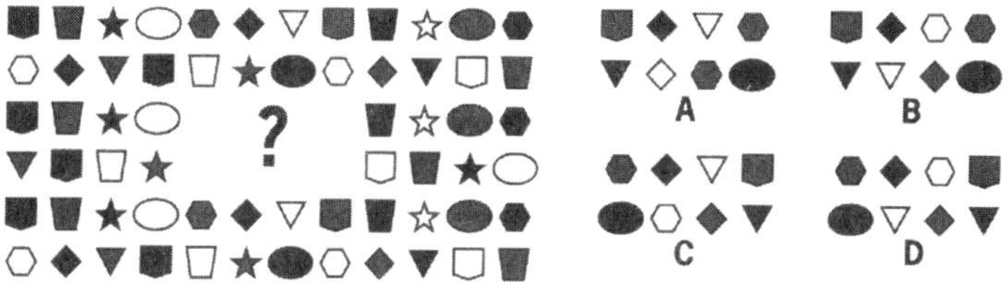

Lösung siehe Seite 356

12. Vervollständigen Sie die Reihe: „… ist zu … wie … zu …“

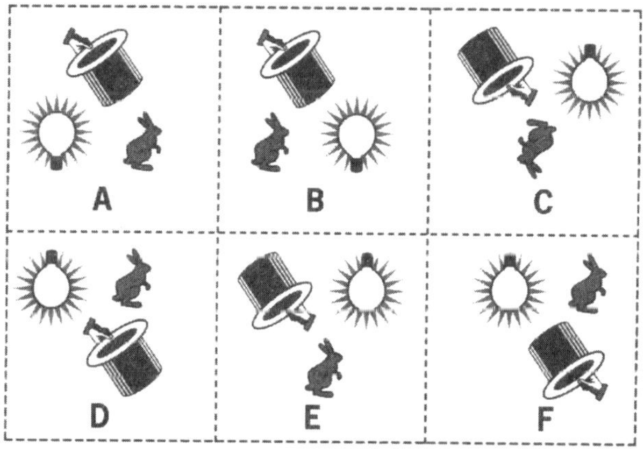

Lösung siehe Seite 356

13. Wie würde diese Pyramide aussehen, wenn man sie aufschneidet?

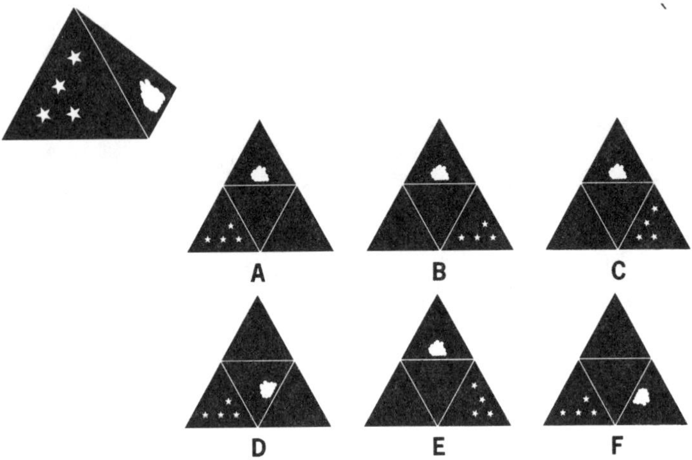

Lösung siehe Seite 357

14. Welche der unten gezeigten Figuren ist mit der im Rahmen identisch?

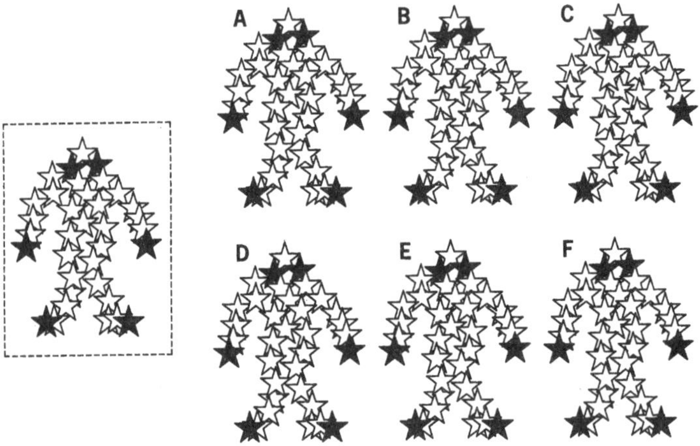

Lösung siehe Seite 357

15. In diesem System von Hebeln und Rollen stellen die schwarzen Punkte fixe Achsen und die schattierten Punkte bewegliche Hebelpunkte dar. Wenn man den Hebel in die angezogene Richtung drückt: Hebt oder senkt sich die Ladung?

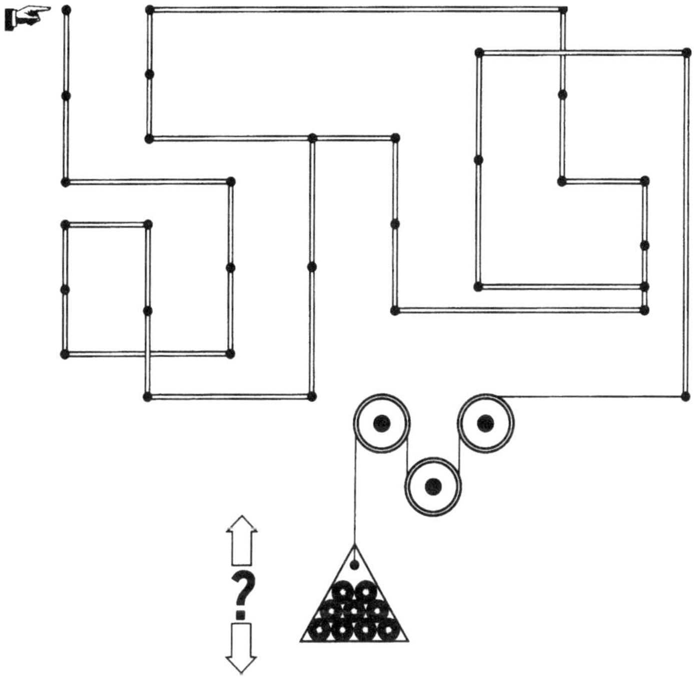

Lösung siehe Seite 357

☹ **16.** Welches der unten gezeigten Muster kann zu dem in der Mitte gezeigten Würfel zusammengefaltet werden?

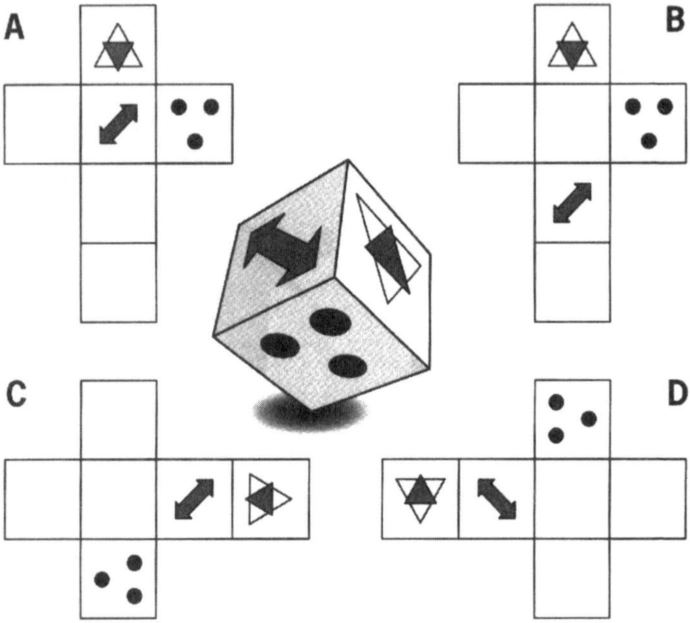

Lösung siehe Seite 357

☹ **17.** Welches der äußeren Teile passt perfekt auf das mittlere Teil und ergibt dann einen rechteckigen Kasten?

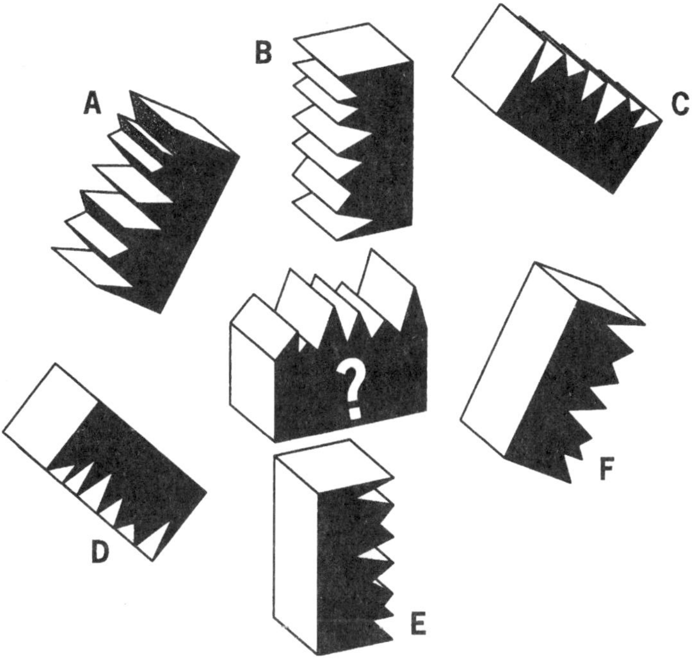

Lösung siehe Seite 357

☹ **18.** Zeichnen Sie fünf gerade Linien, die diese Abbildung in sechs Teile unterteilt, sodass in jedem Teil ein Schimpanse, 1 Koala, 3 Schlangen, 4 Hunde und 5 Sterne enthalten sind. Die Linien müssen nicht von einem Bildrand zum anderen reichen.

Lösung siehe Seite 357

19. Welche der unten gezeigten Figuren sollte das Fragezeichen in dem Rahmen ersetzen?

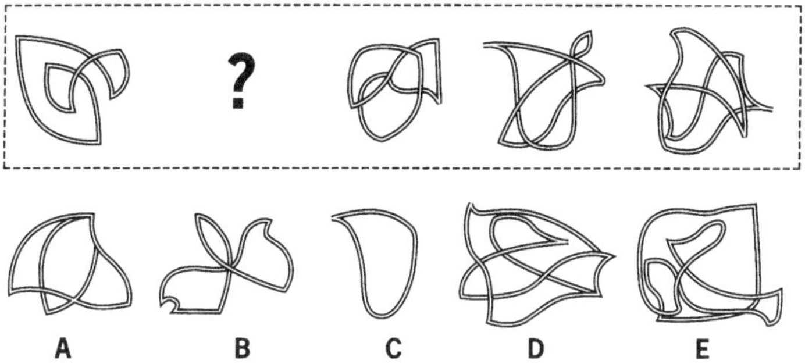

Lösung siehe Seite 357

20. Vervollständigen Sie die Reihe: „… ist zu … wie … zu …“

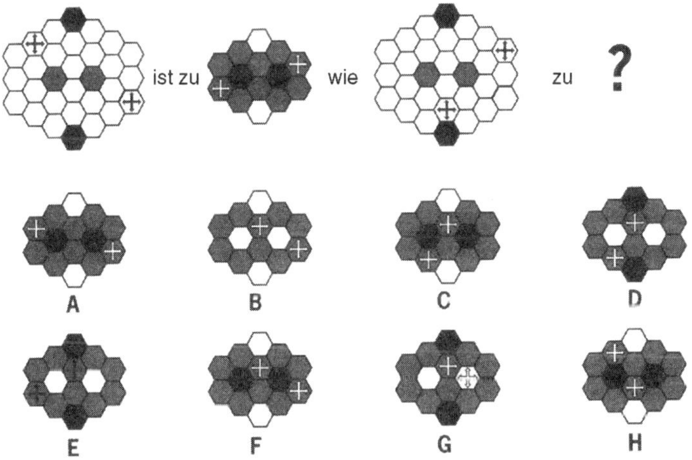

Lösung siehe Seite 358

21. Welches der folgenden Bilder fällt aus der Reihe?

Lösung siehe Seite 358

22. Finden Sie die 15 Unterschiede in Abb. B.

Lösung siehe Seite 358

23. Wie viele Kobras befinden sich in dieser bedrohlichen Ansammlung?

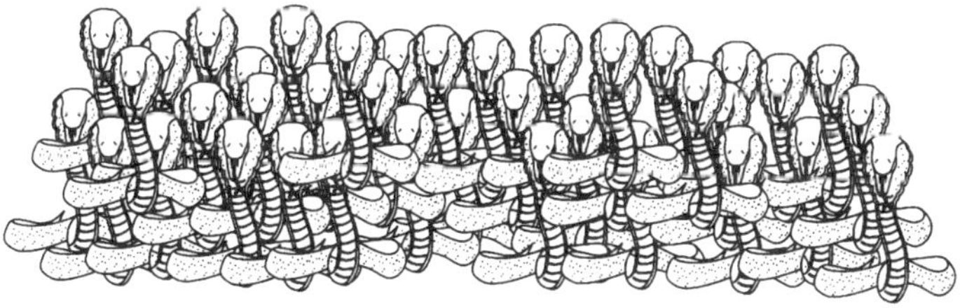

Lösung siehe Seite 358

☹ **24.** Finden Sie die 18 Unterschiede in Abbildung B.

A

B

Lösung siehe Seite 358

Querdenken

Die Bergsteiger

☺ Eine Familie, bestehend aus vier Personen, fuhr in die Ferien zum Bergsteigen. Am zweiten Morgen wurden alle tot in der Kabine aufgefunden. Der Polizeibeamte erklärte, dass sie alle durch Ertrinken gestorben seien. Die Wasserhähne in der Kabine waren nicht aufgedreht worden und der Boiler und die Wassertanks waren unbeschädigt. Es gab keine Anzeichen für ein Verbrechen. Wie waren sie ertrunken?

Hinweise:

1. Sie waren eine Meile vom nächsten See entfernt.
2. Es hatte fünf Tage lang nicht geregnet.
3. Der Vorfall wurde nicht durch Probleme mit einem Damm verursacht.

Lösung siehe Seite 359

Bruder Simon

☹ Bruder Simon war Mönch eines Ordens, den es nicht mehr gibt. Er hat jedoch einen neuen Job, der sicherstellt, dass das alte Kloster jedes Jahr tausende von Dollar mithilfe von Touristen sammelt. Nachdem er die Touristen in seine alte Zelle geführt hat, werden die Türen mit all den Touristen in der Zelle abgesperrt. Es gibt ein kleines Fenster, das zu klein ist, um hindurchzukommen, doch Bruder Simon gelingt es jedes Mal, herauszukommen. Wie macht er das?

Hinweise:

1. Er hat keinen Schlüssel, das Schloss ist nicht beschädigt. Die Tür wird nicht geöffnet.
2. Die Wände sind solide und haben keine losen Mauersteine.

3. Er geht nicht nach oben oder unten, um den Raum zu verlassen.
4. Der Raum erwärmt sich, wenn er ihn verlässt.
5. Ich würde nicht mit Bruder Simon in das Zimmer gehen.

Lösung siehe Seite 359

Kein Feuer für Forscher

☹ Neil und Dave erforschten neues Gelände. Ihnen war ein wenig kalt und sie beschlossen, dass es Zeit war, aus ein paar alten Zeitungen und trockenen Holzstückchen, die sie mitgebracht hatten, ein Feuer zu machen. Die Streichhölzer waren alle unbenutzt und trocken, doch der hölzerne Teil der Streichhölzer brannte nicht; ihre Feuerzeuge funktionierten nicht, obwohl sie hätten funktionieren sollen. Sie benutzten sogar Feuersteine und die kraftvollen Sonnenstrahlen, die sie durch ein starkes Vergrößerungsglas einfingen, doch nichts funktionierte. Warum nicht?

Hinweise:
1. Sie befanden sich über der Erde und im Freien.
2. Es herrschte kein Wind oder Luftzug.
3. Es war nicht nass oder feucht.
4. Die Zeitungen waren nicht nass oder feucht.
5. Sämtliche Gegenstände, die zum Entfachen des Feuers dienen sollten, waren in perfektem Zustand.

Lösung siehe Seite 359

Die Königswahl

☹ Der König war vor einiger Zeit gestorben und die Königin nahm seinen Platz auf dem Thron als Staatsoberhaupt ein. Sie hatten zwei Kinder, die Zwillinge waren. Beide kamen per Kaiserschnitt zur Welt und beide waren genau gleich alt. Ein König musste bestimmt werden. Eines der beiden Kinder war sehr intelligent, und jeder liebte es, aber das andere war nicht so schlau und überhaupt nicht beliebt.

Auch die Königin oder die Mitglieder des Parlaments bevorzugten es nicht. Trotzdem wurde das letztere Kind König. Können Sie erklären, warum?

Hinweise:

1. Es war keine Korruption im Spiel.
2. Die Wahl des Königs erfolgte verfassungsgemäß.
3. Das intelligente Kind war nicht gestorben und nicht verletzt oder eingesperrt.
4. Die Königin stimmte der Entscheidung zu.
5. Ausländische Mächte waren nicht im Spiel.
6. Eine Ehe war nicht ausschlaggebend für die Entscheidung.

Lösung siehe Seite 359

Kleine Brüter

Ein Mann ging in ein Zoogeschäft und fragte nach einem Wellensittichpaar zu Zuchtzwecken. Der Verkäufer verkaufte ihm ein Vogelpaar, das im Käfig des Verkäufers unzertrennlich erschien. Sechs Monate später kam der Mann wieder in das Geschäft und beschwerte sich, dass die Vögel noch immer keine Eier gelegt hätten. Der Verkäufer wollte den Kunden zufrieden stellen und gab ihm einen anderen Wellensittich, der gerade Eier gelegt hatte und nun seine Jungen aufzog. Sechs Monate später kam der Mann wieder in das Geschäft und berichtete von seinem Misserfolg. Warum legten die Wellensittichweibchen keine Eier?

Hinweise:

1. Mit keinem der beiden Vögel war etwas nicht in Ordnung.
2. Sie bekamen das richtige Futter.
3. Sie waren alle in dem richtigen Alter, um Nachwuchs zu zeugen.
4. Es war ein ruhiges, friedliches Haus.

Lösung siehe Seite 359

Die Teeparty

☹ Eine Mutter ruft nach ihrer Tochter und sagt ihr, dass sie im Haus weiterspielen soll. Das kleine Mädchen kommt durch die Vordertür hereingelaufen und beschließt, mit ihren Puppen und Teddys eine Teeparty zu veranstalten. Nach einer halben Stunde hat sie keine Lust mehr zu diesem Spiel und beschließt, wieder nach draußen zu gehen und im Vorgarten mit ihrem Ball zu spielen. Um in den Vorgarten zu kommen, muss sie durch zwei Vordertüren gehen. Warum?

Hinweise:
1. Das Haus hat keine Verandatür.
2. Eine Tür führt zur Hinterseite des Hauses.

Lösung siehe Seite 359

Die Schulklasse

☹ James schleppt sich jeden Morgen mühsam zur Schule, doch er macht selten Hausaufgaben und bekommt in den Tests auch keine guten Noten. In seiner Klasse sind 36 Kinder und 35 davon sind gute Schüler. Warum bekommt James keinen Ärger?

Hinweise:
1. James ist immer höflich.
2. James wurde schon mehrmals in das Büro des Schulleiters gerufen.
3. James ist mit niemandem in der Schule verwandt.

Lösung siehe Seite 360

Ein fruchtiges Problem

Eine Frau hat eine kleine Sammlung künstlicher Früchte auf ihrer Fensterbank. Der Apfel ist auf der einen Seite rosarot und hellgrün auf der anderen Seite und hat einen kleinen weißen Stiel, der oben herausguckt. Der Pfirsich hat einen warmen rosa-orangenen Farbton und einen größeren weißen Stiel. Daneben liegen eine Birne und eine dunkelrote Pflaume. Die Frau lässt sie auf der Fensterbank liegen und geht aus dem Zimmer. Als sie nach einer halben Stunde wiederkommt, kann sie die Früchte nicht sehen. Warum? Niemand anders war im Zimmer. Niemand hat die Früchte weggenommen. Nichts versperrt ihr die Sicht; in dem Zimmer ist es hell.

Hinweise:
1. Sie sind nicht gestohlen worden.
2. Sie sind nicht gegessen worden.
3. Ein verräterisches Zeichen blieb zurück.
4. Das Zimmer roch ungewöhnlich, als sie zurückkam.
5. Tiere und Insekten hatten nichts mit dem Verschwinden zu tun.

Lösung siehe Seite 360

Die Befragung

Ein Mann betritt sein Haus. Er stellt seiner Tochter eine Frage (auf die er keine Antwort weiß). Die Frage lautet so, dass er, egal ob sie richtig oder falsch, wahr oder unwahr ist, die Antwort auf seine Frage bekommt. Wie lautet seine Frage?

Hinweise:
1. Seine Tochter wusste vorher nicht, welche Frage er stellen würde.
2. Sie hätte mit jedem beliebigen Wort oder mit mehreren Wörtern antworten können.
3. Sie war nicht im Zimmer, als die Frage gestellt wurde.

Lösung siehe Seite 360

Unteroffizier in der Armee

☹ Ein Mann setzte sich in ein Restaurant und begann, die Speisekarte laut vorzulesen. „Steak mit Pommes frites, $ 7; Steak, Ei und Pommes frites, $ 8,50; Salat …" usw. Der Kellner ging zu dem Mann und sagte: „Sie müssen Unteroffizier in der Armee sein." Er hatte Recht, aber wie hat er das herausgefunden?

Hinweise:
1. Sie hatten sich vorher noch nie gesehen und der Mann war alleine.
2. Das Restaurant befand sich nicht in der Nähe einer Kaserne.
3. Die Stimme des Mannes störte niemanden.
4. Er sprach nicht wie ein Ausbildungsoffizier.

Lösung siehe Seite 360

Im Schmutz

☹ Zwei Kinder spielten auf dem Heuboden einer Scheune, bis der Boden nachgab und die beiden hinunterfielen. Als sie den Staub von ihrer Kleidung abgeklopft hatten, war das Gesicht des einen schmutzig, während das des anderen sauber war. Nur der Junge mit dem sauberen Gesicht ging sich das Gesicht waschen. Warum?

Hinweise:
1. Keiner von beiden brauchte kaltes Wasser gegen Prellungen und keiner von beiden war verletzt.
2. Keines der beiden Kinder hatte sich mit den schmutzigen Händen über das Gesicht gewischt.
3. Es war staubig und beide hatten geschwitzt.
4. Ihre Gesichter hatten den Boden nicht berührt.

Lösung siehe Seite 360

Logisch!

☹ Wasser bergauf fließen lassen

Sie bekommen eine Schüssel mit Wasser, einen Becher, einen Korken, eine Nadel und ein Streichholz.
Sie müssen das ganze Wasser in den Becher befördern. Sie dürfen die Schüssel mit Wasser nicht anheben oder kippen und Sie dürfen kein anderes Hilfsmittel benutzen, um das Wasser in den Becher zu befördern. Wie funktioniert das?

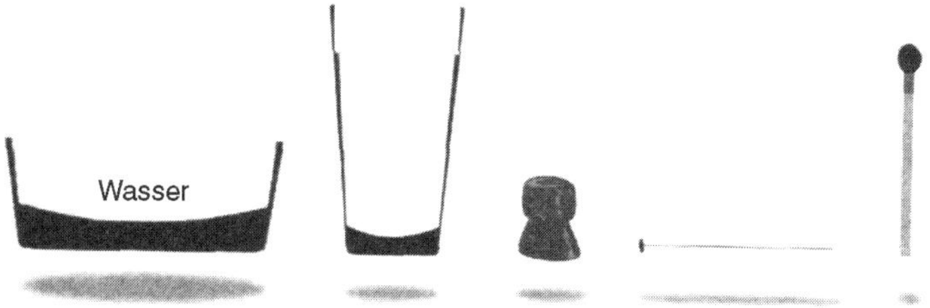

Lösung siehe Seite 361

Wer oder was bin ich?

☹ **1. Was bin ich?**
Manchmal bin ich einer, bevor ich einer bin.
Wenn ich unter eins bin, bekommen ich und andere wie ich denselben Namen.
Männliche und weibliche Vertreter unserer Art haben unterschiedliche Bezeichnungen.
Wenn ich über ein Jahr, aber noch jung bin, dann ändert sich diese Bezeichnung.
Im Alter zwischen ein und zwei kann man männlichen und weiblichen Vertretern meiner Art denselben Namen geben.
Wenn ich erwachsen bin, bekomme ich einen anderen Namen.
Während meines gesamten Lebens trage ich einen eigenen Namen.
Ich bin acht und männlich.

☹ 2. **Wer bin ich?**
Ich bin bereits verstorben, aber mein Name und meine Taten sind bekannt.
Ich war Anführer meines Volkes, trug jedoch nie eine Krone.
Ich war häufig unzufrieden mit meinem Volk und mein Volk war unzufrieden mit mir.
Ich gab Botschaften und Regeln weiter.
Ich warnte mein Volk vor Tod und Zerstörung.
Mein berühmtestes Werk war in Stein gemeißelt.

☹ 3. **Was bin ich?**
Ich gebäre, aber ich bin der männliche Vertreter meiner Art.
Mein Körper ist durch ringförmige Schutzschilde geschützt.
Ich habe eine lange, trompetenartige Schnauze und lebe in warmen Gewässern.
Meine Augen können sich unabhängig voneinander in verschiedene Richtungen bewegen.
Ich bin kein Säugetier.

☹ 4. **Was bin ich?**
Ich bin ein Standardtanz.
Ich wurde in den 40er-Jahren in Westeuropa und den USA bekannt.
Ich habe einfache Vorwärts- und Rückwärtsschritte mit drehenden und schaukelnden Körperbewegungen.
Ich werde im Viervierteltakt mit synkopischem Rhythmus getanzt.
Würde ich meinen Ursprung in Südamerika verraten, kämen Sie schnell auf meinen Namen.
Ich bin ein fröhlicher Tanz und werde in meinem Ursprungsland sehr häufig getanzt.

Lösungen siehe Seite 361

Gleich große Teile

☹ Teilen Sie jedes dieser zwei Raster in 4 gleich große Teile, so dass die Summe der Zahlen in jeder Sektion der angegebenen Summe entspricht.

Summe 50

1)

8	8	3	6	5	5
8	4	4	7	7	4
5	5	5	8	3	5
9	8	3	4	7	3
7	5	9	3	5	8
6	4	4	8	3	4

Summe 60

2)

9	6	8	8	2	5
7	4	5	8	6	9
8	8	7	7	6	9
9	6	8	9	6	8
6	4	6	8	5	4
7	7	5	8	7	5

Lösungen siehe Seite 362

Bücher

☹ Eine Frau kommt mit zwei Büchern an den Tresen und der Angestellte sagt: „Das macht bitte € 6,95." Die Frau gibt ihm das Geld und geht ohne die Bücher fort. Warum?

Lösung siehe Seite 362

Wolkenkratzer

☹ Ein Fensterputzer putzte im 15. Stock eines Hochhauses die Fenster, als er ausrutschte und hinfiel. Er erlitt nur leichte Prellungen. Wie ist das möglich, wenn er seinen Sicherheitsgurt nicht trug und nichts seinen Fall verlangsamte?

Lösung siehe Seite 362

Zielübung

☹ Sie haben maximal 6 Kugeln, aber Sie müssen genau 100 Punkte erzielen. Kann man das auf dieser ungewöhnlichen Zielscheibe?

Lösung siehe Seite 362

Beleg es!

☹ Es gibt als Brotbelag Käse, Schinken oder Salat oder eine beliebige Kombination aus allen drei Belägen. Dieselbe Anzahl Personen, die nur Schinken nehmen, nehmen alle drei Beläge. Zwei Mal so viele wie die, die alle drei Beläge nehmen, nehmen Schinken und Salat, aber keinen Käse; 14 Personen nehmen keinen Käse. 3 Personen mehr als die, die nur Salat nehmen, nehmen nur Käse; 8 Personen nehmen sowohl Schinken als auch Salat, aber keinen Käse; 12 Personen nehmen keinen Salat und 14 Personen nehmen keinen Schinken.

a) Wie viele Personen nehmen alle drei Beläge?
b) Wie viele Personen nehmen nur Käse?
c) Wie viele Personen nehmen sowohl Käse als auch Salat, aber keinen Schinken?
d) Wie viele Personen nehmen nur einen Belag?
e. Wie viele Personen nehmen nur zwei Beläge?

Lösung siehe Seite 362

Fahrstuhlproblem

☹ Der Fahrstuhl hält in sechs Stockwerken. Sophie, Ted, James, Claudia, Joanne und Mark wollen alle in ein anderes Stockwerk fahren. Der Fahrstuhl fährt nach oben. Joanne steigt nach Sophie, aber vor James aus. Mark steigt ein Stockwerk nach Ted und drei Stockwerke vor James aus. James ist nicht der Letzte, der den Fahrstuhl verlässt.

a) Wer steigt als Erster aus?
b) Wer steigt als Letzter aus?
c) Wer steigt gleich nach Mark aus?
d) Wer ist die vierte Person, die aussteigt?
e. Wer ist die zweite Person, die aussteigt?

Lösung siehe Seite 362 f.

Logische Spinnen

☹ Welchen Wert hat das letzte Spinnennetz?

= 48

=28

= ?

Lösung siehe Seite 363

Das Abendessen

☹ Herr und Frau A luden drei Paare zum Abendessen ein. Es waren Herr und Frau B, Herr und Frau C und Herr und Frau D. Die Sitzordnung war so gestaltet, dass ein Paar getrennt saß. Finden Sie nach den Angaben heraus, welches Paar das war.

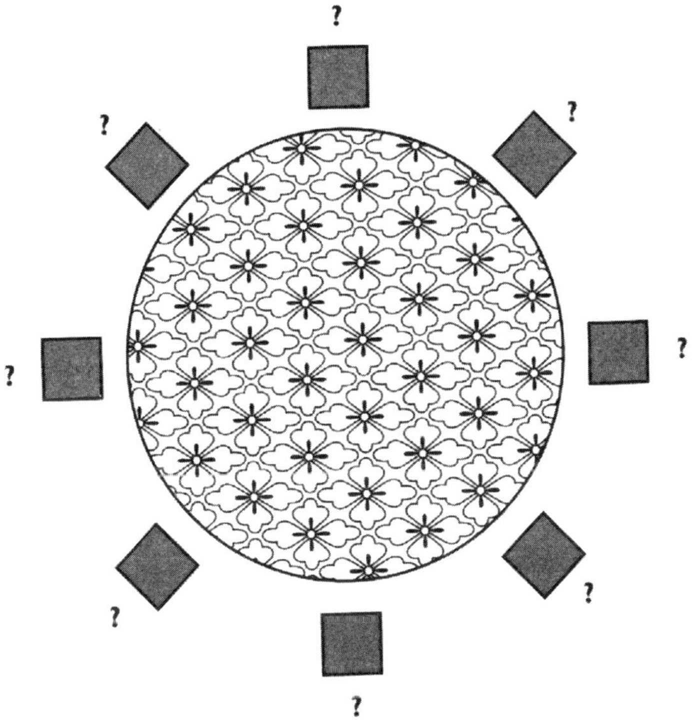

- Die Person gegenüber von Frau A war der Mann, der links von Herrn B saß.
- Die Person links von Frau C war eine Frau, die gegenüber von Herrn D saß.
- Die Person, die rechts von Herrn D saß, war die Frau, die gegenüber der Frau zwei Stühle links von Herrn A saß.

Lösung siehe Seite 363

Das Familienquiz

Geschichte I

1. Welcher Admiral stellte im Ersten Weltkrieg die deutsche Marine auf?
2. Wie hieß das Buch, in dem Wilhelm der Eroberer die Namen aller britischen Ländereien und Grundbesitzer auflistete?
3. In welchem Krieg vertrieb Wellington die Franzosen aus Spanien?
4. Welche kulinarische Katastrophe widerfuhr König Alfred?
5. Welchen kulinarischen Genuss versprach Heinrich der Vierte von Frankreich jedem seiner Untertanen?
6. Wer eroberte den größten Teil der bekannten Welt, bevor er im Alter von 33 Jahren starb?
7. Wer wurde der erste Präsident der Indonesischen Republik im Jahr 1945?
8. Nennen Sie alle amerikanischen Präsidenten, die ermordet wurden.
9. Als man ihr sagte, dass die Menschen kein Brot mehr hätten, soll sie (angeblich) gesagt haben: „Dann sollen sie Kuchen essen." Wie hieß die Dame?
10. Wie hieß Thailand vor 1949?
11. Unter welchem Namen ist Südrhodesien heute bekannt?
12. Die Blume „Sweet William" wurde nach dem Herzog von Cumberland benannt. Wie nennen die Schotten, die eine sehr gespaltene Meinung zu dem Herzog haben, diese Blume?
13. In welchem Land hatten Schogune politische und militärische Macht?
14. In welchem Jahr beschoss die Armee der Südstaatler Fort Sumter?

☹ **15.** Am 29. Dezember 1890 wurden fast 200 Indianer von amerikanischen Truppen an einem Bachlauf in Süd-west-Dakota getötet. Unter welchem Namen ist dieser Ort bekannt?

☹ **16.** Wann wurde Konrad Adenauer zum Oberbürgermeister von Köln gewählt?

☹ **17.** Im Jahr 1879 hielten 140 englische Soldaten eine Armee von 4000 Zulus zurück. Wo war das?

☹ **18.** Wann erfolgte die Wiedereinsetzung von Konrad Adenauer zum Oberbürgermeister von Köln?

☹ **19.** Wie hieß das Artefakt, dessen Entdeckung dazu führte, dass die ägyptischen Hieroglyphen entziffert werden konnten?

☹ **20.** Welches Ereignis fand in den Jahren 1642–1651 in England statt?

☹ **21.** Clausewitz war eine anerkannte Autorität auf welchem Gebiet?

☹ **22.** Welche Linie ägyptischer Könige begann mit einem der Generäle von Alexander dem Großen?

☹ **23.** Worauf schrieb man in Keilschrift?

☹ **24.** In welchem Land gab es in den Jahren 1966–1968 eine Kulturrevolution?

☹ **25.** Welcher Held der französischen Literatur ist vor allem wegen seiner Nase berühmt?

☹ **26.** Welche wichtigen historischen Dokumente wurden zufällig in Höhlen bei Qumran entdeckt?

☹ **27.** Fürst Vlad der Vierte (der „Pfähler“) war ein walachischer Prinz im 15. Jahrhundert. Zu welcher Romanfigur inspirierte er einen Schriftsteller?

☹ **28.** Wann und wo starb Konrad Adenauer?

☹ **29.** Wer ließ bei seinen ersten Experimenten mit der Elektrizität einen Drachen in ein Gewitter fliegen?

☹ **30.** Welcher Kalender wurde bis 1752 in England benutzt?

☹ **31.** Welche Stadt in Georgia ist dafür berühmt, dass General Sherman sie während des Amerikanischen Bürgerkrieges niederbrannte?

☹ **32.** In welchem Land wurde Ned Kelly für geächtet erklärt?

☹ **33.** Wie nennen wir Bücher, die vor 1500 gedruckt wurden?

☹ **34.** Wie heißt der Italiener, dessen Schriften China unter der Herrschaft von Khublai Khan beschreiben?

☹ **35.** Welche Sekte wurde um 1640 von George Fox als die Religiöse Gesellschaft der Freunde gegründet?

☹ **36.** Auf Grund welcher Unternehmung wurde Baron Paul von Reuter berühmt?

☹ **37.** Wer vollbrachte den berühmten Ritt, um die Menschen von Massachusetts vor den Briten zu warnen?

☹ **38.** Welche Frau flog als Erste allein über den Atlantik und Pazifik?

☹ **39.** Wer gründete 1540 die Gemeinschaft der Jesuiten?

☹ **40.** Welche Institution wurde mit der Aufgabe betraut, die Ketzerei in der Kirche zu bekämpfen?

☹ **41.** Was findet man in den Höhlen von Lascaux?

☹ **42.** Wer war der „Welsh Wizard“ (der walisische Zauberer), der die Briten im Ersten Weltkrieg anführte?

☹ **43.** Wie hieß die Frau des Kaisers Claudius, die für ihre Promiskuität bekannt war?

☹ **44.** Die Atombombe wurde bisher zwei Mal in einem Krieg eingesetzt. Wo wurden diese Bomben abgeworfen?

☹ **45.** Auf welchem papierähnlichen Material schrieben die alten Ägypter?

☹ **46.** Von welchem Land war Ngo Dinh Diem Präsident?

☹ **47.** Welchen Namen gaben die siegreichen Nordvietnamesen der Statt Saigon?

☹ **48.** Welcher Anführer der Französischen Revolution wurde „der Unbestechliche“ genannt?

☹ **49.** Wer war der Anführer von Hitlers Gestapo?

☹ **50.** Wer war der erste englische Kapitän, der um die Welt segelte?

Lösungen siehe Seite 364 f.

Kunst & Unterhaltung I

1. Was war so ungewöhnlich an dem Gaunerfilm *Bugsy Malone*?
2. Auf welchem Buch von George Bernard Shaw basiert das Musical *My Fair Lady*?
3. Wie heißt das Musical von Leonard Bernstein, das auf Shakespeares *Romeo und Julia* basiert?
4. In welchem Film spielte Gregory Peck die Rolle des Atticus Finch?
5. Benennen Sie außer John, Paul, George und Ringo zwei weitere Beatles-Mitglieder.
6. Wer produzierte den Film *Fantasia*?
7. Welcher Krimi ist Englands am längsten aufgeführtes Bühnenstück?
8. Unter welchem Namen wurde Harry Webb berühmt?
9. Wie lautet der gefährlich klingende Künstlername des Filmschauspielers William Henry Pratt?
10. In welchem Film, bei dem David Lynch Regie führte, ging es um einen schrecklich verunstalteten viktorianischen Mann?
11. Welcher Film, in dem Richard Attenborough mitspielte, erzählte die Geschichte des Mörders John Christie?
12. Welche drei Singles der Beatles belegten im Jahr 1963 den ersten Platz in den UK-Charts?
13. Welcher kanadische Sänger schrieb den Roman *Beautyful Losers*?
14. Von wem stammt der Ausspruch: „Erstaunlich, was billige Musik vermag"?
15. Mit welcher Gruppe wird Sid Vicious in Verbindung gebracht?
16. Wer veröffentlichte das Album *Sweet Baby James*?
17. Wer veröffentlichte das wohl bekannteste Gitarrenlehrbuch Deutschlands?
18. Wer spielte die weibliche Hauptrolle in dem Film *A Star is Born* in der Version von 1976?
19. Wer führte bei dem Film *Die Zehn Gebote* in der Version von 1956 Regie?

☺ **20.** Von welchem klassischen Western von John Ford gab es 1966 ein Remake?

☺ **21.** Wer spielte Zorba den Griechen in dem 1964 erstmals gezeigten Film?

☺ **22.** Wer schrieb das Theaterstück *Ernst sein ist alles*?

☺ **23.** In welchem Theaterstück von Edward Albee trat Virginia Woolf auf?

☺ **24.** Wer schrieb das Gedicht *If* in einer Veröffentlichung, die *Balladen aus dem Biwak* hieß?

☺ **25.** Wie viele Folgen von *Police Academy* gibt es?

☺ **26.** Wer war der erste Schauspieler, der in dem Film *The Jazz Singer* sprach?

☹ **27.** Wenn man den Titel eines Shakespeare-Dramas ausspricht, soll das angeblich Unglück bringen. Um welches Theaterstück handelt es sich?

☹ **28.** Warum stritt sich Gore Vidal mit Charlton Heston über den Film *Ben Hur* Jahre, nachdem der Film gedreht wurde?

☹ **29.** Wer malte *Mondschein bei Millbank*?

☹ **30.** Welcher US-Bundesstaat kam in einem Musical von Rodgers und Hammerstein vor?

☹ **31.** Wer komponierte die *Rhapsody in Blue*?

☹ **32.** Wer schrieb *Take Five*?

☹ **33.** Wer schrieb die Musik zu dem 1986 veröffentlichten Musical *Das Phantom der Oper*?

☹ **34.** Wer spielte in dem Film *My Fair Lady* 1964 die Eliza Doolittle?

☹ **35.** Welcher Roman von Margaret Mitchell wurde einer der größten Kinofilme aller Zeiten?

☹ **36.** In welchem Shakespeare-Drama kommt der Satz „Sein oder nicht sein, das ist hier die Frage" vor?

☹ **37.** Wer malte den *Lachenden Kavalier*?

☹ **38.** Welches Wort verbindet Phil Collins und ein Buch der Bibel?

☹ **39.** Unter welchem Namen ist Cherilyn Sarkasian LaPierre besser bekannt?

☹ **40.** Welcher Sänger, der wegen seiner großen Nase bekannt war, sang *The Man Who Found the Lost Chord*?

☹ **41.** Welches war der einzige Song, der Norman Greenbaum berühmt machte?

☹ **42.** Woher kam die Gruppe *Men at Work*?

☹ **43.** Wer war für den Ausspruch „There's No Business Like Show Business" bekannt?

☹ **44.** Wer ließ sich nackt auf dem Cover von *Unfinished Music No 1: Two Virgins* abbilden?

☹ **45.** Welches Mitglied der Rolling Stones starb wenige Tage, nachdem er die Gruppe verlassen hatte, in seinem Swimmingpool?

☹ **46.** Das Musical *Kismet* basiert auf dem Werk welches russischen Komponisten?

☹ **47.** Wie hieß das Londoner Theater, in dem die meisten Shakespeare-Stücke aufgeführt wurden?

☹ **48.** Unter welchem Spitznamen ist der Sänger Bruce Springsteen bekannt?

☹ **49.** Wie hieß der Schauspieler in *Dinner for One*?

☹ **50.** Was bedeutet das Wort „Oper"?

Lösungen siehe Seite 365 f.

Geschichte II

☺ **1.** Welches waren die beiden Parteien in den Rosenkriegen?

☺ **2.** Wer waren die Ludditen?

☺ **3.** Wie hieß der Krieg, den Russland 1853–1856 gegen die alliierten Mächte der Türkei, Englands, Frankreichs und Sardiniens führte?

☺ **4.** Wofür wurde die Bastille benutzt?

☺ **5.** Welcher italienische General eroberte 1860 mithilfe tausender Freiwilliger Sardinien und gründete damit das Königreich Italien?

☺ **6.** Welcher deutsche Staatsmann war als der „Eiserne Kanzler" bekannt?

☺ **7.** Wie hieß der Gatte von Königin Viktoria?

8. Die Scheidung Heinrichs des Achten von welcher Frau führte zum Bruch mit der römisch-katholischen Kirche?
9. Nebukadnezar war König von welchem Land?
10. Welcher amerikanische Geheimbund wurde gegründet, um die Schwarzen so zu terrorisieren, dass sie nicht zur Wahl gingen?
11. Wie wurde vor dem Bürgerkrieg die gedachte Linie zwischen den Bundesstaaten, in denen es Sklaverei gab, und den „freien" Bundesstaaten genannt?
12. Wie hießen die Gerichtsprozesse, in denen Nazigrößen wegen Kriegsverbrechen angeklagt wurden?
13. Nach dem Tode welches Staatsmannes wurde Georgi Malenkow Erster Sekretär der KPdSU?
14. Welcher französische Staatsmann war als der „kleine General" bekannt?
15. Wer prägte wann den Begriff „Eiserner Vorhang"?
16. Wie hießen die moderaten Republikaner während der Französischen Revolution?
17. Wie hieß der Krieg zwischen Südafrika und Großbritannien von 1899 bis 1902?
18. Wer schrieb die amerikanische Unabhängigkeitserklärung?
19. Wer waren die Mau-Mau?
20. Wer waren die 49er?
21. In welchen Jahren war Churchill Premierminister?
22. Wann und durch wen fand das Weströmische Reich sein Ende?
23. Wer waren die Romanows?
24. Wie hieß die Republik vor dem Dritten Reich?
25. Welcher Krieg steht mit Rorkes Drift in Verbindung?
26. Wie nennt man das Britische Königreich seit 1931?
27. Welches Ereignis löste in der griechischen Mythologie den Trojanischen Krieg aus?
28. Wie lange dauerte der Hundertjährige Krieg?
29. Welcher römische Gladiator führte 71 v. Chr. eine Sklavenrevolte an?
30. Wie hieß der König, der im englischen Bürgerkrieg geschlagen wurde?

31. Wie nannte man die Armeen von Australien und Neuseeland während der beiden Weltkriege?
32. Welches Zeitalter lag vor dem Eisenzeitalter?
33. Wer war die erste Königin von England?
34. Welche römische Stadt wurde im Jahr 79 n. Chr. durch einen Ausbruch des Vesuvs zerstört?
35. Welches Land war 1845–1849 von einer großen Kartoffelknappheit betroffen?
36. Welches moslemische Volk fiel im 8. Jahrhundert in Spanien ein und gründete in Andalusien eine Zivilisation?
37. Welches Ereignis stellt der Bayeux-Teppich dar?
38. Wer befehligte Hitlers Luftwaffe?
39. Wo in Australien befand sich die erste englische Siedlung?
40. Wer war Hitlers Propaganda-Minister?
41. Wer gründete der Legende nach Rom?
42. Welche drei Staatsmänner nahmen an der Konferenz von Jalta im Jahr 1945 teil?
43. Wer wurde nach dem Tode von Tiberius Kaiser von Rom?
44. Welche Häuptlinge der Sioux-Indianer begleiteten Sitting Bull im Krieg am Little Big Horn?
45. Woran erinnert der Triumphbogen in Paris?
46. Wie hieß London zunächst, nachdem es von den Römern gegründet wurde?
47. Welches englische Schiff war 1789 Schauplatz einer Meuterei, während es sich auf einer Handelsfahrt im Pazifik befand?
48. In welchem Krieg fand die Schlacht im Korallenmeer statt?
49. Welcher englische Seemann segelte auf der Golden Hind?
50. Wer führte in der griechischen Mythologie im Trojanischen Krieg die Griechen an?

Lösungen siehe Seite 367 f.

Kunst & Unterhaltung II

1. Wer von dem Komiker-Duo Laurel und Hardy ist in Großbritannien geboren?
2. In welchem Jahr wurde *South Pacific* zum ersten Mal am Broadway aufgeführt?
3. Welche amerikanische Musical-Schauspielerin wurde 1946 wegen ihres Auftritts in *Annie Get Your Gun* berühmt?
4. Für welchen Standardspruch war Bugs Bunny berühmt?
5. In welchem Jahr trat Mickey Mouse zum ersten Mal als Comicfigur auf?
6. Wie heißt die Elfe in dem Märchen *Peter Pan*?
7. Wann erschien *Sergeant Pepper's Lonely Hearts Club Band*?
8. Welcher Künstler war für seine Darstellung der Konzertsäle und Cafés vom Montmartre berühmt?
9. Auf welcher Insel malte Gauguin einige seiner schönsten Gemälde?
10. In welchem Musical wird die Ehefrau eines argentinischen Präsidenten gefeiert?
11. Wer spielte die weibliche Hauptrolle in dem 1937 erschienenen Musical *One Hundred Men and a Girl*?
12. In welchem Film äußerte Greta Garbo den berühmten Satz: „Ich möchte allein sein"?
13. Wer spielte 1938 die weibliche Hauptrolle in *Jezebel*?
14. Für welches Werk bekam Günter Grass 1999 den Literaturnobelpreis verliehen?
15. Welcher englische Schauspieler wurde dadurch berühmt, dass er in Filmen wie *Dracula* und *Dr. Fu Manchu* die Rolle des Bösen spielte?
16. Wer wird häufig als der Nationaldichter Schottlands bezeichnet?
17. Unter welchem Namen kennen Fernseh- und Kinozuschauer Leonard Nimoy?
18. Wer malte verschiedene Fassungen der *Toteninsel*?
19. Welcher Sänger und Jugendheld sagte: „Ich bin froh, dass ich nicht ich bin"?

20. Wie hieß das Musik- und Kunstfestival, das in den Catskill Mountains bei Bethel im Jahr 1969 veranstaltet wurde?
21. Für welches Instrument wurde Yehudi Menuhin berühmt?
22. Wer soll der größte Geigenbauer aller Zeiten gewesen sein?
23. Woraus besteht eine Maultrommel?
24. Der Sieg über welchen militärischen Anführer wird mit einer Ouvertüre von Beethoven 1812 gefeiert?
25. Wer malte *Le Déjeuner sur l'Herbe*?
26. Aus welchem Musical stammt der Song *Good Morning Starshine*?
27. Wer schrieb die Geschichte, auf der der Song *The Raven* von Alan Parson's Project basiert?
28. In welcher Oper tritt Mackie Messer auf?
29. Wer schrieb *Per Anhalter durch die Galaxis*?
30. Wie hieß die Hauptperson in *1984*?
31. Wer schrieb *Die Farm der Tiere*?
32. Wer spielte die Hauptrolle in dem Film *Die Brücke am Kwai*?
33. In welchem Film mit Hugh Grant geht es um wichtige Lebensabschnitte?
34. Daniel Day Lewis spielte in welchem Film mit, der auf einem Buch von James Fennimore Cooper basiert?
35. Wer spielte die junge weibliche Hauptrolle in dem Film *Zimmer mit Aussicht*?
36. Woher kamen die Kinder in einem berühmten Buch von Astrid Lindgren?
37. Wie hieß der Zauberer, der von J.R.R. Tolkien erschaffen wurde und der Zwergen und Hobbits half?
38. Wie hieß der böse Herr in *Der Herr der Ringe*?
39. Wie hießen die beiden Jungen, die Muff Potter vor dem Galgen bewahrten?
40. Gulliver besuchte ein mit Riesen bewohntes Land. Wie hieß es?
41. Wer schrieb den Zukunftsroman *Uhrwerk Orange*?
42. Welcher Maler hatte eine „Blaue Periode“?

☹ 43. Wer sagte über seinen Schöpfer: „Es gab einige Dinge, die er in die Länge zog, aber im Großen und Ganzen sagte er die Wahrheit“?

☹ 44. In welchem Buch verschluckt ein Krokodil einen Wecker?

☹ 45. Wer schrieb die Komödie *Der Revisor*?

☹ 46. Welcher mörderische englische Friseur wurde Thema eines Musicals?

☹ 47. Welche Heldin einer schwedischen Kindergeschichte ist wegen ihrer Kraft berühmt?

☹ 48. Welche berühmte Krimiautorin wurde von Vanessa Redgrave in einem Film gespielt, in dem es um einen mysteriösen Vorfall in ihrem Leben ging?

☹ 49. Die Osmonds bestanden aus vier Brüdern und einer Schwester. Wie hieß die Schwester?

☹ 50. Wie lautet der richtige Name von Meat Loaf?

Lösungen siehe Seite 368 f.

Berühmte Leute II

☺ 1. In welchem Jahr wurde John F. Kennedy ermordet?

☺ 2. Welcher Kinofilm-Mogul sagte: „Das ist das Schlimme an Regisseuren. Sie beißen ständig in die Hand, die sie füttert“?

☺ 3. Welcher Comicstar hatte eine Freundin, die Olivia Öl hieß?

☺ 4. Wie hieß der Gatte der schönen Helena, die von Paris geraubt wurde?

☺ 5. Welcher Name verbindet Woody Allen mit Bob Dylan?

☺ 6. Wer war der „Verrückte Mönch von Russland“?

☺ 7. Wie hieß der Sergeant, dessen Band von den Beatles berühmt gemacht wurde?

☺ 8. Unter welchem Namen war Marion Morrison besser bekannt?

☺ 9. Unter welchem Namen wurde Samuel Langhorne Clemens berühmt?

☺ 10. Wie hießen die Gauner, die im Film durch Faye Dunaway und Warren Beatty unsterblich wurden?

☺ **11.** Welcher politische Führer Indiens war unter dem Namen „Mahatma" bekannt?

☺ **12.** Wer war der erste Präsident der USA?

☺ **13.** Welcher verrückte Romanheld hatte einen Gefährten, der Freitag hieß?

☺ **14.** Wie heißen die drei Musketiere und ihr treuer Freund?

☺ **15.** Wie heißen die drei Neffen von Dagobert Duck?

☺ **16.** Welcher schwarze Bürgerkriegsrechtler ist für den Satz „Ich habe einen Traum" bekannt?

☺ **17.** Welcher Boxer war früher unter dem Namen Cassius Clay bekannt?

☺ **18.** Welcher König starb bei der Schlacht von Hastings durch einen Schuss ins Auge?

☺ **19.** Welcher sowjetische Präsident nahm einen Namen an, der in seiner Sprache „Stahl" bedeutet?

☺ **20.** Welcher englische Forscher des 18. Jahrhunderts wurde 1779 von den Ureinwohnern Hawaiis getötet?

☺ **21.** Welcher berühmte Dschungelbewohner wurde von Edgar Rice Burroughs erschaffen?

☹ **22.** Mit welcher Sicherheitsorganisation wird J. Edgar Hoover in Verbindung gebracht?

☹ **23.** Wer wurde dadurch berühmt, dass er plante, das englische Parlamentsgebäude mit Schießpulver in die Luft zu sprengen?

☹ **24.** Welche polnisch-französische Wissenschaftlerin entdeckte das Radium?

☹ **25.** Wer war der ständige Begleiter von Tom Sawyer?

☹ **26.** Welcher amerikanische Politiker war als LBJ bekannt?

☹ **27.** Wer war Schüler des Aristoteles 342 – 340 v. Chr.?

☹ **28.** Welche Maschine entwickelte der Waffenschmied Philo Remington im Jahr 1874?

☹ **29.** Wofür stehen die Initialen von O. J. Simpson?

☹ **30.** Wer war der Anführer der Freien Franzosen im Zweiten Weltkrieg?

☹ **31.** Wie hieß der in Schottland geborene Amerikaner, dessen Detektivbüro berühmt dafür war, Straßenräubereien aufzuklären, hinter feindlichen Linien zu spionieren und Streiks zu brechen?

☹ **32.** Für welche Erfindung wurde Henry Deringer berühmt?

33. Charles Lutwidge Dodgson war Mathematiker. Wofür war er besser bekannt?
34. Welcher Filmstar wurde für den Ausspruch „Du schmutzige Ratte!“ berühmt, obwohl er ihn nie in einem Film gesagt hat?
35. Welchem Häuptling der Hunkpapa Sioux wurde ein Kredit versprochen, weil er General Custer in der Schlacht vom Little Big Horn besiegt hatte?
36. Wer war der Pirat: Bluebeard oder Blackbeard?
37. Unter welchem Namen war William H. Bonney besser bekannt?
38. Auf welchem Schiff findet man William Shatner und Leonard Nimoy?
39. Welcher englische Schriftsteller schrieb anschaulich über das Jahr 1984?
40. Welche Romanheldin lebt auf einer Farm mit grünen Giebeln?
41. Wer wurde von den Liliputanern wie ein Riese behandelt?
42. Als eine Dame ihm sagte „Sie riechen, Sir!“, sagte er: „Nein, Madam. Sie riechen, ich stinke.“ Wer war das?
43. Welcher Name verbindet einen südafrikanischen Staatsmann mit der Schlacht von Trafalgar?
44. Welche französische Heldin wurde von den Engländern als Hexe verbrannt?
45. Welcher griechische Dichter schrieb *Die Vögel* und *Lysistrata*?
46. Welcher italienische Führer war als „Il Duce“ bekannt?
47. Sir Edmund Hillary bestieg 1953 den Everest. Wer war sein Sherpa-Gefährte?
48. Welcher Romanheld kam von dem Planeten Krypton?
49. Welcher Gesetzlose lebte mit seinen Anhängern im Sherwood Forest?
50. Welcher englische Wissenschaftler entdeckte die Schwerkraft, vermutlich mithilfe eines Apfels?

Lösungen siehe Seite 370 f.

Spiel & Sport I

1. Wo fanden 1994 die Olympischen Winterspiele statt?
2. Welcher männliche Tennisspieler gewann die Australian Open in den Jahren 1989 und 1990?
3. Mit welchem Sport stand Max Schmeling in Verbindung?
4. Wer war die erste Frau, die den Ärmelkanal durchschwamm?
5. In welchem amerikanischen Footballteam spielte „Red" Grange als Profi?
6. Was ist der Unterschied zwischen Biathlon und Duathlon?
7. Was für ein Sport ist Aikido?
8. Wer wurde in den 50er-Jahren der erste englische Golfspieler, der 1970 die US Open gewann?
9. Wo befindet sich die Longchamp Rennbahn?
10. Mit welchem Sport wird Damon Hill in Verbindung gebracht?
11. Mit welchem Sport wird Peggy Fleming in Verbindung gebracht?
12. In welchem Sport gibt es die James Norris Trophäe?
13. Welcher Golfspieler gewann 1979, 1984 und 1988 die British Open?
14. Mit welchem Sport wird Anita Lonsbrough in Verbindung gebracht?
15. Wer begründete die modernen Olympischen Spiele?
16. Welcher englische Läufer war 1954 der erste Mensch, der eine Meile unter vier Minuten lief?
17. Wie lang ist die Marathon Distanz?
18. Welches Land gewann 1966 die Fußballweltmeisterschaft?
19. Wie viele Titel gewann Martina Navratilova im Einzel in Wimbledon?
20. Für welche amerikanische Fußballmannschaft spielte der brasilianische Spieler Pelé 1975–1977?
21. Wer war der erste schwarze amerikanische Baseballspieler in der obersten Liga?

22. Welcher amerikanische Schwimmer gewann 1924 und 1928 fünf Goldmedaillen bei den Olympischen Spielen und wurde dann Filmschauspieler?
23. Mit welchem Sport wird Bobby Jones in Verbindung gebracht?
24. Welcher englische Athlet gewann 1980 und 1984 die Goldmedaille im Zehnkampf?
25. Welcher amerikanische Eisschnellläufer gewann bei den Olympischen Winterspielen 1980 alle fünf Goldmedaillen?
26. Aus welchen Disziplinen besteht Triathlon?
27. Wie heißt der argentinische Fußballstar, der zugab, Drogen genommen zu haben?
28. Bei welchen modernen Olympischen Spielen wurde erstmals die olympische Fackel entzündet?
29. In welcher amerikanischen Stadt gibt es das Fußballteam „The Steelers"?
30. Mit welchem bekannten großen Sportereignis steht die Jules-Rimet-Trophäe in Verbindung?
31. Welche Tennisspielerin wurde 1993 Siegerin der French Open?
32. Wie viel wiegt ein Tennisball ungefähr?
33. Wann wurden die ersten Paralympics durchgeführt?
34. Warum boykottierten die schwarzafrikanischen Länder 1976 die Olympischen Spiele in Montreal?
35. In welchem Land wurde die erste Fußballweltmeisterschaft veranstaltet?
36. Welches sind die beiden Disziplinen beim Turnen, an denen Frauen und Männer teilnehmen?
37. In welcher Disziplin errang Abebe Bikila eine Medaille?
38. In welchem Sport kann man den Dunhill Cup gewinnen?
39. Welcher Tennisspieler gewann 1993 und 1994 die Einzel in Wimbledon?
40. Wer gewann 1988 die Weltmeisterschaften im Billard?
41. Welche Sportart kennt man auch als „Federball"?
42. Welcher Athlet wurde „Fliegender Finne" genannt?

☹ **43.** Mit welcher Sportart steht Bill Shoemaker in Verbindung?

☹ **44.** In welcher Disziplin gewann David Hemery bei der Olympiade 1968 eine Goldmedaille und stellte einen neuen Weltrekord auf?

☹ **45.** Wie viele Spieler spielen in einer Rugbymannschaft?

☹ **46.** Mit welcher Sportart steht Franz Klammer in Verbindung?

☹ **47.** Wo fanden die Olympischen Sommerspiele 1968 statt?

☹ **48.** Welche Tennisspielerin gewann 1990 die US Open?

☹ **49.** Unter welchem Namen ist das Team der englischen Rugby Union bekannt?

☹ **50.** Für welches Sportereignis ist Le Mans berühmt?

Lösungen siehe Seite 371 f.

Kleidung

☺ **1.** Wo hat die Krawatte ihren Ursprung?

☺ **2.** Wie hießen die Unterröcke, die Frauen im 19. Jahrhundert trugen?

☺ **3.** In welcher Region tragen Menschen einen Kaftan?

☺ **4.** Womit wurden die Kniebundhosen im 17. Jahrhundert ausgestattet?

☺ **5.** In welchem Jahrzehnt trugen Frauen erstmals kürzere Röcke?

☺ **6.** Wie nennen die Cowboys das Tuch, das sie über Nase und Mund tragen?

☺ **7.** Wie heißt das ärmellose Kleidungsstück, das, ähnlich einer Schürze, als Überkleid getragen wird?

☺ **8.** Welche traditionelle Kopfbedeckung trugen moslemische Männer?

☺ **9.** Welches Kleidungsstück der 20er-Jahre wurde als „Oxford Bags“ bekannt?

☺ **10.** Welche Form hatten die Kleider westlicher Frauen in den 20er-Jahren?

☺ **11.** Wie heißen die langen Unterhosen scherzhaft, die aus den 20er-Jahren stammen und die heute noch während der kalten Jahreszeit getragen werden?

12. Wie heißt das Kleidungsstück, das Frauen im späten 19. und frühen 20. Jahrhundert unter den Kleidern trugen, um Taille, Hüfte und Po zu betonen?

13. Was für ein Hut ist ein Südwester?

14. Wie heißt der traditionelle Rock aus gewebtem Flachs, den die Maori von Neuseeland tragen?

15. Was für einen Rock tragen die Hulatänzer von Hawaii?

16. Wie sieht ein Aloha-Hemd – legeres Kleidungsstück der Hawaiianer – aus?

17. Wie heißen die schottischen Karomuster?

18. Was für ein Kleidungsstück waren Pantalons?

19. Aus welchem Material besteht normalerweise ein Kilt?

20. Wie heißen die Damenhosen, die so geschnitten sind, dass sie wie ein Rock aussehen?

21. Wie nennt man das traditionelle Kleid, das in Bayern und Österreich getragen wird?

22. Was sollte eine Krinoline bewirken?

23. Was ist ein Catsuit?

24. Wozu wurden ursprünglich Holzschuhe getragen?

25. Was unterscheidet Lorgnettes von anderen Brillen?

26. Was ist eine Pelerine?

27. Wie lang sind Bermudashorts?

28. Die Entdeckung welchen Materials sorgte dafür, dass Strümpfe viel billiger und haltbarer wurden als Seidenstrümpfe?

29. Welche Art von Schuh mit hohen Absätzen und dicken Sohlen war in den 70er-Jahren beliebt?

30. Was ist ein Aran-Pullover?

31. Wie nennt man einen gestärkten runden Kragen, den die Menschen im 16. und 17. Jahrhundert trugen?

32. Wer trägt eine Soutane?

33. Wie hieß das zweiteilige Gewand, das Männer und Frauen im alten Rom trugen?

34. Welche Farbe hat das Birett eines Bischofs?

35. Welche runde, randlose Mütze wird häufig schief auf den Kopf gesetzt?

36. Was für ein Hut ist ein Tiroler?

37. In welchem Jahrzehnt erschien der erste Mini-Rock in den Straßen?

38. Wie nennt man einen Frack auch noch?
39. Was für einen Halsschmuck trägt man zu einem Smoking?
40. Was ist ein Vatermörder?
41. Welche Farbe hat ein Panama-Hut?
42. Wie heißt ein wasserdichter Überschuh?
43. Woraus besteht der obere Teil einer Espadrille gewöhnlich?
44. In welchem Jahrhundert gab es den Dreispitz?
45. Was für ein Kleidungsstück ist ein Chemisierkleid?
46. Wie nennt man die kleine Tasche mit Schlitzöffnung, die in manchen Sakkos über den normalen Taschen angebracht ist?
47. Wie nennt man den ganz geschlossenen Anzug, den Surfer und Taucher tragen, um die Körperwärme zu speichern?
48. Aus welchem Material besteht eine „Kreissäge"?
49. Woraus bestehen die Sohlen von Espadrillen?
50. Wie nennt man eine Stoffrolle mit einem Loch an beiden Seiten, die die Hände wärmen soll?

Lösungen siehe Seite 373 f.

Fragen-Potpourri II

1. Wer schrieb den Roman *Liebesgrüße aus Moskau*?
2. Wie heißt der Flughafen von Rom?
3. Welche amerikanische politische Partei hat einen Esel als Symbol?
4. Welche Treppe mit 137 Stufen führt in Rom von der Piazza di Spagna zur Kirche Trinità dei Monti?
5. Mit welcher Sportart wird Imran Khan in Verbindung gebracht?
6. Wie heißt die Frau, die schon zwei Mal Premierministerin von Pakistan war?
7. Von welcher politischen Partei war Zhou Enlai Vorsitzender?
8. Wie bezeichneten die Chinesen früher ihr Land?

☺ 9. Der Name der australischen Fluggesellschaft QUANTAS ist eine Abkürzung: wofür?

☺ 10. Welches ist der größte See in Afrika?

☺ 11. In welchem Land wohnen Singhalesen?

☺ 12. In asiatischen Ländern wird das Wort „Singh“ häufig gebraucht. Was bedeutet es?

☺ 13. Auf welchem Subkontinent hört man Urdu, Hindi und Bengali als Landessprachen?

☺ 14. Welche englische Universitätsstadt liegt am Fluss Cam?

☹ 15. Die Cellistin Jacqueline du Pré starb an welcher Krankheit?

☹ 16. Wer schrieb *Am grünen Rand der Welt*?

☹ 17. Welche Körperorgane produzieren Urin?

☹ 18. Welche Substanz wird in der Vesica fellea produziert?

☹ 19. Welcher Segen für Gartenfreunde wurde von Herrn Budding und Herrn Ferrabee erfunden?

☹ 20. Warum heißt ein Mausoleum so?

☹ 21. Wie nannte man die vorkommunistischen Herrscher Russlands?

☹ 22. Was ist, in der Militärsprache, ein SAM?

☹ 23. Wo ist die Heimat des Sony-Konzerns?

☹ 24. Welcher amerikanische Dichter sendete während des Zweiten Weltkriegs faschistische Propaganda?

☹ 25. Wie lautet der eigentliche Name des Old Bailey in London?

☹ 26. Wer erschoss John Lennon?

☹ 27. Wer versuchte, Präsident Ford in Sacramento zu ermorden?

☹ 28. Welcher amerikanische Präsident ließ die Truppen aus Vietnam abziehen?

☹ 29. Was bedeutet der Titel MBA?

☹ 30. Was ist der Charleston?

☹ 31. Edward der Achte von England dankte ab, um eine geschiedene Amerikanerin zu heiraten. Wie hieß sie?

☹ 32. Von welchem Land ist Vientiane die Hauptstadt?

☹ 33. In welchem Land gibt es politische Parteien, die Fianna Fail und Fine Gael heißen?

☹ 34. Welche Romanfigur ist für den Satz „Morgen ist auch noch ein Tag“ berühmt?

☹ **35.** Wie bezeichnet man die Sprache im schottischen Hochland noch?
☹ **36.** Wer schrieb *Catch-22*?
☹ **37.** In welchem Jahr fand der Sechstagekrieg statt?
☹ **38.** In welchem US-Bundesstaat liegt Phoenix?
☹ **39.** Aus welchem Drama stammt der Satz: „Da steh ich nun, ich armer Tor, und bin so klug als wie zuvor."
☹ **40.** Wer schrieb den Roman *Der Untertan*?
☹ **41.** Was ist ein Ödem?
☹ **42.** Wer war die letzte Frau, die in Großbritannien gehängt wurde?
☹ **43.** In welchem Jahr wurde der Panamakanal fertig gestellt?
☹ **44.** Welche Art von Musik bringt man mit Nashville, Tennessee, in Verbindung?
☹ **45.** Wer schrieb *Heimatmuseum*?
☹ **46.** Worin besteht der Zusammenhang zwischen Truman Capote, Audrey Hepburn und einem Mahl am Morgen?
☹ **47.** Wie oft werden die Olympischen Spiele abgehalten?
☹ **48.** Was für eine Singstimme ist der Countertenor?
☹ **49.** Der französische Ausdruck *cul de sac* wird auch in der englischen Sprache benutzt. Was bedeutet er?
☹ **50.** Wie lautete der Mädchenname des Tennisstars Evonne Cawley?

Lösungen siehe Seite 374 f.

Transport & Verkehr

☺ 1. Welchen Rekord stellte die Voyager im Jahr 1986 auf ihrem neuntägigen Flug um die Welt auf?
☺ 2. Wie heißt der französische Hochgeschwindigkeitszug, der 1981 in Betrieb genommen wurde?
☺ 3. Wo wurde die erste U-Bahn gebaut?
☺ 4. In welchem Jahr nahm die Concorde ihren Flugbetrieb auf?
☺ 5. Welches beliebte deutsche Auto wird seit 1977 nicht mehr in Deutschland produziert?

6. Welche neue Ära begann im Transportwesen mit den aus Frankreich stammenden Gebrüdern Montgolfier im Jahr 1783?
7. Wie hieß das Flugzeug von Charles Lindbergh, mit dem er seinen ersten Nonstop-Flug über den Atlantik machte?
8. Welcher Vorfall beendete den Einsatz von Luftschiffen für den Passagiertransport?
9. Was waren die Big Boys?
10. Wer entwarf den ersten flugtauglichen amerikanischen Hubschrauber?
11. Wie hieß das erste Düsenverkehrsflugzeug und wann nahm es den Betrieb auf?
12. Welche neue Art des Wassertransports entwickelte Christopher Cockerell?
13. Welches neue Gerät entwickelte Gottfried Daimler im Jahr 1885, das die Entwicklung der Automobilindustrie auslöste?
14. Welches war das erste massenproduzierte Auto in den USA?
15. Welches ist der Hauptvorteil eines Stealthbombers?
16. Wie heißt das Fahrrad, auf dem zwei Personen hintereinander sitzen können?
17. Welche Funktion hat bei einem Flugzeug ein Spoiler?
18. Welches war das erste Dampfschiff, das über den Atlantik fuhr?
19. Sowohl ein Hovercraft als auch ein Hydrofoil schweben über der Wasseroberfläche. Welches ist der Hauptunterschied?
20. Wie heißt das Kanu, das mit einem Doppelpaddel fortbewegt wird?
21. Was für ein Flugzeug entwarf Otto Lilienthal?
22. Womit werden die größten Schiffe angetrieben?
23. Welches ist der Hauptunterschied zwischen einer Rakete und einem Düsenantrieb?
24. Was für ein Schiff ist eine Galeone?
25. Welches ist der Unterschied bei der Zündung eines Benzinmotors und der eines Dieselmotors?

☹ **26.** Wer nahm das erste öffentliche Verkehrsmittel New Yorks in Betrieb und was war es?
☹ **27.** Welcher berühmte Seemann und Entdecker fuhr auf der Endeavour?
☹ **28.** Wer baute das erste pedalbetriebene Fahrrad?
☹ **29.** Wie hieß das Schiff, auf dem Christopher Columbus nach Amerika segelte?
☹ **30.** Wie nennt man ein Gleitflugzeug, das von einem kleinen Motor, der einen Propeller betreibt, angetrieben wird?
☹ **31.** Wodurch werden die meisten Schwerlastfahrzeuge angetrieben?
☹ **32.** Welches war das erste Schiff, das eine vollständige Reise um die Welt machte?
☹ **33.** Was für ein Schiff ist eine Kogge?
☹ **34.** Wie hieß die Kutsche, die von Pferden gezogen wurde und die im frühen 17. Jahrhundert erstmals zu mieten war?
☹ **35.** Wie nennt man die Drehflügel am Hubschrauber?
☹ **36.** Was war das Besondere an einem Hochrad?
☹ **37.** Welches ist der längste Eisenbahntunnel der Welt?
☹ **38.** Wer baute das erste Motorrad?
☹ **39.** Welches war der Hauptnachteil von dampfbetriebenen Fahrzeugen?
☹ **40.** In welchem Land wurde die erste öffentliche Eisenbahn in Betrieb genommen?
☹ **41.** Welche wichtige neue Eigenschaft hatte die von Baron von Drais erfundene Draisine?
☹ **42.** Wie ist bei Motorrädern das Schaltgetriebe mit den Rädern verbunden?
☹ **43.** Welche Errungenschaft führte Richard Trevithick für den Eisenbahnverkehr ein?
☹ **44.** Zwischen welchen beiden Städten verkehrte der Orient-Express?
☹ **45.** Wer war der erste Pilot, der den Ärmelkanal im Flugzeug überquerte?
☹ **46.** Was für ein Fahrzeug entwickelten Francis und Freelan Stanley?
☹ **47.** Welche Funktion hat bei einem Auto der Vergaser?

☹ 48. Welches war der erste Eisenbahntunnel durch die Alpen?
☹ 49. Wie heißen die Überlandbusse in den USA?
☹ 50. Welches war das erste U-Boot, das im Krieg eingesetzt wurde, und an welchem Konflikt war es beteiligt?

Lösungen siehe Seite 376 f.

Kunst & Unterhaltung III

☺ 1. Wer schrieb *Der General*, führte Regie und spielte mit?
☺ 2. Wer spielte in *Der Vagabund und das Kind*, *Goldrausch* und *Der große Diktator*?
☺ 3. Wer führte bei dem Film *In einem andern Land* Regie (1957)?
☺ 4. Welche Oper war beim Tod Borodins unvollendet?
☺ 5. Was für ein Geschöpf war Gizmo?
☺ 6. Wo steht die Royal Albert Hall?
☺ 7. Wer spielte den geplagten Sheriff in *High Noon*?
☺ 8. In welchem Film von 1975 verschwand eine Gruppe australischer Schulmädchen auf mysteriöse Weise?
☺ 9. Wer schrieb *Der Untergang des Hauses Usher*?
☺ 10. Wer schrieb *Das goldene Tagebuch*?
☺ 11. Wer spielte in *Der blaue Engel*?
☺ 12. Wer spielte die beiden Hauptrollen in *Rainman*?
☺ 13. Wofür bekam Eugene O'Neill 1957 den Pulitzer Preis?
☺ 14. Wer schrieb *Der kleine Prinz*?
☺ 15. Welcher berühmte Drehbuchautor war mit Marilyn Monroe verheiratet?
☺ 16. Wer schrieb *Der Prozess*?
☺ 17. Wer war der Autor von *Der Laden*?
😐 18. Für welches Werk ist Geoffrey Chaucer vor allem bekannt?
😐 19. Welcher Jazzmusiker war bei seinen Fans als „Satchmo" bekannt?
😐 20. Welche Sängerin wurde mit dem Lied *Ruby Tuesday* bekannt?
😐 21. Seit wann wird der Oscar verliehen?

☺ **22.** Wer gewann einen Oscar für die Filmversion von Jane Austens *Sinn und Sinnlichkeit*?

☺ **23.** War war bei Mel Gibsons *Hamlet* die Ophelia?

☺ **24.** Wer wurde in dem Film *Einer flog über das Kuckucksnest* von seinem besten Freund gewürgt?

☺ **25.** Welche beiden Figuren gaben in *Mad Max – Jenseits der Donnerkuppel* den perfekten Bösewicht ab?

☺ **26.** Welcher Schauspieler spielte die Hauptrolle in dem Film *Der Herr der Gezeiten*?

☺ **27.** Welches Land wird in Spielbergs *Das Reich der Sonne* erobert?

☺ **28.** Welche auffällige Rolle spielte Gerd Fröbe in einem Bondfilm?

☺ **29.** In welchem Kinofilm spielte Herbert Grönemeyer eine Hauptrolle?

☺ **30.** Welche Schauspieler vertauschten in der Filmversion eines Romans von Mark Twain die Rollen?

☺ **31.** Aus welcher TV-Serie kennen wir Sue Ellen?

☺ **32.** Aus welcher TV-Serie kennen wir Eugene Tooms?

☺ **33.** In welcher Runde schlug Mike Tyson Frank Bruno bei der Weltmeisterschaft im Schwergewicht im Jahr 1996?

☺ **34.** James Mason spielte Brutus, John Gielgud spielte Cassius, aber wer spielte Mark Anton in dieser Version von *Julius Caesar*?

☺ **35.** In welchem Film spielten Tom Cruise und Demi Moore Navy-Anwälte?

☺ **36.** Wer spielte die Hauptrolle in *Red River*?

☺ **37.** Wie lautete der Untertitel von *Superman IV*?

☺ **38.** Wer spielte die Hauptrolle in *Der Spezialist*?

☹ **39.** Unter welchem anderen Namen schreibt die Krimiautorin Ruth Rendell?

☹ **40.** Wer betrat bei der Brit-Awards-Verleihung im Jahr 1996 die Bühne und kritisierte die Aufführung des *Earth Song* von Michael Jackson?

☹ **41.** Welche amerikanische Schriftstellerin, die *Die Glasglocke* schrieb, verübte in England Selbstmord?

☹ **42.** Welcher amerikanische Pop-Art-Künstler war für seine riesigen Darstellungen von Comics bekannt?

☹ **43.** Welche Verbindung bestand zwischen dem Guggenheim-Museum und Simon & Garfunkel?

☹ **44.** Wer schrieb den Song *American Pie*?

☹ **45.** In welchem Stück von Neil Simon teilten sich zwei Männer, die sich von ihren Frauen getrennt hatten, zu ihrem Unglück eine Wohnung?

☹ **46.** Welche Geschichte, die in Paris spielt und in der ein hässlicher Musiker eine Rolle spielt, wurde ein erfolgreiches Musical?

☹ **47.** In welchem australischen Film wurden zwei Kinder, die sich in den Outbacks verirrt hatten, von einem jungen Aborigine gerettet?

☹ **48.** Welchen Beruf hat die Figur Bill Cosby in der Cosby Show?

☹ **49.** In welchem Film gibt es eine Morticia?

☹ **50.** Welcher Hund trat in zahlreichen Fernsehfilmen auf?

Lösungen siehe Seite 377 ff.

Bücher I

☺ 1. Wer schrieb *Überredungskunst*?

☺ 2. Die Werke *Fire From Heaven*, *The Persian Boy* und *Funeral Games* von Mary Renault beschreiben das Leben welcher historischen Figur?

☺ 3. Viele Jahre lang war der Roman *Clarissa* von Samuel Richardson nicht direkt wegen seines künstlerischen Wertes berühmt. Weswegen?

☺ 4. In welchem Roman von Heinrich Mann heißt die Hauptfigur Diederich Heßling?

☺ 5. Wie lautet Ephraim Kishons Geburtsname?

☺ 6. Welche in der ehemaligen DDR geborene Schriftstellerin schrieb das Buch *Die Pantherfrau*?

☺ 7. Wer schrieb das Kinderbuch *Wir pfeifen auf den Gurkenkönig*?

☺ 8. Marquis de Sade schrieb einen Roman mit dem Titel *Justine*. Wie lautet der Untertitel?

☺ 9. In welchem Roman waren einige Tiere gleicher als andere?

☺ **10.** In welchem Roman tritt die Figur Adela Quested auf?
☺ **11.** Wessen Buch mit dem Titel *Die Pforten der Wahrnehmung* wurde kritisiert, weil es angeblich Jugendliche dazu animierte, Drogen zu nehmen?
☺ **12.** Für welches literarische Werk ist Anne Frank berühmt?
☺ **13.** Welches ist das meistverkaufte Buch der Welt?
☺ **14.** Wer erfand die Figur Allan Quartermain?
☺ **15.** Welches Werk von Homer berichtet von der Belagerung Trojas?
☺ **16.** Wie hieß der 1955 veröffentlichte Bericht aus der Frühzeit des Stalinismus von Wolfgang Leonhard?
☺ **17.** Von wem stammen die Erzählungen *So zärtlich war Suleyken*?
☺ **18.** Von welchem modernen Land handelt *Die Quelle* von James Michener?
☺ **19.** Welcher russische Schriftsteller, der das Buch *Dschamilja* veröffentlichte, war 1988 Mitglied des Präsidialrats von M. Gorbatschow?
☹ **20.** Welche Romanfigur kommt in Whitby in einer Kiste aus Osteuropa an?
☹ **21.** Wie hieß der Bucklige von Notre Dame?
☹ **22.** Wie war der richtige Name des Autors von *1984*?
☹ **23.** Wer schrieb *Kleiner Mann, was nun*?
☹ **24.** In welchem modernen Märchen spielen Zeitdiebe eine Rolle?
☹ **25.** Wer schrieb das Gedicht *Das wüste Land*?
☹ **26.** In welchem Roman kommt ein Computer namens Abulafia vor?
☹ **27.** Wie hieß der Computer in *2001: A Space Odyssey*?
☹ **28.** Wer schrieb die *Geisterkomödie*?
☹ **29.** Was für ein Wesen war die Figur Gargantua von Rabelais?
☹ **30.** Welcher Däne ist für seine Märchensammlung berühmt?
☹ **31.** Wie heißt der Held von Heinrich Böll in *Ansichten eines Clowns*?
☹ **32.** Welcher Schriftsteller schrieb *Die Entdeckung der Langsamkeit*?
☺ **33.** Wer schrieb das Buch *Generation X*?

☺ 34. Wie heißt der Schöpfer des Rechtsanwalts Perry Mason?
☺ 35. Welches war der erste Bestseller von Robin Norwood?
☹ 36. Welcher Manager schrieb ein autobiografisches Werk unter dem Titel *Eine amerikanische Karriere*?
☹ 37. Welcher als Mädchen verkleidete Junge wurde durch die Art, wie er einen Eisenklumpen nach einer Ratte warf, enttarnt?
☹ 38. Wie heißt der böse Plantagenbesitzer in *Onkel Toms Hütte*?
☹ 39. Welche Dickens-Figur war immer sicher, dass etwas passieren würde?
☹ 40. Wer schrieb das Kinderbuch *Pu, der Bär*?
☹ 41. Welches berühmte Kinderbuch schrieb Johanna Spyri?
☹ 42. Welches war das berühmteste Werk von Dante Alighieri?
☹ 43. Welche Shakespeare-Figur sagte: „Ein Pferd! Ein Pferd! Mein Königreich für ein Pferd!“?
☹ 44. Wer schrieb *Herz der Finsternis*?
☹ 45. Wie heißt die schreckliche Haushälterin in Daphne Du Mauriers *Rebecca*?
☹ 46. In welchem Roman treten Stephen Daedalus, Leonard Bloom und Molly Bloom auf?
☹ 47. Wer ist der Verfasser von *Tim und Struppi*?
☹ 48. Wer schrieb *Jenseits von Eden*?
☹ 49. Wer schrieb *Das Glasperlenspiel*?
☹ 50. Wer schrieb *Memento Mori*?

Lösungen siehe Seite 379 f.

Bücher II

☺ 1. In welchem Werk schreibt Upton Sinclair über die Schlachthöfe Chicagos?
☺ 2. Wer schrieb *Jakob der Knecht*?
☺ 3. Welcher Roman von Richard Adams wurde den Abenteuern einer Gruppe von Hasen gewidmet?
☺ 4. Wer ist der geistige Vater von Kommissar Maigret?
☺ 5. Wer schrieb das Drehbuch zu *Paris, Texas*?

6. Die meisten Menschen kennen nur den Film *Frühstück bei Tiffany's*, aber wer schrieb den Roman?
7. Wie heißt das Blumenmädchen in *Pygmalion*?
8. Wie hieß das Buch von James Saunders, das die Geschichte eines Mädchens erzählt, das Selbstmord begangen hat?
9. In wessen Gedichten kommt u.a. ein betrunkener Matrose namens Kuttel Daddeldu vor?
10. Welcher gefährlich klingende Roman wurde von Laclos geschrieben?
11. Wer schrieb die Romane, in denen ein Spion namens George Smiley vorkommt?
12. Welches war das wohl berühmteste Werk von Erich Maria Remarque, das 1930 in Amerika verfilmt wurde und in Deutschland zunächst Aufführungsverbot hatte?
13. In welchem Roman beschreibt Graham Greene ein nicht ungefährliches Fest?
14. Welche Figur von F. Scott Fitzgerald hatte eine mysteriöse Vergangenheit?
15. Von wem stammt das Drama *Nachtasyl*?
16. Welche weiße südafrikanische Schriftstellerin erhielt 1991 den Literatur-Nobelpreis?
17. Welches Werk von Erwin Strittmatter wurde verfilmt?
18. Welche von Stephen Kings Figuren setzte psychokinetische Kräfte ein, um Rache zu nehmen?
19. Wer schlüpfte in die Rolle eines Türken in Deutschland und schrieb *Ganz unten*?
20. Wer erschuf den Detektiv Lord Peter Wimsey?
21. Wie hieß das Buch von Emile Zola, in dem es um Bergarbeiter geht?
22. Wer schrieb *Jane Eyre*?
23. In welchem Roman von Robert Louis Stevenson kamen Figuren vor, die an Robin Hood und seine treuen Gefährten erinnerten?
24. Wie hieß die Serie von vier Büchern von Lawrence Durrell, die in Ägypten spielten?
25. Für welches Buch erhielt Gabriel Garcia Márquez den Literaturnobelpreis?

26. Welchen Beruf übte Bram Stoker aus, als er *Dracula* schrieb?
27. Welches kurze Buch schrieb Stephen Hawking?
28. Wer schrieb *Bloody Mary*?
29. Wer schrieb den Roman *Die unerträgliche Leichtigkeit des Seins*?
30. In welchem amerikanischen Roman von welchem Autor erscheint Mrs. Robinson?
31. In welchem Buch mit einem blumigen Titel wurden Mönche mit einem vergifteten Buch getötet?
32. In einem Buch von J. D. Salinger trägt eine Geschichte die Widmung „Für Esme". Wie lautet der Rest der Widmung?
33. Wer schrieb *Aufstieg und Fall der Stadt Mahagonny*?
34. Welcher Franzose schrieb über eine Revolution in New York?
35. Wer schrieb *Der nackte Affe*?
36. Welcher Schriftsteller erschuf die Figur Kapitän Nemo?
37. Wer schrieb ein Buch mit dem Titel *Ethik*?
38. Wer schrieb *Utopia*?
39. Für welches literarische Werk ist Cellini vor allem berühmt?
40. Wer schrieb das Drehbuch zu *Hiroshima mon amour*?
41. Wer schrieb die *Symphonie pathétique* über Tschaikowski?
42. Welcher Psychiater schrieb *Die Spiele der Erwachsenen*?
43. Mit welchem Theaterstück wurde Samuel Beckett weltberühmt?
44. Wie hießen die Fleisch fressenden Pflanzen, die auch gehen konnten und die von John Wyndham erschaffen wurden?
45. In welchem Roman von Norman Mailer wird die Hauptperson mumifiziert?
46. Ein Buch mit dem Titel *The English Governess at the Siamese Court* wurde in ein Musical umgeschrieben. Wie heißt es?
47. Welcher Roman mit einer Verbindung zu China wurde von Simone de Beauvoir geschrieben?

☹ **48.** In welcher Novelle von Graham Greene spielte ein Whiskey-Priester eine Rolle?
☹ **49.** Wer schrieb *Die Abstammung des Menschen*?
☹ **50.** Die Hauptfigur welches Buches von F. Dostojweski heißt Raskolnikow?

Lösungen siehe Seite 380 ff.

Zitate & geflügelte Worte

☺ **1.** Wer sagte: „Nur über meine Leiche!"?
☺ **2.** Wer sagte: „Ich verstehe die Welt nicht mehr"?
☺ **3.** Aus welchem Stück stammt der Ausspruch: „Donner und Doria!"?
☺ **4.** Wer sagte: „Erlaubt ist, was gefällt"?
☺ **5.** Aus welchem Stück stammt „Last not least"?
☺ **6.** Woraus stammt die Wendung „Allein auf weiter Flur"?
☺ **7.** Wer prägte den Ausdruck „Mit dem Rücken zur Wand"?
☺ **8.** Woraus stammt „Tu, was du nicht lassen kannst!"?
☺ **9.** Woraus stammt „Was macht die Kunst?"?
☺ **10.** Woher stammt der Ausdruck „Jemanden unter seine Fittiche nehmen"?
☺ **11.** Aus welcher Fabel stammt der Ausspruch „Wer einmal lügt, dem glaubt man nicht ..."?
☺ **12.** Woher stammt der Begriff „Sisyphusarbeit"?
☺ **13.** Woher kommt der Ausspruch „Gut gebrüllt, Löwe!"?
☺ **14.** Wo findet man „des Pudels Kern"?
☺ **15.** Woher stammt der Ausspruch „Wer nicht für mich ist, ist gegen mich"?
☹ **16.** Wer sagte: „Lieber ein Ende mit Schrecken als ein Schrecken ohne Ende"?
☹ **17.** Woher stammt der Ausdruck „Seine Zunge im Zaum halten"?
☹ **18.** Woher stammt der Ausdruck „Schwerter zu Pflugscharen"?
☹ **19.** Auf wen geht der Ausdruck „Schnee von gestern" zurück?

20. Aus welchem Stück stammt „Dem Glücklichen schlägt keine Stunde“?

21. Wer prägte das geflügelte Wort „time is money“ (Zeit ist Geld)?

22. Auf wen geht der Ausspruch „Nach uns die Sintflut!“ zurück?

23. Woraus entstand die Wendung „Päpstlicher als der Papst sein“?

24. Wer sagte: „Der Mensch ist, was er isst“?

25. Woraus stammt die Zeile „Ich bin von Kopf bis Fuß auf Liebe eingestellt“?

26. Wer wurde als „Hecht im Karpfenteich“ bezeichnet?

27. Woher stammt „der langen Rede kurzer Sinn“?

28. Woher stammt „Der Wunsch ist der Vater des Gedankens“?

29. Aus welcher Oper stammt die Zeile „Dies Bildnis ist bezaubernd schön“?

30. Wo hört man das „Hexen-Einmaleins“?

31. Aus welchem Märchen stammt das Zitat „Es rumpelt und pumpelt in meinem Bauch herum!“?

32. Von wem stammt die Erzählung *Hans Dampf in allen Gassen*?

33. Von wem stammt der Ausspruch „Teile und herrsche!“?

34. Woher stammt der Ausdruck „Jemanden auf Händen tragen“?

35. Woher stammt der Ausdruck „My home is my castle“?

36. Woher stammt die Zeile „Mein Sohn, was birgst du so bang dein Gesicht?“?

37. Aus welchem Buch stammt die Geschichte vom „Friederich, der Friederich, das war ein arger Wüterich“?

38. Woher stammt das Zitat „Das Gute – dieser Satz steht fest – ist stets das Böse, was man lässt“?

39. Von wem stammt der Ausspruch „Und sie bewegt sich doch!“?

40. Woher stammt der Ausdruck „Die Zähne zusammenbeißen“?

41. Aus welcher Tragödie stammt die Zeile „Wie kommt mir solcher Glanz in meine Hütte?“?

42. Was heißt „Iacta alea est"?
43. Aus welcher Ballade stammt der Satz „Arm am Beutel, krank am Herzen"?
44. Wer sagte „Ich weiß, dass ich nichts weiß"?
45. Wer sagte „panta rhei" (Alles fließt)?
46. Auf wen geht der Spruch „Was du heute kannst besorgen, das verschiebe nicht auf morgen" zurück?
47. Wer sagte „Veni, vidi, vici" und was heißt es?
48. Aus welcher Geschichte stammt der Satz „Vater werden ist nicht schwer, Vater sein dagegen sehr"?
49. Wer schrieb die Novelle *Kleider machen Leute*?
50. Aus wessen Sprichwörtersammlung stammt „Auf groben Klotz ein grober Keil"?

Lösungen siehe Seite 382 f.

Popmusik & Musicals I

1. Wer kam 1968 zu der Gruppe Pink Floyd, nachdem Roger Barrett die Gruppe verlassen hatte?
2. Wer schrieb die Musik zu dem Musical *Schwere Jungs, leichte Mädchen*?
3. Welcher Jazzmusiker veröffentlichte das Album *Touchstone*?
4. Wer schrieb den Soundtrack zu *Die Scheinwerfer verlöschen*?
5. Welche Gruppe bildeten Pete Seeger und Lee Hays im Jahr 1948?
6. Wer nahm 1972 den Simply-Red-Hit *If You Don't Know Me By Now* ursprünglich auf?
7. Auf welchem Album von den Simple Minds ist der Song *The Belfast Child* zu finden?
8. In welchem Musical gibt es den Song *You'll Never Walk Alone*?
9. Welche Gruppe nahm das Album *Commoner's Crown* auf?
10. Welcher Sänger heißt mit Geburtsnamen Matthew Sumner?

☺ **11.** Wer schrieb den Titelsong zu dem Film *Gefährliche Liebschaften*?

☺ **12.** Mit welchem spanischen Opernstar sang Freddie Mercury im Duett?

☺ **13.** Wer schrieb den „USA for Africa"-Song *We Are the World*?

☺ **14.** Wer schrieb den Song *I Get a Kick Out of You*?

☺ **15.** Welche Gruppe veröffentlichte das Album *Communiqué*?

☺ **16.** Welches Instrument spielt Joe Henderson?

☺ **17.** Welcher Sänger veröffentlichte eine Coverversion des alten Platten-Songs *Smoke Gets in Your Eyes*?

☺ **18.** Aus welchem Musical stammt der Song *Life Upon the Wicked Stage*?

☺ **19.** Von welchem Kinderreim veröffentlichte Paul McCarthney ein Arrangement?

☺ **20.** Mit welchem Song landete Steve Miller 1982 einen Hit?

☹ **21.** Wer schrieb das Stück *A Harlem Symphony*?

☹ **22.** Auf welchem Album von John Lennon findet man den Song *Number Nine Dream*?

☹ **23.** Wie heißt das Musical, das auf der *Geisterkomödie* basiert?

☹ **24.** Wer schrieb den Hit von Janis Joplin *Me And My Bobby McGee*?

☹ **25.** Aus welchem Musical stammt der Song *I Don't Know How to Love Him*?

☹ **26.** Welcher Sänger veröffentlichte das Album *Spanish Train and Other Stories*?

☹ **27.** Wie hieß der Musiker, der für seine elektronischen Experimente bekannt war und von 1971 bis 1973 bei Roxy Music spielte?

☹ **28.** Aus welchem Album der Gruppe Foreigner stammt der Song *Hot Blooded*?

☹ **29.** Zu welcher Teenie-Band gehörte Derek Longmuir?

☹ **30.** Welcher Jazzmusiker veröffentlichte das Album *Perfect Machine*?

☹ **31.** Wie hieß die Hintergrundgruppe von Elvis Costello, die in den späten 70ern gegründet wurde?

32. Im Jahr 1988 hatte Phil Collins einen Hit mit *Groovy Kind of Love*. Wer nahm diesen Song ursprünglich auf?
33. Welcher belgische Jazz-Gitarrist, der 1910 geboren wurde, stammte aus einer Zigeunerfamilie?
34. Welcher Hit von Chubby Checker wurde 1975 wieder veröffentlicht?
35. Welches Instrument spielt Miles Davis?
36. Wer nahm den Titelsong zu dem James-Bond-Film *Der Hauch des Todes* auf?
37. Wie hieß die Background-Gruppe von Tony Sheridan bei der Aufnahme von *My Bonnie Lies Over the Ocean* von 1961?
38. Wer schrieb den Song *Strangers in the Night*?
39. Aus welchem Musical stammt der Song *Aquarius*?
40. Welches war der einzige Hit von Hawkwind?
41. Für die Erfindung welcher Musikrichtung war Chet Atkins verantwortlich?
42. Welcher Sänger nahm das Doppelalbum *Songs in the Key of Life* auf?
43. Welcher Jazzmusiker schrieb den Song *Crawlin' Kingsnake*?
44. Welches klassische Drama diente als Vorlage für das Musical *Kiss me Kate*?
45. Welcher Gitarrist ersetzte Eric Clapton 1965 bei den Yardbirds?
46. Wer schrieb den Titelsong zu dem Film *Grease*?
47. Aus welchem Musical stammt der Song *I'll Never Fall in Love Again*?
48. In welchem Film sang Bing Crosby erstmals das Lied *White Christmas*?
49. Welche Gruppe nahm das Album *Colour by Numbers* auf?
50. Wer sang den Titelsong zu dem Film *Arthur*?

Lösungen siehe Seite 383 ff.

Heureka!

1. Wer tanzte in der Bibel für den Kopf von Johannes dem Täufer?
2. Was haben Olga Korbut, John Keats und Königin Viktoria gemeinsam?
3. Was ist das Merkwürdige an dem Liebesleben eines Wurms?
4. Eisenpartikel, die man auf dem Mond gefunden und zur Erde mitgebracht hatte, wiesen ein merkwürdiges Merkmal auf. Welches?
5. Wie viele Menschen starben beim Bau des Panamakanals?
6. Was war das Besondere an dem Gerichtsverfahren über Thomas Becket?
7. Was taten die Rosenbergs, die berühmten sowjetischen Spione, nachdem sie vom FBI festgenommen wurden?
8. Der französische König Karl VII. nahm 24 Jahre nach der Hinrichtung einer Frau ihren Fall wieder auf und stellte fest, dass ein fatales Fehlurteil gesprochen worden war. Wer war das Opfer?
9. Unter welchem Spitznamen war Albert de Salvo besser bekannt?
10. Wo gibt es einen Ort, der übersetzt „Feenland“ heißt und in dem es einen Cinderella Drive, einen Glass Slipper Trail und eine Wendy Lane gibt?
11. Welches wäre im Falle eines nuklearen Angriffs der sicherste Staat in den USA?
12. Wie alt wäre Marilyn Monroe 1996 gewesen?
13. Woher stammt der Begriff „Litfasssäule“?
14. Unter welchen merkwürdigen Umständen wurde Charlie Chaplin entführt?
15. Der chinesische Poet Li Po starb, während er versuchte, zu küssen. Wer war der Kussempfänger?
16. Was haben Daniel Boone, Mark Twain und Alfred Nobel gemeinsam?
17. Wallace Hume Carthoers verübte 1937 Selbstmord, weil er glaubte, sich geirrt zu haben. Doch seine größte Erfindung gibt es auch heute noch. Was ist es?

☹ **18.** Was haben Christopher Marlowe, Charles Darwin und Josef Stalin gemeinsam?

☹ **19.** Was verbindet Adam, Isaac Newton und Wilhelm Tell?

☹ **20.** Was hatten Charles de Gaulle, Sir Francis Bacon und Teddy Roosevelt gemeinsam?

☹ **21.** 1911 wurden drei Männer in London wegen des Mordes an Sir Edmund Berry am Greenberry Hill gehängt. Was war das Merkwürdige an ihren Namen?

☹ **22.** Welche sportliche Leistung verbindet Paul Robeson, Erskine Caldwell und Kris Kristoffersen?

☹ **23.** Wie oft schrieb Mozart zu Lebzeiten durchschnittlich ein neues Musikstück?

☹ **24.** Als General Napier 1843 Sind einnahm, schickte er dem Außenministerium ein Telegramm, das nur ein Wort enthielt. Welches?

☹ **25.** Welcher Schauspieler wurde am häufigsten von anderen Schauspielern imitiert?

☹ **26.** In welcher Filmrolle errang Tamara de Treaux kurzzeitig Berühmtheit?

☹ **27.** Was haben die Schriftsteller Gertrude Stein, E. E. Cummings und Jerzy Adresejewski gemeinsam?

☹ **28.** Was hatten P. T. Barnum, Mark Twain und Walt Disney gemeinsam?

☹ **29.** Was haben Maria Callas, Jacqueline Kennedy und Eva Peron gemeinsam?

☹ **30.** Was hatten – so die Bibel – Lot und seine Töchter, Abraham und Sarah sowie Amon und Tamar gemeinsam?

☹ **31.** Welches Filmereignis fand zwischen den indischen Filmschauspielern Shooshi Kapoor und Zeenat Aman statt?

☹ **32.** W. H. Auden, Tschaikowski und Oscar Wilde waren alle homosexuell. Was hatten sie noch gemeinsam?

☹ **33.** Wer schrieb das Buch mit dem ungewöhnlichen Titel *Anleitung zum Unglücklichsein*?

☹ **34.** Was haben Sarah Bernhardt, Winston Churchill und Jean Harlow gemeinsam?

☹ **35.** Was bedeutet Parforce?

☹ **36.** Wie hieß der erste Film von Indiana Jones?

☹ **37.** Was ist ein Palindrom?
☹ **38.** Wo findet man ein Rohrblatt?
☹ **39.** Wer ist für den Ausdruck „Schau mer mal!" bekannt?
☹ **40.** Was macht man mit einer Lyra?
☹ **41.** Was ist schwerer: ein Eishockey-Puck oder eine Billardkugel?
☹ **42.** Was hat Julia (aus *Romeo und Julia*) mit Pocahontas gemeinsam?
☹ **43.** Was hat Tarzan mit dem FBI gemeinsam?
☹ **44.** Was haben Leonardo da Vinci, Charlie Chaplin und Benjamin Franklin gemeinsam?
☹ **45.** Welches waghalsige Kunststück vollbrachten Bobby Leach, Jean Lussier und William Fitzgerald?
☹ **46.** Was ist das Besondere an der Stadt Istanbul?
☹ **47.** Was haben die Wörter Aspirin, Corn Flakes und Trampolin gemeinsam?
☺ **48.** Was haben Samuel Johnson, Colette und Edgar Allan Poe gemeinsam?
☺ **49.** Was ist Hyperalgesie?
☺ **50.** Was ist ein Pirol?

Lösungen siehe Seite 385 f.

Geografie

☺ **1.** Mit welcher Stadt schloss sich Tel Aviv 1950 zusammen?
☺ **2.** Welche Wasserstraße verbindet den Südatlantik mit dem Pazifischen Ozean?
☺ **3.** Wo liegt der St.-George-Kanal?
☺ **4.** An welchem Meer liegt Bombay?
☺ **5.** Welcher Fluss fließt entlang der deutsch-polnischen Grenze?
☺ **6.** Von welchem Land ist Guayaqil die größte Stadt?
☺ **7.** Welches Gewässer liegt zwischen Island und Grönland?
☺ **8.** Wie heißt die Hauptstadt von Uruguay?
☺ **9.** An welchem Fluss liegt Montreal?
☺ **10.** Welches ist die vorherrschende Religion in Nepal?

☺ **11.** In welchem Land bezahlt man mit Forint?
☺ **12.** Wo liegt Wilkes Land?
☺ **13.** Welches südamerikanische Land erhielt 1824 die Unabhängigkeit von Spanien?
☺ **14.** In welchem Gebirge liegt der Titicacasee?
☺ **15.** An welchem Fluss liegt Warschau?
☺ **16.** Zu welchem Land gehört Gotland?
☺ **17.** An welches Land grenzt Äthiopien im Osten?
☺ **18.** Zu welcher Inselgruppe gehört Rhodos?
☺ **19.** An welchem Meer liegt Palermo?
☹ **20.** Von welchem US-Bundesstaat ist St. Paul die Hauptstadt?
☹ **21.** Auf welcher Insel von Hawaii liegt Honolulu?
☹ **22.** Welche Wüste erstreckt sich über Teile von Botswana, Namibia und das nördliche Südafrika?
☹ **23.** Wie heißt die Insel, die am westlichen Eingang des Ärmelkanals südwestlich von England liegt?
☹ **24.** An welchem Meer liegt Baku?
☹ **25.** Welche beiden Länder verbindet der Brennerpass?
☹ **26.** Wie heißt die Hauptstadt von Angola?
☹ **27.** Wo liegt die antike Stadt Knossos?
☹ **28.** Welches ist der tiefste Punkt der Erde?
☹ **29.** An welchem Meer liegt Murmansk?
☹ **30.** In welcher Stadt findet man die Kathedrale von St. John the Divine?
☹ **31.** Von welchem Land war Zaire eine Kolonie, bevor es 1960 unabhängig wurde?
☹ **32.** Über welche Länder erstreckt sich die Wüste Gobi?
☹ **33.** An welchem Fluss liegt Toulouse?
☹ **34.** Zu welchem Land gehört die Insel Bornholm?
☹ **35.** An welchem Meer liegt Darwin?
☹ **36.** Welche Hauptstadt ist in der Form eines Flugzeugs gestaltet?
☹ **37.** Wie heißt die Hauptstadt von Weißrussland?
☹ **38.** Wie heißt das Gewässer zwischen Alaska und Ostsibirien?
☹ **39.** Wo entspringt der Ganges?
☹ **40.** In welcher ostdeutschen Stadt gibt es eine berühmte Porzellanmanufaktur?

☹ **41.** An welche Länder grenzt Paraguay?
☹ **42.** Zwischen welchen beiden Seen liegen die Niagarafälle?
☹ **43.** Welcher US-Bundesstaat liegt zwischen Indiana und Pennsylvania?
☹ **44.** Welches ist der höchste Gipfel der Anden?
☹ **45.** In welchem Land befindet sich heute das ehemalige Königreich Aschanti?
☹ **46.** Wie heißt Beschuanaland heute?
☹ **47.** Welche Insel liegt im Eingang vom Golf von Mexiko?
☹ **48.** Welches ist der kleinste unabhängige Staat der Welt?
☹ **49.** Von welchem Land ist Maputo die Hauptstadt?
☹ **50.** An welcher Grenze liegt der Titicacasee?

Lösungen siehe Seite 386 ff.

Popmusik & Musicals II

☺ **1.** Mit welchem Song wurde Kate Bush berühmt?
☺ **2.** Wer war der Leadsänger der Doors?
☺ **3.** Wie hieß Paul MacCartneys Band nach Auflösung der Beatles?
☺ **4.** Wer schrieb das Musical *Candide*?
☺ **5.** In welchem Song kommt folgender Text vor: „Behind the shelter in the middle of a roundabout the pretty nurse is selling poppies from a tray“?
☺ **6.** Mit welchem Song gewann ABBA das Europäische Schlagerfestival?
☺ **7.** Wer schrieb das Stück *In the Mood*?
☺ **8.** Welches Album von Queen enthielt ursprünglich den Titel *Bohemian Rhapsody*?
☺ **9.** Wer sang den Titelsong zum Film *Hello Dolly*?
☺ **10.** Welcher Ragtime-Song wurde in dem Film *Der Clou* verwendet?
☺ **11.** In welchem Song kommt folgender Text vor: „Take me on a trip upon your magic swirlin’ ship, my senses have been stripped“?
☺ **12.** Auf welchem Dire Straits Album war ursprünglich *Walk of Life*?
☺ **13.** Aus welchem Musical stammt *Mr. Mistoffeles*?

☺ **14.** Wie hieß Madonnas erster Hit?
☺ **15.** Wer sang den Titelsong in dem Film *What's New Pussycat*?
☺ **16.** In welchem Jahr starb Elvis Presley?
☺ **17.** Wer nahm 1986 den Song von Sonny & Cher *I Got You Babe* neu auf?
☺ **18.** Wer schrieb die Musik zu dem Musical *Evita*?
☺ **19.** Wie heißt die Sängerin der Eurythmics?
☺ **20.** Aus welchem Song stammt der Text: „Sitting on a sofa on a Sunday afternoon, going to the candidates' debate"?
😐 **21.** Wer schrieb den Song *The Times They are a-Changin*?
😐 **22.** Wie hieß der Titelsong zu dem Film *Flashdance*?
😐 **23.** In welchem Musical kommt der Song *Food, Glorious Food* vor?
😐 **24.** Auf welchem Fleetwood Mac Album kommt der Song *Go Your Own Way* vor?
😐 **25.** Wer schrieb die Operette *The Mikado*?
😐 **26.** Wer war vor Phil Collins Leadsänger bei Genesis?
😐 **27.** Wie hieß die erste Single der Beatles?
😐 **28.** Wer schrieb die Musik zu dem Musical *Kiss Me Kate*?
😐 **29.** In welchem Song kommt der Text: „Beelzebub has a devil for a son" vor?
😐 **30.** Wer schrieb den Song *This Land is Your Land*?
😐 **31.** Aus welchem Musical stammt der Song *There's no Business like Show Business*?
😐 **32.** Wer war Leadsänger bei The Police?
😐 **33.** Wer spielte den König in *Der König und ich*?
😐 **34.** Wer brachte die Single *Peggy Sue* heraus?
😐 **35.** Welches war Bon Jovis erster Top Ten Hit?
😐 **36.** Wer sang den Titelsong des James-Bond-Films *Goldfinger*?
😐 **37.** Für welche Musikrichtung war Bob Marley berühmt?
😐 **38.** Wer veröffentlichte das Album *Tubular Bells*?
😐 **39.** Wer veröffentlichte den *Banana Boat Song*?
😐 **40.** Wer veröffentlichte das Album *The Joshua Tree*?
☹ **41.** In welchem Song kommt der Text: „My father was a tailor, he sewed my new blue jeans" vor?
☹ **42.** Wer war der Leadsänger der Gruppe T. Rex?

☹ 43. Aus welchem Musical stammt der Song *All I Ask of You*?
☹ 44. Welche Pariser Sängerin war für Lieder wie *Non, je ne regrette rien* bekannt?
☹ 45. Welches war der erste Hit von Elton John?
☹ 46. Wer schrieb die Musik zu dem Filmmusical *Gigi*?
☹ 47. Welche beiden Sänger landeten einen Riesenhit mit einem Remake von *Dancing in the Street*?
☹ 48. Durch welchen Film wurde Meat Loaf erfolgreich?
☹ 49. Wer ist der Sänger von U2?
☹ 50. Wer führte zum ersten Mal die Rockoper *Tommy* auf?

Lösungen siehe Seite 388 f.

Spiel & Sport II

☺ 1. Wie heißt das japanische Brettspiel, das mit weißen und schwarzen „Steinen" gespielt wird?
☺ 2. Was bedeutet beim Kartenspiel „stechen"?
☺ 3. Wie heißt beim Golf der Aufsatz, von dem der Abschlag erfolgt?
☺ 4. Was bedeutet „Fairway" beim Golf?
☺ 5. Was ist beim Kartenspiel ein Robber?
☺ 6. In welchem Spiel spielt man mit „Ereigniskarten"?
☺ 7. Was ist Bézigue?
☺ 8. Welche Disziplinen gehören beim Gewichtheben zum olympischen Dreikampf?
☺ 9. Was ist Fan Tan?
☺ 10. Was ist Shuffleboard?
☺ 11. Wie viele Karten gehören zu einem Skatblatt?
☺ 12. Welches sind die Distanzen bei einem Ultraman-Triathlon?
☺ 13. Bei welchem Spiel wird der Kinderreim: „Teddybär, Teddybär, dreh' dich um, Teddybär, Teddybär, mach' dich krumm" gesprochen?
☺ 14. Welches sind die fünf lateinamerikanischen Tänze?
☺ 15. Wer gewann 1996 in Wimbledon das Herren-Einzelturnier?

16. Bei welchem internationalen Sportereignis trägt der Sieger das gelbe Trikot?
17. Welches Kartenspiel ist dem Whist ähnlich?
18. Wie viele Spieler bilden beim Australian Football eine Mannschaft?
19. Was ist der Unterschied zwischen Fives und Squash?
20. Wie heißt das irische Spiel, das ein wenig dem Hockey ähnelt?
21. Aus welchem Land kommt wahrscheinlich das Golfspiel?
22. Für welche sportliche Leistung wurde James Naismith berühmt?
23. Woher stammt das Schachspiel ursprünglich?
24. Was ist Cribbage?
25. In welchem Spiel kann man eine Karambolage versuchen?
26. Mit welcher Reiseart wurde das Wurfringspiel häufig in Verbindung gebracht?
27. Wozu kann man Knobelbecher noch benutzen?
28. Welches der folgenden Blätter ist beim Pokern am meisten wert: (a) Royal Flush, (b) Full House, (c) Vierer?
29. Aus welchem Land stammt das Canastaspiel ursprünglich?
30. Aus welchem Land stammt das Badmintonspiel ursprünglich?
31. Bei welchem Kinderspiel wird eine Peitsche benutzt?
32. Worauf schießt man beim Tontaubenschießen?
33. Wie viele Spieler gehören zu einer Rugbymannschaft?
34. Aus welcher Entfernung wird beim Biathlon auf die Scheiben geschossen?
35. Welche Art Roulette kann fatale Folgen haben?
36. Welches Spiel, außer Schach, kann man noch auf einem Schachbrett spielen?
37. Woher stammt der Stierkampf ursprünglich?
38. Was ist ein Slalom?
39. Mit welchem Sport bringt man das Cresta-Rennen in Verbindung?

40. Welche der folgenden ist keine Kampfsportart: (a) Tae Kwan Do, (b) Wing Chun oder (c) Basho?
41. Welches Land gewann die Fußball-Europameisterschaft 1996?
42. Die Japaner spielen ein Glücksspiel an einem senkrechten Flipperautomaten. Wie heißt das Spiel?
43. Bei welcher Sportart verwendet man Guttapercha?
44. Wie schlägt man beim Krocket den Ball des Gegners weg?
45. Was ist der Unterschied zwischen Kunstspringen und Turmspringen?
46. Was bedeutet „en garde" wörtlich?
47. Welches Spiel ist in Chukker unterteilt?
48. Wie viel Kugeln bekommt jeder Mitspieler beim Abalone?
49. Die Polka war früher ein sehr beliebter Tanz. Was bedeutet der Name?
50. Edson Arantes do Nascimento war ein berühmter brasilianischer Fußballspieler. Unter welchem Namen ist er besser bekannt?

Lösungen siehe Seite 389 ff.

Fragen-Potpourri III

1. Was bedeutet der lateinische Ausdruck „Nil desperandum"?
2. Wofür stehen bei dem Städtenamen Washington, D. C., die Buchstaben D. C.?
3. Welcher Wendekreis liegt nördlich des Äquators?
4. In welche Richtung drehen sich auf der Nordhalbkugel Tornados normalerweise?
5. In der Antarktis wachsen nur zwei blühende Pflanzen. Die eine ist mit der Nelke verwandt. Und die andere?
6. Wie viel Eis der Erde befindet sich in der Antarktis?
7. Wo befindet sich der tiefste Punkt aller Ozeane?
8. Im Jahr 582 erlebte Paris einen Niederschlag, von dem man glaubte, es sei Blut. Was war es?
9. Es gibt einen Pilz, den man sowohl als Treibstoff als auch als Nahrungsquelle nutzen kann. Wahr oder falsch?

10. Wie lautet die Definition der „minimalen tödlichen Dosis“ bei Giften?
11. Was ist Hypermetropie?
12. Warum ist eine Wunde auf der Zunge viel schmerzhafter als eine Wunde derselben Größe auf dem Rücken?
13. Wie viel Prozent der Körperenergie wird von unserem Gehirn verbraucht?
14. Ein englischer Wissenschaftler benutzte einmal erfolgreich Coca-Cola als Ersatz für Öl in seinem Auto. Wahr oder falsch?
15. Wann durften die nordamerikanischen Indianer zum ersten Mal wählen?
16. Welches war das erste Land, in dem Frauen zur Wahl gehen durften?
17. Unter welchem Titel war Augustina Domonech besser bekannt?
18. Bei welchem Spiel sagt man: „Rien ne va plus“?
19. Was ist eine Alliteration?
20. Wie heißt die Knochensubstanz im Zahn direkt unter dem Zahnschmelz?
21. Was ist Laizismus?
22. Welches ist die älteste Legierung?
23. Warum steigt ein mit Helium gefüllter Ballon auf?
24. Was ist ein Molekül?
25. Warum kann es kein absolutes Vakuum geben?
26. Warum ist Kohlenmonoxid so gefährlich?
27. Was ist eine Hauptader?
28. Was ist ein Sarrass?
29. Was ist Pemmikan?
30. Was ist ein Jamboree?
31. Welchen Spitznamen hat die amerikanische Flagge?
32. Der Körper welches englischen Führers wurde nach seinem Tod exhumiert und gehenkt?
33. Wie hießen die Gnome, deren Zauberring von Siegfried gestohlen wurde?
34. Welche Königin von Island wurde in der Nibelungen-Sage von Siegfried geschlagen?
35. Wie heißt eine russische Kutsche, die von drei nebeneinander laufenden Pferden gezogen wird?

😕 **36.** Was ist ein Konvertit?
😕 **37.** Was ist eine Tratte?
😕 **38.** Was ist ein Korrepetitor?
😕 **39.** Der heilige Georg besiegte den Drachen, doch welches Schicksal ereilte ihn der Sage nach schließlich?
☹ **40.** Wo gründete Albert Schweitzer ein Krankenhaus?
☹ **41.** Wer erhielt 1989 den Friedensnobelpreis?
☹ **42.** Was ist ein Feuerbock?
☹ **43.** Wer waren die Mau-Mau?
☹ **44.** Wo findet man die Stratosphäre?
☹ **45.** Was ist Kakophonie?
☹ **46.** Wie nennt man die Küche auf einem Schiff?
☹ **47.** Wer war der Begründer der presbyterianischen Kirche?
☹ **48.** Wer erhielt als erste Frau den Friedensnobelpreis?
☹ **49.** Giuseppe Garibaldi lebte in den USA, bevor er ein italienischer Held wurde. Welchem Geschäft ging er nach?
☹ **50.** Wer schrieb das Buch *Tod in Venedig*?

Lösungen siehe Seite 391 f.

Querdenken

Das Testament des geizigen Gustav

☹ Der alte Gustav war ein Geizkragen, der nie sein Geld ausgab. Sein letzter Wille besagte, dass sein Körper zusammen mit den Erlösen aus seinen Besitztümern verbrannt werden sollte. Er wollte sein Geld nicht seinen Verwandten geben.
Als sein letzter Wille verlesen wurde, behaupteten die Verwandten, Gustav wäre nicht er selbst gewesen, als er seinen letzten Willen verfasste. Der Notar entschied jedoch, dass alles seine Richtigkeit habe und Gustavs letzter Wille befolgt werden sollte.
Der Notar fand aber eine Möglichkeit, sich an Gustavs Wünsche zu halten und gleichzeitig die Verwandten zufrieden zu stellen. Wie ging das?

Lösung siehe Seite 393

Der Badegast

☺ Ein Urlauber sprang mitten im Mittelmeer von seinem Boot. Er entfernte sich nur 30 Meter von seinem Boot, dann ging er unter und ertrank. Wodurch wurde sein Ertrinken verursacht?

Hinweise
1. Er hatte keinen Krampf oder andere körperliche oder geistige Probleme.
2. Die Wellen waren nicht besonders hoch und hatten keinen Einfluss auf das Unglück.
3. Es war kein Dritter an seinem Tod beteiligt und sein Tod wurde auch nicht von einem Hai, von Piraten etc. verursacht.
4. Er verfing sich nicht in einem Netz oder in Algen.
5. Das Wasser war an der Stelle, wo er ertrank, möglicherweise ein paar Grad wärmer.

Lösung siehe Seite 393

Schwebende Ballons

☹ Eine Familie hatte mehrere Luftballons unterschiedlicher Größe aufgeblasen und die Enden verknotet, so dass die Luft nicht entweichen konnte. Sie ließen die Luftballons im Flur und gingen einkaufen. Als sie wieder nach Hause kamen und von außen in den Flur schauten, stellten sie erstaunt fest, dass alle Ballons fünf Zentimeter über dem Boden schwebten. Wie kam das?

Hinweise

1. Der Raum und die Ballons hatte dieselbe Temperatur und alle Türen waren fest verschlossen. Die Türen waren außerdem gegen Durchzug abgedichtet.
2. Die Ballons enthielten keine Gase, die leichter als Luft waren.
3. Die Ballons wurden nicht durch Schnüre hochgehalten und es gab auch keine Schockwelle.
4. Statische Elektrizität oder elektrische Ladungen waren nicht die Ursache.
5. Luftströme spielten keine Rolle.

Lösung siehe Seite 393

Die Postkutsche nach Deadwood

☺ Im Wilden Westen wollte einst ein Goldsucher die Postkutsche nehmen, die ihn wieder nach Osten bringen sollte. Er hatte Gold gefunden und beschlossen, stilvoll zu feiern. An dem Abend hatte er genug Whisky für zwei getrunken. Am Morgen befand er sich in der Postkutsche, doch diese brachte ihn nicht wieder in den Osten. Warum nicht?

Hinweise

1. Er hatte einen gültigen Fahrschein und Geld für die Reise.
2. Er war als Erster in der Kutsche.
3. Auch andere Menschen wollten Richtung Osten reisen und niemand hielt sie auf.
4. Es gab reichlich Platz für ihn in der Kutsche.

5. Es war keine gefährliche Reise.
6. Der Kutscher und die Pferde reisten pünktlich ab.

Lösung siehe Seite 393

Die Blumensträuße

☹ Eine Floristin bindet Blumensträuße aus Rosen, Nelken und Chrysanthemen. Zwei Gruppen mit derselben Anzahl enthalten nur Nelken bzw. nur Chrysanthemen. Es gibt einen Strauß mehr, der nur Rosen enthält, als die Anzahl der Sträuße mit ausschließlich Nelken. Nur ein Strauß mehr enthält alle Sorten als die Zahl der Sträuße aus Rosen und Nelken. Genauso viele Sträuße enthalten nur Rosen wie die gemischten aus Nelken und Chrysanthemen. Es gibt einen Strauß mehr mit Rosen und Chrysanthemen als nur mit Chrysanthemen. Zwei Sträuße enthalten nur Chrysanthemen und 18 enthalten keine Chrysanthemen.

Hinweise
1. Wie viele Sträuße enthalten nur Rosen?
2. Wie viele Sträuße enthalten nur zwei von drei Blumensorten?
3. Wie viele Sträuße enthalten nur Nelken?
4. Wie viele Sträuße enthalten alle drei Blumensorten?
5. Wie viele Sträuße bindet die Floristin insgesamt?

Lösung siehe Seite 393

Die zwei Brüder

☺ Im Jahr 1914 lebten zwei Brüder einer Adelsfamilie in England. Als ein Krieg ausbrach, meldete sich der erste Bruder unverzüglich zur Armee. Nach der Grundausbildung wurde er an die Front geschickt. Er war Offizier und führte seine Einheit zwölf Monate lang untadelig. Während seines Heimaturlaubs kehrte er zu seiner Familie zurück, wo er seinen Bruder traf, der sich zu Hause vergnügte. Seit Generationen hatte die Familie ihrem Land mit Ehre gedient, aber sein Bruder brachte Schande über den Namen der Familie.

Der Offizier kehrte zur Front zurück und wurde dort verwundet; während er im Lazarett lag, schickte er seinem Bruder einen Brief, der diesen dazu veranlasste, sich als Infanterist zu melden. Er erhielt eine Reihe von Tapferkeitsmedaillen. In dem Brief befand sich kein Schriftstück, geschweige denn eine Nachricht von dem im Lazarett liegenden Bruder. Trotzdem wusste der zweite Bruder anhand des Inhalts, was gemeint war. Was befand sich in dem Brief?

Hinweise
1. Die Handschrift auf dem Umschlag war nicht die seines Bruders.
2. Den Poststempel konnte man nicht entziffern.
3. Sein Bruder sprach nicht mit ihm und löste so den Sinneswandel aus.
4. Der Brief enthielt etwas, das nicht mehr als der Briefumschlag selbst wog.
5. In dem Brief befand sich keine Nachricht.

Lösung siehe Seite 394

Das verschwundene Naschwerk

☺ In einem Süßwarengeschäft durfte sich ein kleiner Junge etwas aussuchen. Er kam aus dem Geschäft und hielt glücklich eine volle Tüte in der Hand. Er machte oben ein Loch in die Tüte und begann zu essen. Er aß nur eine kleine Menge des Inhalts, doch innerhalb einer halben Stunde war die Tüte praktisch leer. Er hatte die Tüte oder den Inhalt nicht fallen lassen. Er hat nichts von dem Inhalt verschenkt oder ihn in einen anderen Behälter geschüttet. Wo ist der Inhalt der Tüte geblieben?

Hinweise
1. Nur ungefähr fünf Prozent des Inhalts wurden aufgegessen.
2. Der Inhalt konnte nicht durch das Loch in der Tüte entweichen.

3. Der Inhalt wurde nicht von Insekten oder anderen Lebewesen aufgegessen.

Lösung siehe Seite 394

Das Problem des Fährmanns

Ein Mann bringt seine fünf Kinder zu einem Fährmann und befiehlt ihm, alle Kinder mit so wenig Überfahrten wie möglich an das andere Ufer zu bringen, und zwar so, dass auf jedes Kind dieselbe Anzahl von Fahrten in eine Richtung kommt. Die Kinder sind alle unterschiedlich alt und der Fährmann kann nur sich selbst plus maximal zwei Kinder auf einmal transportieren. Er darf nicht zwei Kinder am Ufer zurücklassen, die nur ein Jahr auseinander liegen. Nur der Fährmann kann das Boot rudern. Wie viele Überfahrten sind notwendig und wie lautet die Reihenfolge?

Lösung siehe Seite 394

Kardinal Buchtmichein

Der Kardinal bekam den Schreibtisch des Königs geschenkt, weil er einen Musketier gefangen nehmen ließ, der beschuldigt wurde, die Königin verführt zu haben. Es handelte sich um einen wunderschönen Schreibtisch mit tausenden von Intarsien und Edelsteinen. Er hatte vier kristallene Tintenfässchen und eine Schublade für 20 Federn. Der Kardinal, der Justizminister war, wusste, dass der Musketier nicht schuldig war, doch es passte in seine Pläne, ihn hinrichten zu lassen. Am Tag vor der geplanten Hinrichtung hatten drei Musketiere eine Audienz, um den Kardinal um Nachsicht zu bitten. Der Kardinal wollte den Musketieren nicht zuhören. Deshalb zwangen sie ihn mit ihrer Schwertspitze dazu, ein Entlassungspapier mit folgendem Inhalt aufzusetzen.
An den Anführer der Wache
Ich befehle die sofortige Freilassung des Musketiers Antonio.

Er ist im Sinne der Anklage unschuldig.
Unterschrift: Kardinal Buchtmichein
Der Brief wurde mit dem Siegel des Kardinals versiegelt, aufgerollt und wieder versiegelt. Der Kardinal sollte dann befehlen, dass er zwei Stunden lang nicht gestört werden wollte. Er wurde gefesselt, geknebelt und in seinem Zimmer eingesperrt. Dann gingen die drei Musketiere los, um den anderen Musketier zu befreien, und wurden alle verhaftet. Warum?

Hinweise

1. Die Musketiere sahen, wie der Brief geschrieben wurde.
2. Das Format und die Siegel waren in Ordnung.
3. Der Kardinal hatte die Situation nicht vorausgeahnt und dem Anführer der Wache keine Instruktionen im Voraus gegeben.
4. Der König und die Königin wussten nicht, was vor sich ging.
5. Auf die Musketiere war kein Kopfgeld ausgesetzt.
6. Antonio war der richtige Musketier und sie gingen zu dem richtigen Gefängnis.
7. Der Kardinal löste keinen Alarm aus.

Lösung siehe Seite 394

Die eifersüchtigen Gatten

(Dieses Rätsel wurde 1612 von Claude-Gaspar Bachet erdacht)

Drei eifersüchtige Gatten und ihre Frauen mussten einen Fluss in einem Ruderboot überqueren. Das Boot kann nur zwei Menschen gleichzeitig ans andere Ufer befördern und nur zwei der sechs Menschen können rudern. Wie können alle sechs den Fluss überqueren, ohne dass eine der Frauen mit einem anderen Mann allein gelassen wird, es sei denn, dass ihr Gatte ebenfalls anwesend ist?

Lösung siehe Seite 395

Verwirrung und Lügen

☹ Es war einmal eine Familie, die war dafür bekannt, dass sie ein wenig merkwürdig war. Die männlichen Familienmitglieder sagten immer die Wahrheit, aber die Frauen in der Familie machten niemals zwei aufeinander folgende wahre oder falsche Aussagen.
Als sie einmal Besuch bekamen, waren Vater und Mutter und ein Kind daheim. Der Besucher fragte das Kind: „Bist du ein Junge?“, aber der Besucher konnte die Antwort nicht verstehen. Einer der Elternteile sagte, das Kind hätte geantwortet: „Ich bin ein Junge.“ Der andere Elternteil sagte: „Das Kind lügt, es ist ein Mädchen.“ War das Kind ein Junge oder ein Mädchen und was sagte das Kind?

Lösung siehe Seite 395

Das Kasino

☹ Fünf Menschen saßen in einem Kasino und spielten von 22 Uhr bis 3 Uhr morgens. Sie waren Profis und machten keine Pause. Es kam auch niemand hinzu und es ging niemand weg. Sie spielten miteinander, ohne dass jemand vom Kasino ihnen half. Sie zählten ihre eigenen Gewinne und am Ende gingen alle mit mehr nach Hause, als sie mitgebracht hatten. Wie kann das angehen?

Hinweise

1. Sie spielten nicht gegen Automaten wie z.B. „Einarmige Banditen“ oder Blackjack-Automaten.
2. Sie spielten nicht Bingo oder gegen das Haus.
3. Jeder von ihnen ging nach Hause, ohne verloren zu haben. Sie gewannen immer, wenn sie zusammen in einem Kasino spielten.

Lösung siehe Seite 396

Versammlung der Aliens

Es war im Jahre 2156 n.Chr. und 1000 Aliens nahmen an einer intergalaktischen Versammlung auf dem Mars teil.

606 hatten drei Augen.
700 hatten zwei Nasen.
497 hatten vier Beine.
20 hatten keines der drei oben genannten Körperteile.
Es gab vier Mal so viele Aliens, die nur drei Augen als außergewöhnliches Merkmal hatten, wie Aliens mit vier Beinen.
220 Aliens hatten alle drei außergewöhnlichen Merkmale.
Wie viele Aliens hatten nur zwei Nasen als außergewöhnliches Merkmal, wenn nur 30 Aliens drei Augen und vier Beine als außergewöhnliches Merkmal hatten?

Lösung siehe Seite 396

Die Arktisforscher

Ein Mann ging in ein Fischrestaurant und bestellte Seehundeintopf. Nachdem er nur wenige Bissen gegessen hatte, schrieb er der Polizei eine Nachricht, zog eine Pistole aus der Tasche und erschoss sich. Warum?

Hinweise

1. Er war kein unglücklicher Mann und er hatte seine Tat nicht geplant.
2. Er entschied sich für Seehundeintopf, weil er sich auf einer jüngst durchgeführten Expedition zwei Wochen lang davon ernährt hatte.
3. Seine Nachricht teilte der Polizei mit, dass er Selbstmord verüben würde und warum.
4. Der Grund für seinen Selbstmord stand mit seiner letzten Expedition mit zwei Freunden in Zusammenhang.

Lösung siehe Seite 396

Logisch!

Zugführer-Training

☺ In einem Eisenbahndepot gibt es einen ovalen Schienenkreis und zwei Abzweigungen. Auf dieser Strecke sollten Zugführer auf außergewöhnliche Situationen vorbereitet werden. Der Lehrer stellte den Zugführern folgendes Problem an der Tafel vor:

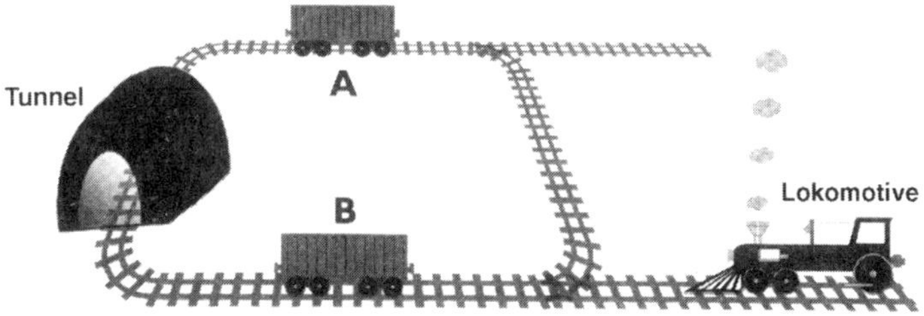

Bringen Sie Waggon A in Position B und Waggon B in Position A, ohne mit den Waggons durch den Tunnel zu fahren, und bringen Sie die Lokomotive wieder in die Ausgangsposition zurück. Wie haben die Zugführer dieses Problem gelöst?

Lösung siehe Seite 396 f.

Wie alt bist du?

☹ Ein Mann hat neun Kinder, die alle in regelmäßigen Abständen geboren wurden. Die Summe der Quadrate ihrer Jahre entspricht dem Quadrat seines eigenen Alters. Wie alt sind die Kinder?

Lösung siehe Seite 397

Elfer raus!

☹ Das Ziel des Spiels ist, die letzte Karte aufzunehmen. Zwei Spieler können eine oder zwei nebeneinander liegende

Karten aufnehmen. Spieler 1 beginnt in der Mitte. Wenn Spieler 1 eine Karte entfernt, dann entfernen Sie zwei Karten aus der gegenüberliegenden Seite des Kartenkreises, sodass die Karten in zwei Gruppen mit je vier Karten geteilt werden. Wenn Spieler 1 zwei Karten beim ersten Zug entfernt, entfernen Sie nur eine Karte und teilen die Karten in zwei Gruppen mit je vier Karten. Welche Strategie muss Spieler 2 nun verfolgen, damit er praktisch jedes Spiel gewinnt? Denken Sie daran, dass zwei Karten nur dann aufgenommen werden können, wenn sie nebeneinander liegen.

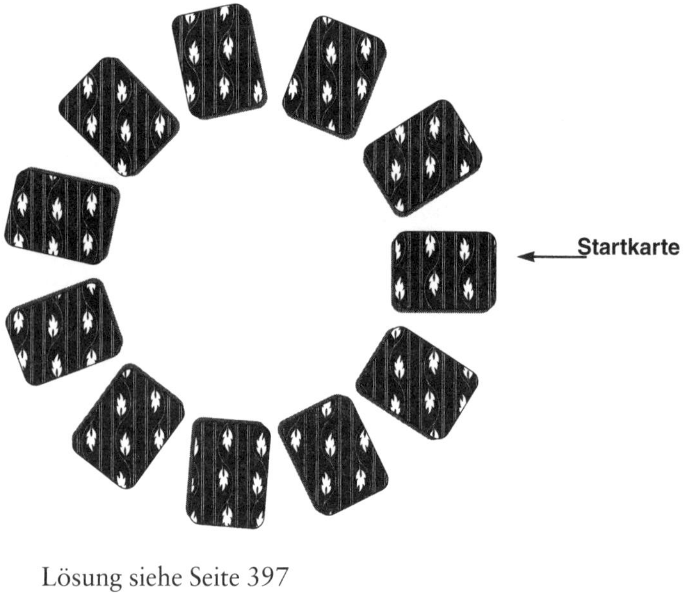

Lösung siehe Seite 397

Gute Reise!

☹ Ein Polizist und seine Frau fuhren in ein Skigebiet nach Colorado. Die Frau des Polizisten wurde eines Morgens tot am Fuße eines steilen Felsens aufgefunden. Der Angestellte des Reisebüros, bei dem die Reise gebucht worden war, nahm Kontakt zur örtlichen Polizei auf, der Ehemann wurde wegen Mordes festgenommen. Woher wusste der Angestellte, dass hier etwas faul war?

Hinweise
1. Der Angestellte hatte den Polizisten und seine Frau noch nie vorher gesehen.
2. Die örtliche Polizei hätte den Polizisten nicht festgenommen, wenn der Angestellte sie nicht informiert hätte.
3. Die Skispuren gaben auch keine verräterischen Hinweise.
4. Sie starb an dem Sturz.
5. Sie war eine gute Skifahrerin.

Lösung siehe Seite 397

Fräulein Pünktlich

Fräulein Pünktlich war, wie ihr Name schon sagte, absolut pünktlich. Sie stand morgens immer zur selben Zeit auf, machte sich für die Arbeit bereit, verließ das Haus rechtzeitig, kam rechtzeitig am Arbeitsplatz an und arbeitete sogar nach der Uhr, sodass man anhand dessen, was sie gerade tat, immer feststellen konnte, wie spät es gerade war. Eines Morgens wurde sie jedoch durch das Klingeln ihres Weckers wach und stellte fest, dass ihre innere Uhr mit der tatsächlichen Uhrzeit nicht mehr übereinstimmte. Sie machte sich zurecht und ging zur Arbeit. Sie kam jedoch über 30 Minuten zu spät. Sie entschuldigte sich und sagte, dass sie sich jetzt wieder wohl fühlte. Was war schief gegangen?

Hinweise
1. Sie war nicht krank.
2. Sie hatte den Wecker nicht falsch gestellt.
3. Sobald sie zur Arbeit kam, fühlte sie sich wieder wohl.
4. Sie tat alles, was sie morgens vor der Arbeit tat, genauso schnell wie immer.

Lösung siehe Seite 398

Zauberei mit Dominosteinen

Ein Satz Dominosteine besteht aus 28 Steinen mit 0/0 bis 6/6 Punkten. Können Sie die 5 mal 5 Steine (ohne die Steine 0/5, 0/6 und 1/6) so anordnen, dass die Summe der Punkte einer jeden Zeile, Spalte und Diagonale 30 ergibt?

Lösung siehe Seite 398

Der falsche Knopf

Adam mochte alle Arten von Sport und Abenteuer. Eines Tages nahm er an einem Outdoor Activity Club teil. Nachdem er die notwendigen Instruktionen entgegengenommen hatte, gesellte er sich zu dem Rest der Gruppe. Das Training war sehr intensiv und seine Begeisterung für den Sport trübte sein Urteilsvermögen. Alles war gut gegangen, bis er auf dem Rückweg war und einen falschen Knopf drückte, der seinen Tod verursachte. Welches war die Sportart und welchen Knopf hatte er gedrückt?

Hinweise:
1. Das Training dauerte mehrere Wochen.
2. Der Sport erforderte die Einhaltung mehrerer Sicherheitsregeln.

3. Es gab bekanntermaßen einige Leute, die ohne Training an der Aktion teilgenommen hatten.
4. Er war weniger als eine Meile vom Ziel entfernt, als er den Fehler beging, und war weniger als 50 km/h schnell.

Lösung siehe Seite 398

Was bin ich?

☺ Mich gibt es seit über 1000 Jahren, aber mein Aussehen und mein Format hat sich mit der Zeit geändert.
Ich wurde als mechanisches Ding konstruiert und existiere bis heute in dieser Form und in elektromechanischer Form seit den 30er-Jahren.
Meine Form wurde immer kleiner und ich werde von fast allen Schulkindern und Erwachsenen benutzt.
Auch Sie zählen wahrscheinlich seit Jahren auf mich.

Lösung siehe Seite 398

Der Zugführer

☺ Sie fahren mit dem Zug. Er hält in Milton Keynes und 25 Menschen steigen ein. Dann fährt der Zug nach Leicester, wo 55 Menschen einsteigen und 43 aussteigen. Der nächste Halt ist Nottingham, wo 3 Menschen den Zug verlassen und nur einer einsteigt. Der Zug setzt seine Reise fort und hält in Doncaster, wo 19 ein- und 13 Menschen aussteigen. Der nächste Bahnhof ist York, der das Ziel der Reise ist. Auch der Zugführer steigt dort aus und schaut in den Spiegel in der Toilette. Welche Augenfarbe hat der Zugführer?
Für dieses Rätsel gibt es keine Hinweise. Es ist eigentlich nicht schwer.

Lösung siehe Seite 398

Wer wohnt wo?

☹ In einem Wohnhaus mit sechs Stockwerken wohnt Frau Schmidt drei Stockwerke über Herrn Thomas. Frau Schmidt wohnt zwei Stockwerke über Frau Bäcker. Herr Schwarz wohnt direkt über Frau Schmidt. Herr Thomas wohnt über Herrn Reiter und unter Frau Bäcker.

a) In welchem Stock wohnt Herr Lutz?
b) Wer wohnt im obersten Stockwerk?
c) Wer wohnt direkt über Herrn Thomas?
d) Wer wohnt im untersten Stockwerk?
e. In welchem Stock wohnt Frau Schmidt?

Lösung siehe Seite 399

Hürdenlauf fürs Gehirn

Hürde 1

☹ Es wird eine Umfrage gestartet, bei der untersucht wird, welche Arten von Urlaub die Menschen in den letzten 12 Monaten verbracht haben. Ihren einzigen Urlaub in einer Ferienwohnung verbrachten fünf Menschen mehr als diejenigen, die zwar auch nur einen Urlaub hatten, diesen aber in einem Hotel gebucht hatten. Acht Menschen machten nur einen Campingurlaub und fünf Menschen machten alle drei Arten von Urlaub. 59 Menschen hatten in den letzten 12 Monaten nicht in einem Hotel übernachtet. Vier Mal so viele Menschen waren nur zum Zelten gefahren wie die, die einen Hotelurlaub und einen Campingurlaub gemacht hatten, aber keine Ferienwohnung gemietet hatten. Von den 107 Menschen, die an der Befragung teilnahmen, hatten insgesamt 35 einen Campingurlaub gemacht.

1. Wie viele hatten nur einen Hotelurlaub verbracht?
2. Wie viele hatten in einer Ferienwohnung und in einem Hotel übernachtet und nicht auf einem Campingplatz?
3. Wie viele Menschen hatten keine Ferienwohnung?
4. Wie viele Menschen hatten nur zwei von drei Übernachtungsmöglichkeiten wahrgenommen?

Lösung siehe Seite 399

Hürde 2

☹ An einem Tag verlieh die Bücherei an 64 Menschen Bücher. Zwei Mal so viele Menschen liehen sich nur einen Krimi aus wie die Anzahl, die sich nur Sciencefiction-Bücher auslieh. Drei Menschen liehen sich nur eine Biografie und elf Menschen Sciencefiction und einen Krimi, aber keine Biografie. Dieselbe Anzahl wie diejenigen, die sich nur eine der drei Bucharten liehen, lieh eine Biografie und einen Krimi aus, aber keine Sciencefiction. 21 Menschen liehen sich keinen Krimi.

Eine Person mehr lieh sich ein Sciencefiction-Buch und eine Biografie als die Anzahl derer, die nur eine Biografie wollten.

1. Wie viele Biografien wurden insgesamt ausgeliehen?
2. Wie viele Menschen liehen sich nur zwei der drei Buchtypen?
3. Wie viele Menschen liehen sich einen Krimi, eine Biografie und ein Sciencefiction-Buch?
4. Wie viele Menschen liehen sich nur einen Krimi?

Lösung siehe Seite 400

Hürde 3

☺ Finden Sie die passenden Wortgruppen zu den angegebenen Wörtern:

1. ABDECKUNG
2. WACHTMEISTER
3. VERWIRREN
4. CHOPIN
5. BESCHNEIDEN

A	B	C	D	E
Ernst	Borodin	Reduzieren	Erschrecken	Deckel
Rembrandt	Vivaldi	Abnehmen	Erstaunen	Verpackung
Dali	Liszt	Kürzen	Irren	Hülle
Picasso	Elgar	Begrenzen	Täuschen	Umschlag

Lösung siehe Seite 400

Hürde 4

☺ In der folgenden „Landkarte“ liegt C südlich von A und südöstlich von D. B liegt südwestlich von F und nordwestlich von E.

1. Welche Stadt liegt bei Punkt 1?
2. Welche Stadt ist die westlichste?

3. Welche Stadt liegt südwestlich von A?
4. Welche Stadt liegt nördlich von D?
5. Welche Stadt liegt bei Punkt 6?

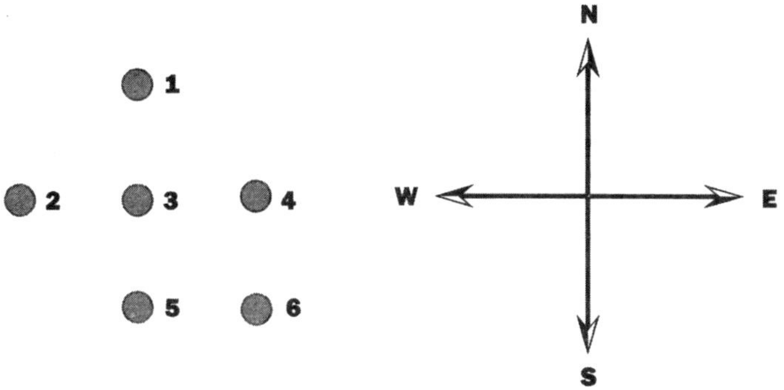

Lösung siehe Seite 400

Hürde 5

☺ Drei Cousinen haben Wäsche auf die Leine gehängt. Auf jeder Leine hängt eine Bluse, ein Pullover und ein Rock. Jede hat ein gepunktetes, ein einfarbiges und ein gestreiftes Kleidungsstück, aber keine von ihnen hat dasselbe Kleidungsstück in demselben Muster wie die anderen Cousinen. Sandras Pullover hat dasselbe Muster wie Paulas Rock und Paulas Pullover hat dasselbe Muster wie Karins Rock. Karins Pullover ist gestreift und Sandras Bluse ist gepunktet.

1. Wer hat einen gepunkteten Pullover?
2. Welches Muster hat Sandras Rock?
3. Wer hat eine gestreifte Bluse?
4. Welches Muster hat Karins Pullover?
5. Wie sieht Paulas Rock aus?

Lösung siehe Seite 400

Hürde 6

☺ Drei Kinder, Johanna, Richard und Thomas, haben einen Füller, einen Buntstift und eine Federtasche auf ihrem Schreibtisch. Jeder von ihnen hat ein Katzen-, ein Elefanten- und ein Hasenmotiv auf seinen Utensilien, aber keiner hat dasselbe Schreibutensil mit demselben Motiv wie die anderen beiden Kinder. Johannas Federtasche hat dasselbe Motiv wie Thomas' Füller und Richards Füller hat dasselbe Motiv wie Johannas Buntstift. Richard hat eine Katze auf seiner Federtasche und Thomas hat einen Elefanten auf seinem Füller.

1. Wer hat eine Katze auf dem Füller?
2. Welches Motiv hat Richards Buntstift?
3. Wer hat einen Hasen auf seiner Federtasche?
4. Welches Tier ist auf Thomas' Federtasche
5. Wer hat einen Hasen auf seinem Buntstift?

Lösung siehe Seite 401

Hürde 7

	Affen	Lamas	Löwen
Wildpark A	42	25	16
Wildpark B	35	21	14
Wildpark C	48	32	10

1. Welcher Park hat zwei Mal so viele Affen wie Park B Lamas?
2. Welcher Park hat ein Viertel aller Löwen?
3. In welchem Park ist die Summe der Lamas und Löwen gleich der Anzahl der Affen?
4. Welcher Park hat drei Mal so viele Affen wie Park A Löwen?
5. Welcher Park hat zwei Mal so viele Lamas wie einer der Parks Löwen hat?

Lösung siehe Seite 401

Hürde 8

☺ In der großen Pause können Kinder bei einem Supermarkt Chips, Bonbons und Mineralwasser kaufen. Nur Bonbons kaufen zwei Mal so viele Kinder wie die, die nur Chips kaufen. 37 Kinder kaufen gar keine Bonbons. Chips und Mineralwasser, aber keine Bonbons, kaufen zwei Kinder mehr als die Anzahl der Kinder, die nur Bonbons kaufen. Insgesamt kaufen 60 Kinder Mineralwasser, aber nur neun von ihnen kaufen nur Mineralwasser. 12 Kinder kaufen nur Chips. Ein Kind mehr kauft nur Bonbons als die Anzahl, die sowohl Bonbons als auch Mineralwasser kauft. Sowohl Chips als auch Bonbons, aber kein Mineralwasser kaufen drei Kinder mehr als die Anzahl der Kinder, die Chips und Mineralwasser, aber keine Bonbons kaufen.

1. Wie viele Kinder kaufen alle drei Artikel?
2. Wie viele Kinder kaufen Chips und Bonbons, aber kein Mineralwasser?
3. Wie viele Kinder kaufen Chips und Mineralwasser, aber keine Bonbons?
4. Wie viele Kinder kaufen in dem Supermarkt ein?
5. Wie viele Kinder haben keine Chips?
6. Wie viele Kinder haben nur Bonbons?

Lösung siehe Seite 401 f.

Hürde 9

☺ Auf einem Sportfest nehmen die schnellsten Läufer an folgenden Rennen teil: Sprint, Hürden und Staffellauf. Ein Läufer mehr nimmt nur an dem Hürdenrennen teil als die Anzahl, die nur am Sprint teilnimmt. Dieselbe Anzahl nimmt am Sprint und an den Hürden teil wie die Anzahl derer, die beim Staffellauf und an den Hürden antreten. 11 der Sportler, die an diesem Sportfest teilnehmen, machen nicht beim Staffellauf mit. Fünf Sportler nehmen am Sprint und am Staffellauf teil und drei treten bei allen drei Rennen an. Beim Staffellauf nehmen vier Mannschaften mit vier Läufern teil. Ein Sportler mehr läuft sowohl den Staffellauf als auch den Sprint als die Anzahl, die nur den Hürdenlauf mitmacht.

1. Wie viele Sportler nehmen an dem Sportfest teil?
2. Wie viele Sportler nehmen nur am Hürdenlauf teil?
3. Wie viele Sportler nehmen nicht am Hürdenlauf teil?
4. Wie viele Sportler nehmen nicht am Sprint teil?
5. Wie viele Sportler nehmen sowohl am Hürdenlauf als auch am Staffellauf, aber nicht am Sprint teil?
6. Wie viele Sportler nehmen nur an zwei Läufen teil?

Lösung siehe Seite 402

Hürde 10

☺ Auf einer Obstplantage, auf der man sein Obst selbst pflücken kann, pflücken zwei Mal so viele Menschen nur Himbeeren wie die Anzahl derer, die nur Pflaumen ernten. Erdbeeren, Himbeeren und Pflaumen pflücken drei Menschen mehr als die Anzahl derer, die nur Pflaumen ernten. Nur Erdbeeren pflücken vier Menschen mehr als die Anzahl derer, die sowohl Himbeeren als auch Erdbeeren, aber keine Pflaumen pflücken. 50 Menschen pflücken keine Erdbeeren. Elf Menschen pflücken sowohl Pflaumen als auch Himbeeren, aber keine Erdbeeren. Insgesamt pflücken 60 Menschen Pflaumen. Wenn die Gesamtzahl der Obstpflücker 100 ist, können Sie die folgenden Fragen beantworten?

1. Wie viele Menschen pflücken Himbeeren?
2. Wie viele Menschen pflücken alle drei Sorten?
3. Wie viele Menschen pflücken nur Himbeeren?
4. Wie viele Menschen pflücken sowohl Pflaumen als auch Erdbeeren, aber keine Himbeeren?
5. Wie viele Menschen pflücken nur Erdbeeren?
6. Wie viele Menschen pflücken nur zwei von drei Obstsorten?

Lösung siehe Seite 402 f.

Hürde 11

☺ Auf dem Hundeplatz laufen Labradore, Afghanen, Schäferhunde und Kreuzungen aus diesen Rassen. Es gibt zwei mehr reinrassige Labradore als reinrassige Afghanen. Sechs Hunde sind Afghanen-Labrador-Mischlinge. Zehn Hunde haben keinen Labrador oder Afghanen im Blut. Nur ein Hund ist eine Mischung aus allen drei Rassen. Es gibt zwei Mal so viele Labrador-Afghanen-Mischlinge wie Labrador-Schäferhund-Mischlinge. Es gibt einen Afghanen-Schäferhund-Mischling mehr als Labrador-Schäferhund-Mischlinge. 22 Hunde haben keinen Afghanen im Blut. Insgesamt laufen 40 Hunde auf dem Hundeplatz.

1. Wie viele reinrassige Labradore laufen dort?
2. Wie viele reinrassige Afghanen laufen dort?
3. Wie viele reinrassige Schäferhunde laufen dort?
4. Wie viele Labrador-Schäferhund-Mischlinge laufen dort?
5. Wie viele Afghanen-Schäferhund-Mischlinge laufen dort?
6. Wie viele Hunde haben keinen Labrador im Blut?

Eine gute Technik und ein klarer Verstand sind notwendig, um diese mathematischen Hürden zu überwinden.

Lösung siehe Seite 403

Hürde 12

☺ Sechs Kinder haben ein Kartenspiel und ein Punktesystem erfunden. Es werden Karten bis zur 10 benutzt und mit ihrem Wert angerechnet sowie Asse, die einen Punkt zählen. In jeder Runde wird der Wert der ausgegebenen Karten zu den Punkten jedes einzelnen Mitspielers hinzugezählt. Karo verdoppelt den Zahlenwert. Wenn zwei oder mehr Kinder in einer Runde Karten mit demselben Wert ausgeteilt bekommen, verlieren sie den Wert dieser Karte, anstatt ihn hinzuzugewinnen (auch hier verdoppelt Karo den Wert). Jedes Kind bekommt sechs Karten, deren Werte in der unten stehenden Tabelle aufgeführt sind:

Spieler	1. Karte	2. Karte	3. Karte	4. Karte	5. Karte	6. Karte
1	Herz 6	Pik 3	Karo Ass	Kreuz 9	Herz 10	Pik 4
2	Pik 10	Pik Ass	Herz 7	Karo 6	Pik 5	Kreuz 8
3	Karo 7	Herz 8	Kreuz 4	Herz 3	Kreuz As	Kreuz 5
4	Herz 4	Karo 9	Pik 7	Karo 5	Kreuz 10	Karo 3
5	Pik 8	Herz 5	Pik 6	Pik 9	Pik 2	Karo 4
6	Kreuz 3	Kreuz 2	Herz 9	Kreuz 7	Karo 10	Karo 8

Wenn alle Punkte zusammengezählt werden, welche(r) Spieler:

1. Wurde Dritter?
2. Gewann?
3. Wurde Letzter?
4. Hatte gewonnen, nachdem die vierte Karte ausgeteilt war?
5. Hatten dieselbe Punktzahl?
6. Hatten eine Punktzahl, die durch 3 teilbar war?
7. Welches war die zweithöchste Punktzahl?
8. Welches war die Summe aller Punkte?

Lösung siehe Seite 403

Hürde 13

☺ Welche Zahlen stehen für welche Symbole in dieser Tabelle, wenn nur die Zahlen 1 bis 7 verwendet werden dürfen?

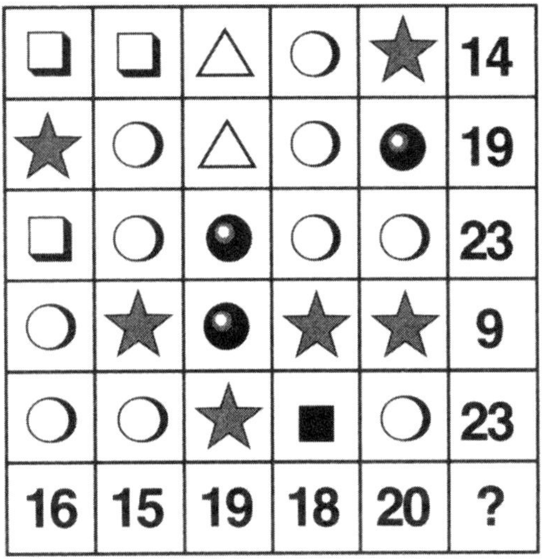

Lösung siehe Seite 404

Hürde 14

☺ Welche Zahlen stehen in der folgenden Tabelle für die Fragezeichen?

1.	7	9	16	25	41	?		
2.	4	14	34	74	?			
3.	2	3	5	5	9	7	14	?	?
4.	6	9	15	27	?			
5.	11	7	-1	-17	?			
6.	8	15	26	43	?			
7.	3,5	4	7	14	49	?		

Lösung siehe Seite 404

Hürde 15

☺ Die Zahlen in Quadrat 1 bewegen sich im Uhrzeigersinn zu den Positionen, die in Quadrat 2 gezeigt sind. In welchen Positionen sollten die fehlenden Zahlen stehen?

1\.

1

2	6	7
11		1
10	3	5

2

	10	
7		2
	11	

2\.

1

22	15	34
12		14
23	21	19

2

14		12
19		23

3\.

1

3	5	8
1		6
17	7	9

2

	1	
5		8
	7	

Lösung siehe Seite 404 f.

Hürde 16

☹ Die Zahl in dem mittleren Knoten der Fliegen ergibt sich, wenn man alle äußeren Zahlen nur ein Mal verwendet. Sie dürfen die Zahlen nicht vertauschen. Für welche Zahlen stehen die Fragezeichen?

1.
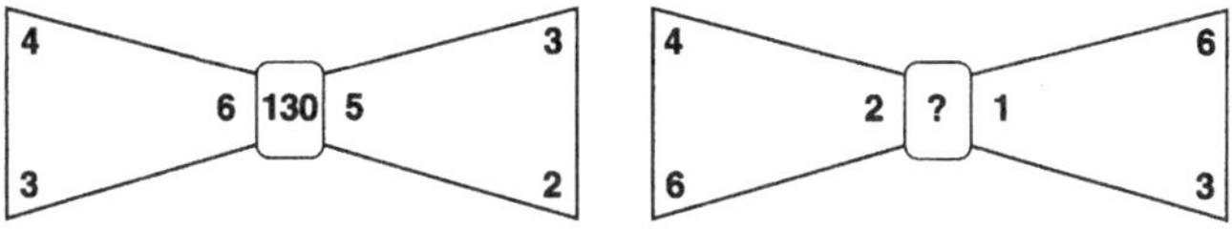

2.
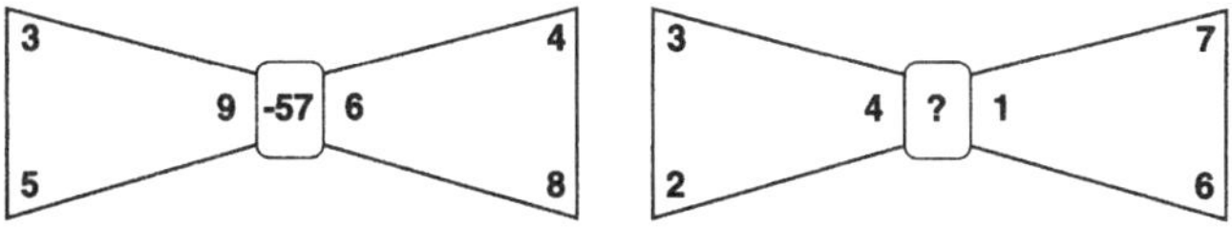

3.
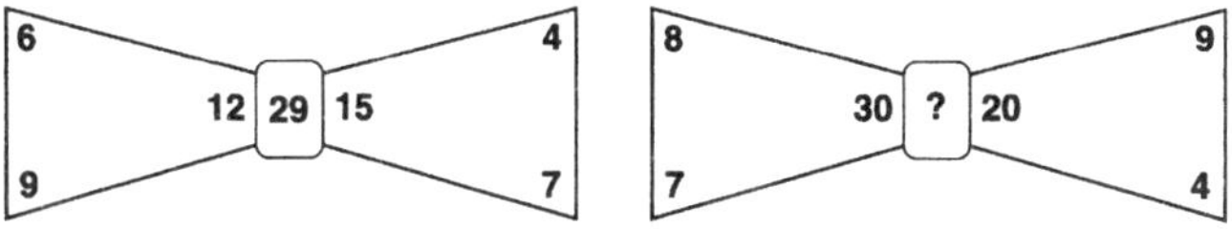

4.
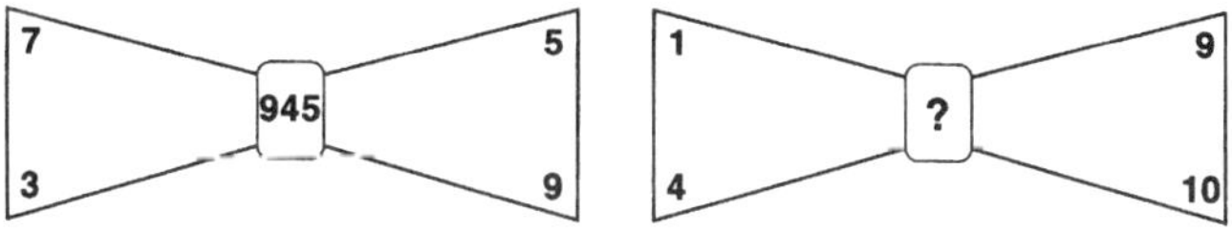

5.
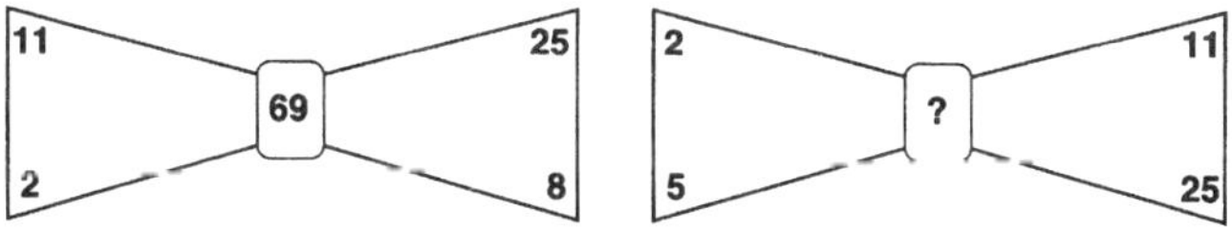

6.
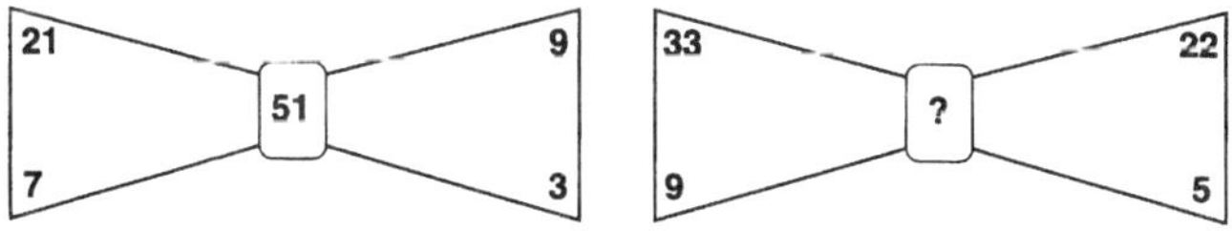

Lösung siehe Seite 405

Hürde 17

In dem unten stehenden Raster haben die Schnittpunkte den Wert, den die Summe ihrer vier Nachbarfelder ergibt.

A B C D E F G

30	19	28	26	25	36	16	29
24	20	26	23	24	23	24	22
26	29	27	20	25	29	27	23
20	23	28	32	29	30	24	22
30	28	27	22	30	26	27	29
20	28	23	28	32	29	31	26
25	27	25	27	30	26	24	19
26	26	29	23	24	28	24	28

1 2 3 4 5 6 7

Können Sie folgende Fragen beantworten?

1. Welches sind die vier umliegenden Rasterfelder der drei Schnittpunkte, deren Wert 100 ergibt?
2. Welche(r) Schnittpunkt(e) haben den Wert 92?
3. Wie viele Schnittpunkte haben einen Wert von weniger als 100?
4. Welcher Schnittpunkt hat den höchsten Wert?
5. Welcher Schnittpunkt hat den niedrigsten Wert?
6. Welche(r) Schnittpunkt(e) haben den Wert 115?
7. Wie viele Schnittpunkte haben einen Wert von 105 und welche sind es?
8. Wie viele Schnittpunkte haben einen Wert von 111 und welche sind es?

Lösung siehe Seite 405

Hürde 18

Finden Sie die fehlenden Werte auf den Dächern der folgenden Häuser. Jede der Zahlen auf den Fenstern und auf der Tür darf nur einmal benutzt werden und die Ziffern dürfen nicht vertauscht werden.

1.

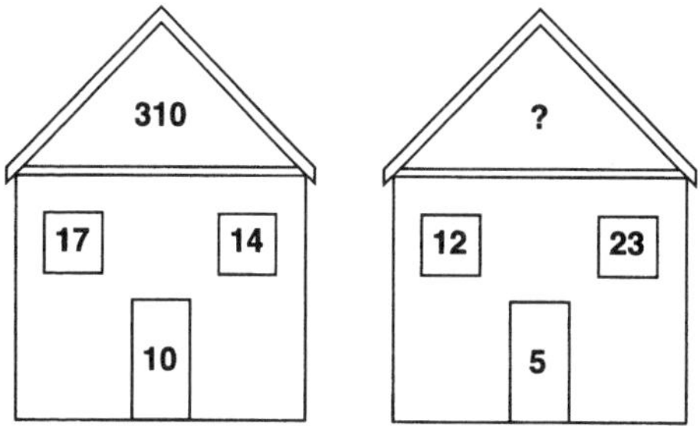

2.

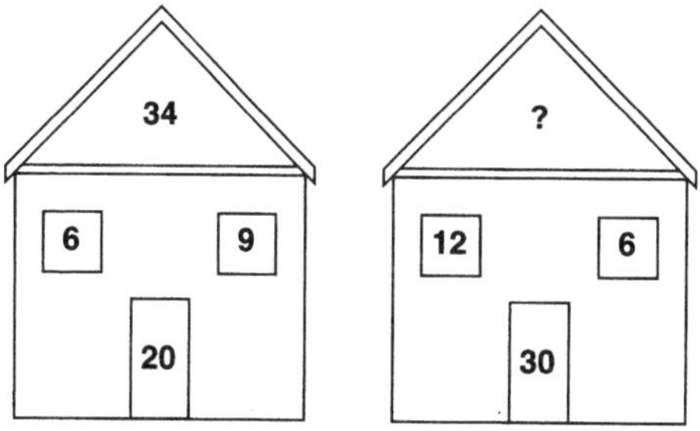

3.

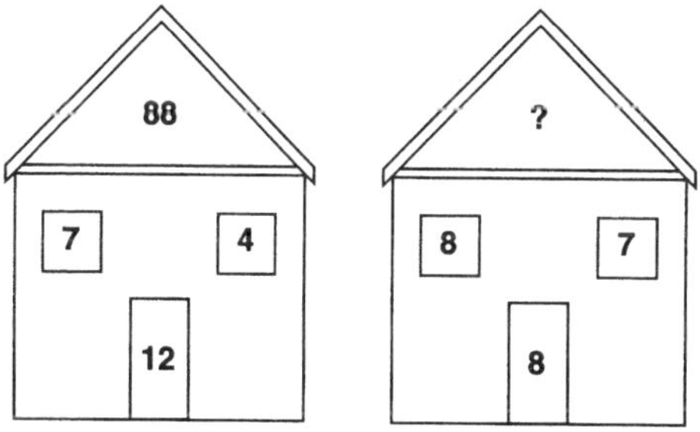

4.

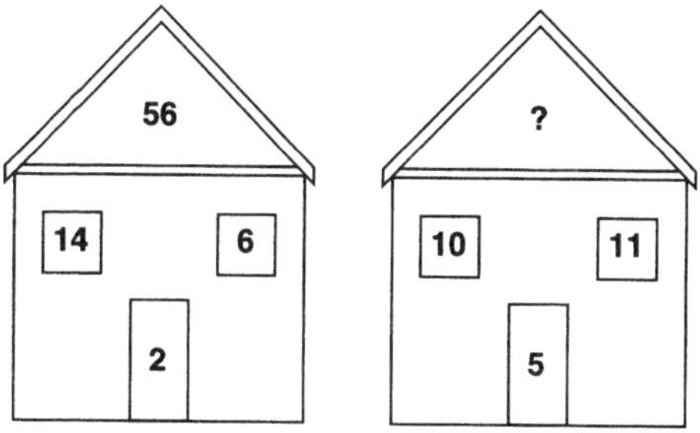

5.

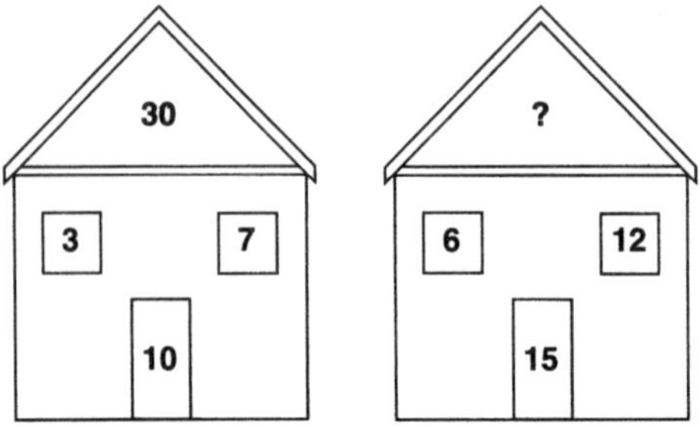

6.

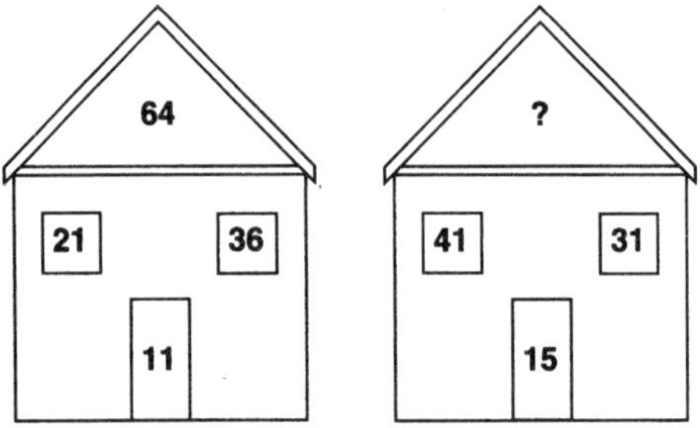

Lösung siehe Seite 405

Hürde 19

☹ 1. Wenn zwei Drittel einer Zahl drei Viertel von 422/3 sind, wie lautet die Zahl?
2. Wenn die Hälfte der Quadratwurzel einer Zahl ein Fünftel von 20 ist, wie lautet dann die Zahl?
3. Wenn die Hälfte einer positiven Zahl quadriert wird und dann wieder halbiert und die ursprüngliche Zahl ergibt, wie lautet diese Zahl?
4. Wenn ein Viertel einer Zahl der Wurzel von 512 entspricht, wie lautet dann die Zahl?
5. Wenn 50 % einer positiven Zahl das Doppelte der Wurzel dieser Zahl ergeben, wie lautet dann die Zahl?

6. Wenn das Doppelte einer Zahl quadriert wird und dann die Hälfte von 50 ergibt, wie lautet dann die Zahl?
7. Wenn 3 von einer Zahl abgezogen wird und der Rest quadriert wird, ergibt es 45 minus der ursprünglich quadrierten Zahl. Wie lautete die Zahl?
8. Wenn 10-mal eine Zahl die Wurzel einer anderen Zahl ergibt, die das 1000fache der Zahl ergibt, wie lautet dann die Zahl?
9. Wenn 26-mal eine Zahl 1/26 von 4 x 50 ist, wie lautet dann die Zahl?
10. Wenn 40-mal eine Zahl die Hälfte von 7 x 8 x 10 ist, wie lautet dann die Zahl?
11. Was haben 0,18 + 0,19 mit einem Löwen zu tun?
12. Welche ganzen quadrierten Zahlen lassen sich zu 50 addieren?
13. Ein Verkäufer hat eine volle Kiste mit Nägeln, die 8200 Nägel enthält. Außerdem hat er 250 Pakete mit 12 Nägeln, 200 Pakete mit 24 Nägeln, 180 Pakete mit 10 Nägeln und 372 gemischte lose Nägel. Wie viele Nägel kann er noch in die Kiste legen?
14. Simon hatte eine volle Tüte mit Süßigkeiten. Als er versuchte, sie in drei Haufen aufzuteilen, blieb ein Teil übrig. Dasselbe passierte, als er versuchte, sie auf vier, fünf und sechs Haufen zu verteilen. Aber als er sie auf sieben Haufen aufteilte, hatte er kein Teil übrig. Wie viele Süßigkeiten hatte er insgesamt?
15. Eine Zahl hat acht Stellen, jeweils zwei 1, zwei 2, zwei 3 und zwei 4. Die Einsen sind durch eine Stelle voneinander getrennt, die Zweien durch zwei Stellen, die Dreien durch drei Stellen und die Vieren durch vier Stellen. Setzen Sie die Zahl zusammen.

Lösung siehe Seite 406

Hürde 20

☹ Welche Zahlen fehlen in den hier gezeigten Kreisen?

1.

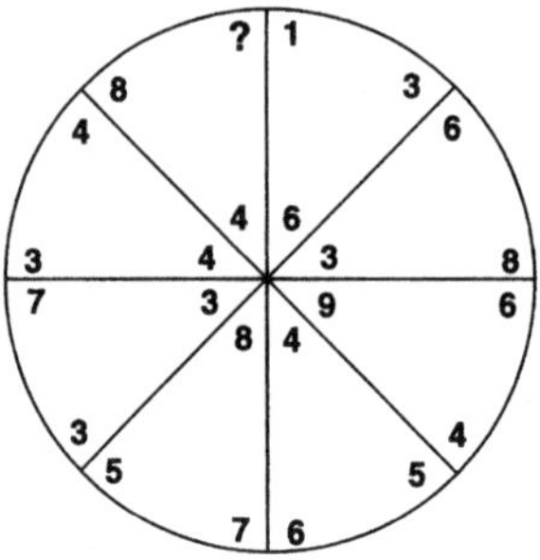

2.

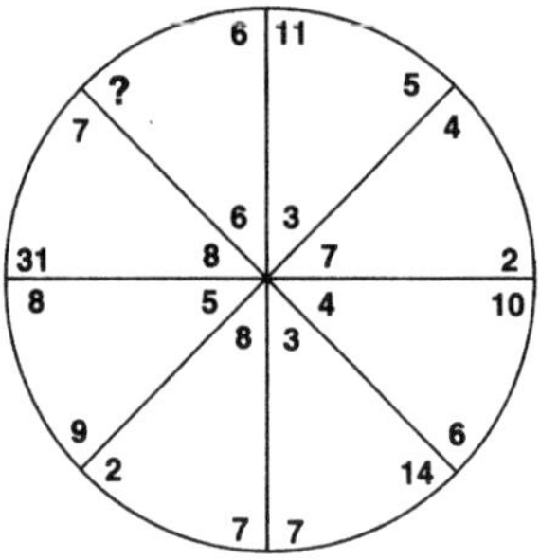

3.

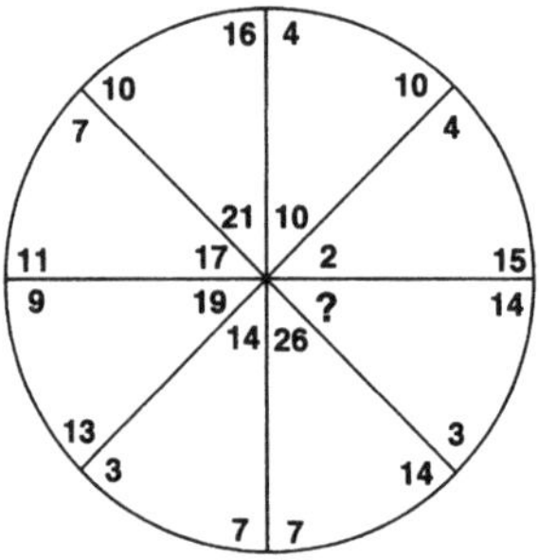

Lösung siehe Seite 406

Hürde 21

☺ Unterstreichen Sie in jeder Waagerechten (1 bis 5) die beiden Wörter, die in ihrer Bedeutung am ähnlichsten sind.

	A	B	C	D	E
1.	Ermuntern	Anzeigen	Versichern	Vorschlagen	Versprechen
2.	Zusammenbau	Richtung	Präsentation	Konstruktion	Vorbereitung
3.	Früh	Sofort	Aufmerksam	Unverzüglich	Effektiv
4.	Prospekt	Überarbeitung	Korrektur	Versuch	Vorführung
5.	Fähigkeit	Profi	Intelligenz	Bereitschaft	Talent

Lösung siehe Seite 406

Hürde 22

☹ Die folgenden Fragen beziehen sich auf die unten stehende Abbildung:

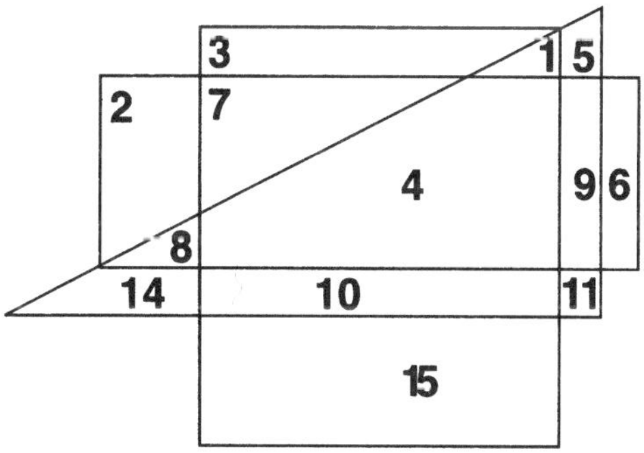

1. Wie viele der Zahlen 1 bis 15 erscheinen in einem eigenen Dreieck?
2. Welche der Zahlen 1 bis 15 fehlen?
3. Welche der Zahl/en steht/stehen in allen drei Figuren?

4. Ziehen Sie von der Summe der Zahlen, die nur in zwei Figuren vorkommen, die Summe der Zahlen ab, die nur in einer Figur vorkommen.
5. Wenn jede nummerierte Figur von dem gesamten Gebilde entfernt wird, wie viele Zahlen stehen nicht in einem Quadrat, Rechteck oder Dreieck?

Lösung siehe Seite 407

Hürde 23

Finden Sie anhand der gegebenen Informationen heraus, in welcher Reihenfolge die ersten acht Läufer ins Ziel kamen. Stefan kommt als Vierter ins Ziel. Er kommt nach John, aber vor Sandra ins Ziel. Sandra kommt vor Robert, aber nach Luise ins Ziel. John kommt nach Rick, aber vor Alex ins Ziel. Anne kommt zwei Plätze nach Alex ins Ziel. Luise kommt als Sechste ins Ziel.

Lösung siehe Seite 407

Hürde 24

A, B, C und D nehmen an Schulprüfungen teil. Nur einer nimmt an dem Französisch-Test teil und das ist weder B noch C. B ist der Einzige, der an allen drei anderen Tests teilnimmt. A nimmt an Mathe und einem weiteren Test teil. D nimmt nur an Mathe und Englisch teil. C nimmt nur an Geografie teil.

1. An welchem Test nimmt B nicht teil?
2. Wer nimmt an dem Französisch-Test teil?
3. Wer nimmt an Mathe, aber nicht an Englisch teil?
4. Wie viele nehmen an zwei Tests teil?
5. Wer nimmt an Englisch, aber nicht an Geografie teil?

Lösung siehe Seite 407

Hürde 25

☹ A, B, C, D und E nehmen an Fußball, Baseball, Tennis und Schwimmen teil, wobei Fußball die beliebteste Sportart ist. Es entscheiden sich mehr für Tennis als für Baseball. E nimmt nur an einer Sportart teil. B ist der Einzige, der beim Schwimmen mitmacht. A und noch einer der fünf spielen Baseball. C spielt nicht Fußball. D nimmt an zwei Sportarten teil, aber Baseball ist nicht dabei. C spielt Baseball und Tennis.

1. An welcher Sportart nimmt A nicht teil?
2. Wer spielt Baseball?
3. Wie viele spielen Fußball?
4. An welcher Sportart nehmen drei der fünf teil?
5. Wie viele nehmen nur an zwei der Sportarten teil?

Lösung siehe Seite 407

Hürde 26

☺ Ordnen Sie die angegebenen Wortgruppen den vorgegebenen Worten zu. Welche Gruppe vervollständigt welches Wort? Antworten Sie mit A, B, C, D oder E.

1. PRÄCHTIG
2. MENGE
3. PYRENÄEN
4. MISSISSIPPI
5. ORANGE

A	B	C	D	E
Nil	Elegant	Schar	Rocky Mountains	Limette
Amazonas	Herrschaftlich	Durcheinander	Alpen	Grapefruit
Rhein	Majestätisch	Haufen	Apennin	Zitrone

Lösung siehe Seite 407

Hürde 27

1. YOGHURT
2. HINTERHÄLTIG
3. EIDECHSE
4. BERN
5. WAAGE

A	B	C	D	E
Schlange	Butter	Toaster	Gefährlich	Kairo
Alligator	Milch	Sieb	Bedrohlich	Paris
Schildkröte	Käse	Kasserolle	Giftig	Athen

Lösung siehe Seite 408

Hürde 28

1. TEAM
2. OREGANO
3. SCHMETTERLING
4. MUSCHEL
5. DALMATINER

A	B	C	D	E
Hummer	Pudel	Cayenne	Ohrwurm	Pack
Languste	Cocker-spaniel	Kümmel	Ameise	Crew
Krebs	Dobermann	Knoblauch	Wespe	Herde

Lösung siehe Seite 408

Hürde 29

1. TRIANGEL
2. PHYSIK
3. FLUGZEUG
4. BOHRER
5. KUPFER

A	B	C	D	E
Geschichte	Säge	Zug	Beige	Dreifuß
Biologie	Hammer	Bus	Braun	Trio
Geometrie	Hobel	Auto	Lila	Tripel

Lösung siehe Seite 408

Hürde 30

1. FISCHKUTTER
2. ARTISCHOCKE
3. HUHN
4. WINZIG
5. HAGEL

A	B	C	D	E
Rübe	Schnee	Kanu	Miniatur	Falke
Paprika	Eis	Schlauch-boot	Klein	Papageien-taucher
Kohl	Frost	Barke	Kurz	Taube

Lösung siehe Seite 408

Hürde 31

☺ Die unten stehende Grafik zeigt die Examensergebnisse von Studenten. 30 Studenten nahmen an dem Test teil.

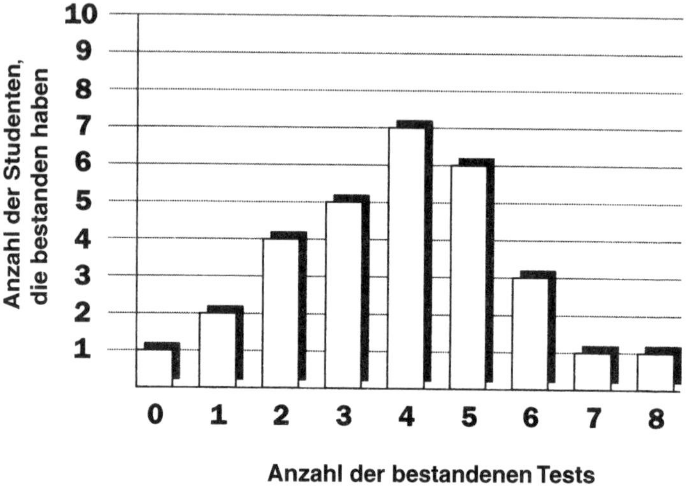

1. Wie viele Tests bestanden die Studenten im Durchschnitt?
2. Wenn die besten fünf Studenten nicht in diesem Kurs gewesen wären, wie hoch wäre dann die durchschnittliche Anzahl der bestandenen Tests?
3. Wenn 10 Prozent an acht Tests teilnahmen, 70 Prozent an sechs Tests und 20 Prozent an vier Tests, wie viele Tests wurden dann nicht bestanden?

Lösung siehe Seite 408

Hürde 32

☹ Teilen Sie diese beiden Raster in 6 gleiche Teile. Die Summe der Zahlen in jedem Teil muss die genannte Gesamtsumme ergeben.

1. Summe 45

18	6	4	30	47	29
45	30	6	18	17	2
1	21	1	42	23	5
3	28	7	17	1	6
44	4	32	43	30	40

2. Summe 55

6	2	3	4	4	3
3	5	5	2	6	2
5	3	1	3	5	0
2	4	5	3	0	5
3	3	4	6	6	5

Lösung siehe Seite 409

Hürde 33

☹ Teilen Sie diese beiden Raster in vier gleiche Teile. Die Summe der Zahlen in jedem Teil muss die genannte Gesamtsumme ergeben.

1. Summe 45

3	6	3	4	4	6
4	4	7	2	8	3
5	8	5	5	6	7
6	5	3	7	8	2
8	3	1	6	5	4
2	7	8	7	5	3

2. Summe 55

3	6	4	4	8	6
9	6	6	7	9	2
5	6	5	6	2	7
7	6	7	5	9	3
8	9	4	8	9	7
4	9	6	8	4	6

Lösung siehe Seite 409

Hürde 34

☹ Welche Zahlen sollten für die Fragezeichen stehen?

1.

6	4	6	5	8
2	9	8	2	1
5	0	3	4	7
3	2	1	3	1
4	7	?	4	3

2.

3	8	7	4	5
5	9	2	6	1
3	2	5	3	7
6	9	3	7	2
1	4	?	1	8

3.

1	5	3	1	2
7	6	7	6	9
2	2	3	1	9
9	9	5	9	4
4	3	?	3	7

4.

7	9	7	8	6
3	5	6	4	1
3	2	3	3	5
7	7	2	7	9
5	6	?	5	8

Lösung siehe Seite 409

Hürde 35

☺ Die Zahlen in dem linken Kasten bewegen sich im Uhrzeigersinn in die angegebenen Positionen im rechten Kasten. In welchen Feldern müssen die fehlenden Zahlen stehen?

1.

11	16	34
23		55
14	63	21

16		11
63		23

2.

5	2	6
7		9
12	4	3

	6	
7		12
	9	

3.

26	32	15
48		83
52	19	41

83		32
15		26

Lösung siehe Seite 410

Hürde 36

☺ Die Werte der Kästen A und B sind vorgegeben. Wie ist der Wert der C-Kästen?

1. **A** **B** **C**

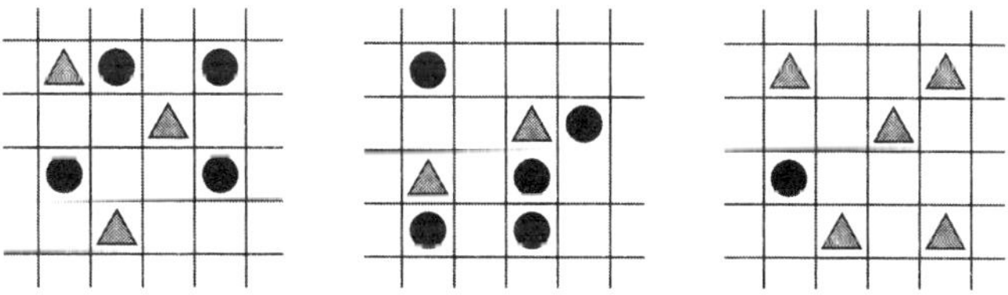

10 **9** **?**

2.

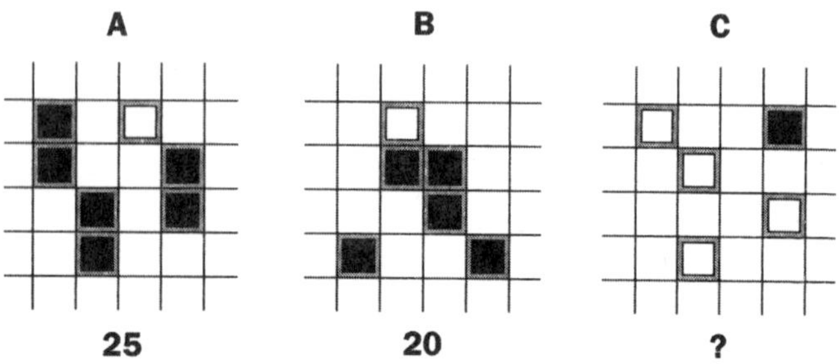

3.

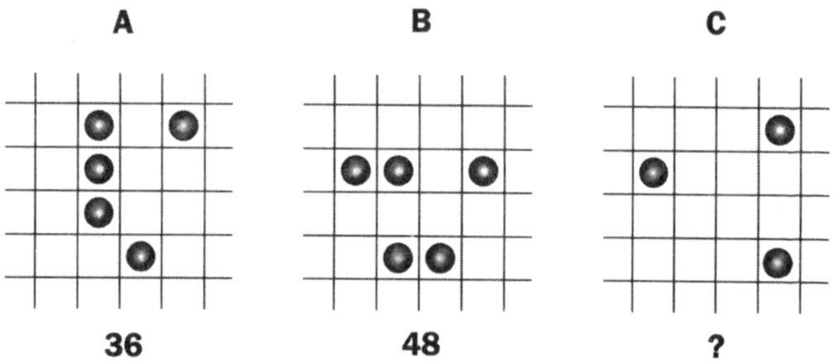

Lösung siehe Seite 411

Hürde 37

☹ Die Zahlen in den unten stehenden Rastern ergeben sich, indem man den angrenzenden Feldern eines Symbols waagerecht, senkrecht und diagonal denselben Wert gibt wie das Symbol. Die wiederum an diese Felder grenzenden Felder bekommen den halben Wert (siehe Beispiel). Wenn mehr als ein Wert in ein Feld eingetragen werden könnte, werden die Werte addiert. Symbole werden von überlappenden Werten nicht betroffen.

	A	B	C	D	E	F
1	2	2	2	2	0	0
2	4	4	4	2	0	0
3	4	×	4	2	0	0
4	4	4	4	2	0	0
5	2	2	2	2	0	0
6	0	0	0	0	0	0

+

	A	B	C	D	E	F
1	0	5	5	5	5	5
2	0	5	10	10	10	5
3	0	5	10	△	10	5
4	0	5	10	10	10	5
5	0	5	5	5	5	5
6	0	0	0	0	0	0

=

	A	B	C	D	E	F
1	2	7	7	7	5	5
2	4	9	14	12	10	5
3	4	×	14	△	10	5
4	4	9	14	12	10	5
5	2	7	7	7	5	5
6	0	0	0	0	0	0

Wenn X = 4 und s = 10, sieht der Rasterwert wie im Beispiel dargestellt aus.

C1 = (D3 x 1/2) + (B3 x 1/2) = 7
A5 = B3 x 1/2 = 5
D4 = D3 + (B3 x 1/2) = 12

1. Können Sie die Werte aller Symbole dieser Matrix errechnen und die folgenden Fragen beantworten?

	A	B	C	D	E
1			14	10	
2		*			
3				△	
4	—		■		
5	28	42			14

2. Welchen Wert hat Feld B4?
3. Welchen Wert hat Feld C3?
4. Welchen Wert hat Feld A3?
5. Wie viele Felder haben den Wert 20?

6. Und jetzt versuchen Sie einmal, dieses schwierigere Raster zu lösen. Können Sie die Werte der Symbole errechnen?

	A	B	C	D	E	F
1			31			
2		■				17
3		*		△		
4	53				■	
5		*	△			
6	30					

7. Welchen Wert hat Feld C2?
8. Welchen Wert hat Feld D4?
9. Welchen Wert hat Feld B6?
10. Welches ist der höchste Wert in den Feldern?
11. Wie groß ist die Summe der Felder in Zeile 1 und Spalte A? Feld A1 wird dabei nur einmal gezählt.

Lösung siehe Seite 411 f.

Hürde 38

Suchen Sie eine Route, die Sie von der obersten zur untersten Zahl bringt und immer nach unten führt.

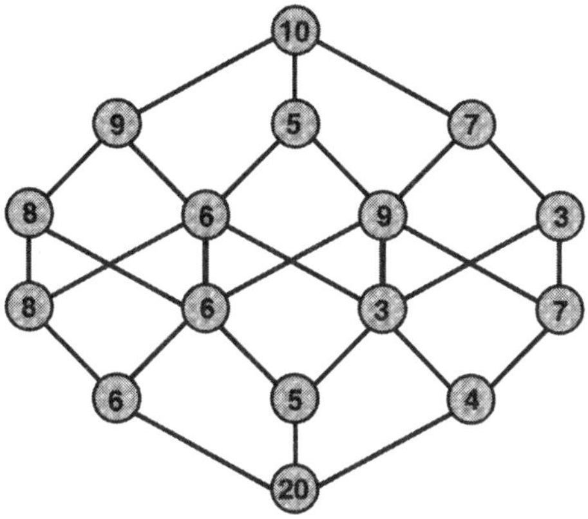

1. Finden Sie eine Route, bei der die Summe 49 ist.
2. Finden Sie eine Route, bei der die Summe 54 ist.
3. Welches ist die Route mit dem höchsten erreichbaren Wert?
4. Welches ist die Route mit dem niedrigsten erreichbaren Wert?
5. Wie viele Wege haben einen Wert von 57?

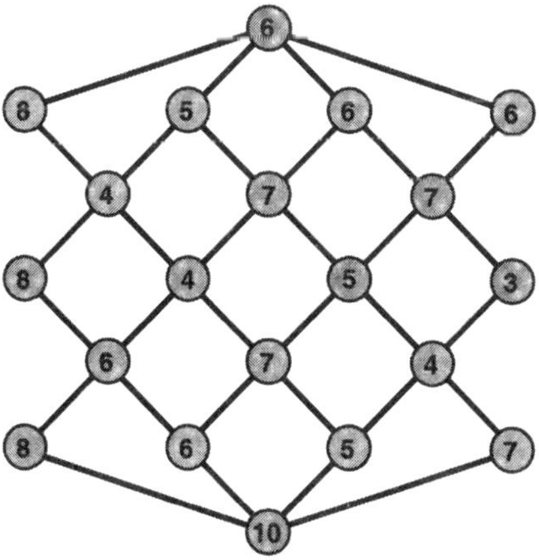

6. Finden Sie eine Route, bei der die Summe 50 ist.
7. Welches ist die Route mit dem niedrigsten erreichbaren Wert?
8. Welches ist der zweithöchste Routenwert?
9. Wie viele Routen ergeben einen Wert von 43?
10. Finden Sie eine Route mit dem Wert 49.

Lösungen siehe Seite 413

Hürde 39

☹ 1. Ein Schmied hatte einen Überschuss an Hufeisen. Ihm lagen Aufträge von 80 bis 100 Ställen für die 1078 Hufeisen vor. Er wollte die Hufeisen gleichmäßig aufteilen. Wie viele Hufeisen bekam jeder Stall und wie viele Ställe gab es?

2. Mein Apfelbaum hat mir dieses Jahr eine reiche Ernte beschert. Ich habe die Hälfte der gesammelten Äpfel gegen andere Früchte eingetauscht und vier Äpfel selbst gegessen. Am nächsten Tag habe ich die Hälfte der übrigen Äpfel gegen Wein eingetauscht und weitere drei Äpfel gegessen. Am nächsten Tag aß ich einen Apfel und gab die Hälfte der übrig gebliebenen Äpfel meinen Freunden. Dann hatte ich noch fünf Äpfel. Wie viele Äpfel hatte ich zu Beginn?

3. Der Minutenzeiger Ihrer Uhr ist sieben Zentimeter lang. Wenn das Ende des Minutenzeigers 14 Zentimeter weitergerückt ist, wie viel Zeit ist dann auf die Sekunde genau vergangen?

Lösungen siehe Seite 413

Hürde 40

☹ In dem unten stehenden Raster haben die Schnittpunkte den Wert der Summe ihrer angrenzenden Felder.

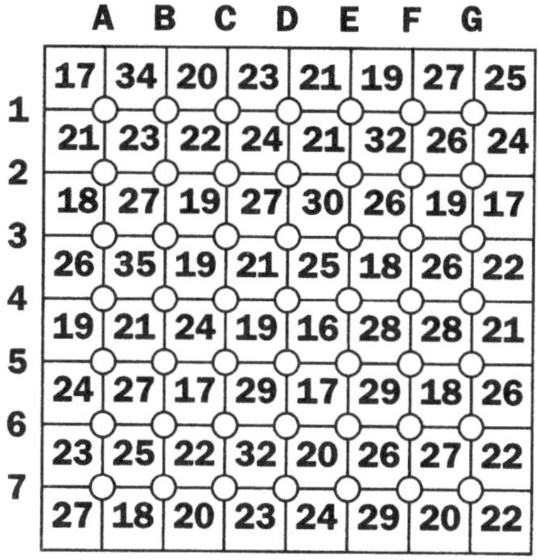

1. Finden Sie zwei von vier Schnittpunkten mit dem Wert 100.
2. Welche Schnittpunkte haben den niedrigsten Wert?
3. Welches ist der höchste Wert in den Schnittpunkten?
4. Welches ist der Schnittpunkt mit dem höchsten Wert in Zeile 7?
5. Welches ist der Schnittpunkt mit dem niedrigsten Wert in Spalte B?
6. Welche Zeile oder Spalte hat die meisten Schnittpunkte mit dem Wert 100 oder mehr?
7. Welche Zeile oder Spalte hat die Schnittpunkte mit den niedrigsten Werten?

Lösungen siehe Seite 413 f.

Fordern Sie Ihren IQ heraus

Test 1

1. Für welche Zahl steht das Fragezeichen?

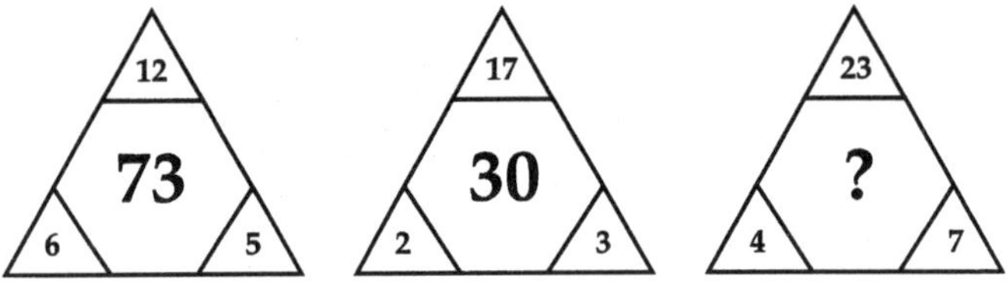

Lösung siehe Seite 414

2.

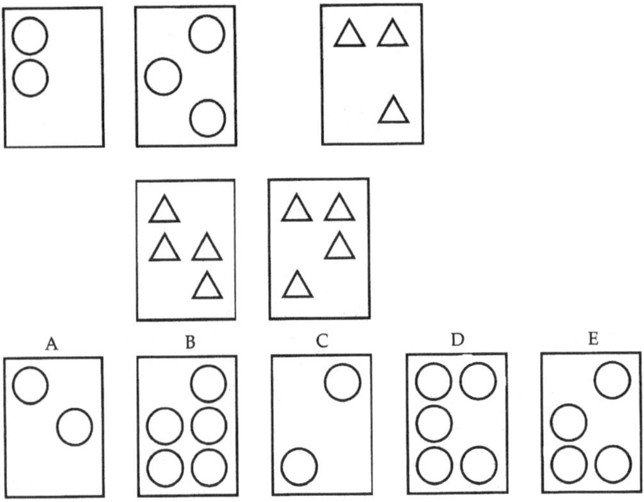

Lösung siehe Seite 414

3. Welche beiden Zahlen stehen in demselben Verhältnis wie die beiden oberen?

A. 218 : 24
B. 946 : 42
C. 687 : 62
D. 299 : 26
E. 749 : 67

Lösung siehe Seite 414

4. Lunge verhält sich zu Phtisis wie Speiseröhre zu

A. Pharyngitis
B. Phorminx
C. Phoronomie
D. Phonasthenie

Lösung siehe Seite 414

5. Welches der folgenden Wörter fällt aus der Reihe?

A. Kubus
B. Quadrat
C. Sphäre
D. Zylinder
E. Oktaeder

Lösung siehe Seite 414

6. Wenn Sie 552 durch 1/4 teilen und das Ergebnis durch die Hälfte der ursprünglichen Zahl teilen, wie lautet das Ergebnis?

Lösung siehe Seite 414

7. Welche der rechten Figuren ist eine Fortsetzung der Reihe links?

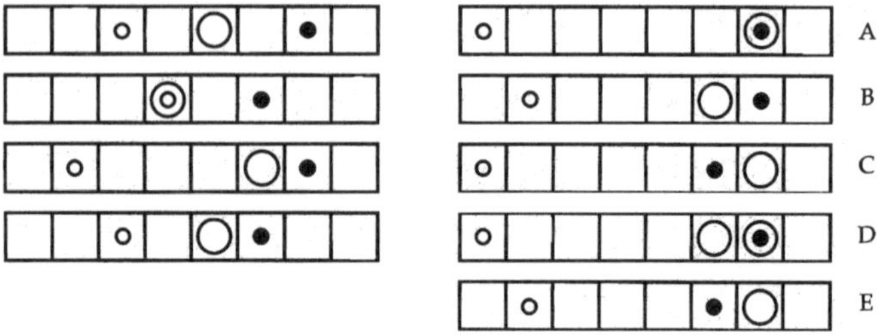

Lösung siehe Seite 414

8. Was bedeutet EVIDENT?

A. Eifrig
B. Genau
C. Offenbar
D. Sarkastisch
E. Tapfer

Lösung siehe Seite 414

9. Welche Zahl steht für das Fragezeichen?

6	**3**	**4**	**6**
5	**5**	**7**	**4**
8	**3**	**4**	**8**
3	**9**	**7**	**?**

Lösung siehe Seite 414

10. Wie lautet das Ergebnis, wenn Sie von der unten stehenden Zahl die Anzahl der geraden Zahlen, die direkt vor einer ungeraden Zahl stehen, mit 5 multiplizieren?

4 7 8 5 3 1 9 7 8 4 4 7 8 9 2 3

Lösung siehe Seite 414

11.

Welches der fünf unten stehenden Quadrate ähnelt am meisten dem oben stehenden Quadrat?

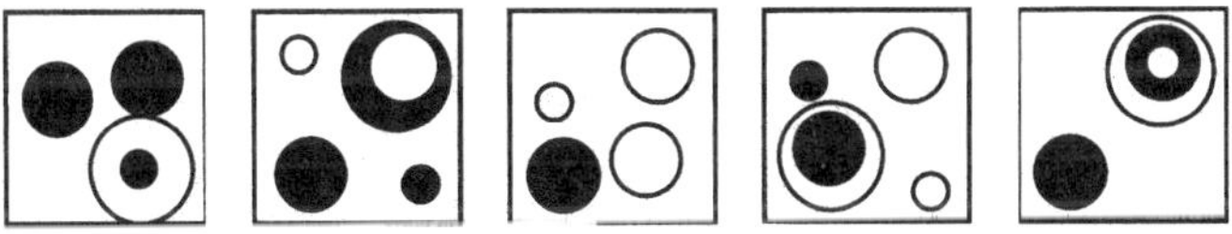

A B C D E

Lösung siehe Seite 415

12. Welches der folgenden Wörter fällt aus der Reihe?

A. Parodie
B. Emerit
C. Anekdote
D. Satire

Lösung siehe Seite 415

13. Welche Zahl steht für das Fragezeichen?

34	7	29	11	23	16	16	22	?

A. 3
B. 5
C. 8
D. 11
E. 13

Lösung siehe Seite 415

14. Jede Linie und jedes Symbol, das in den unten stehenden vier äußeren Kreisen vorkommt, wird nach folgenden Regeln in den mittleren Kreis übertragen:

Einmal – es wird übertragen
Zweimal – es wird vielleicht übertragen
Dreimal – es wird übertragen
Viermal – es wird nicht übertragen

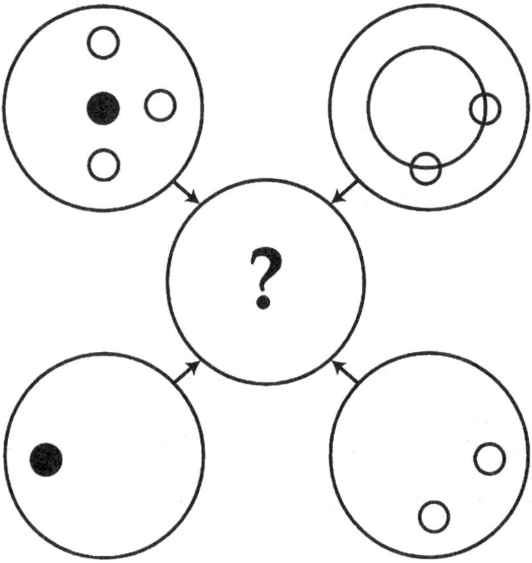

Welcher der unten stehenden Kreise erscheint in der Mitte?

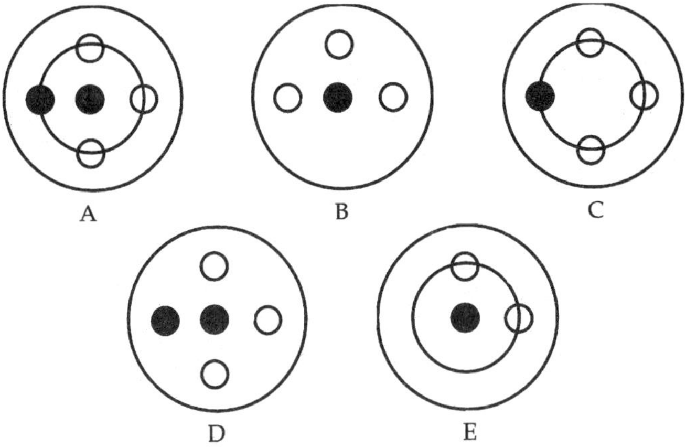

Lösung siehe Seite 415

15. Welche Zahl steht für das Fragezeichen?

A. 30
B. 32
C. 34
D. 36
E. 38

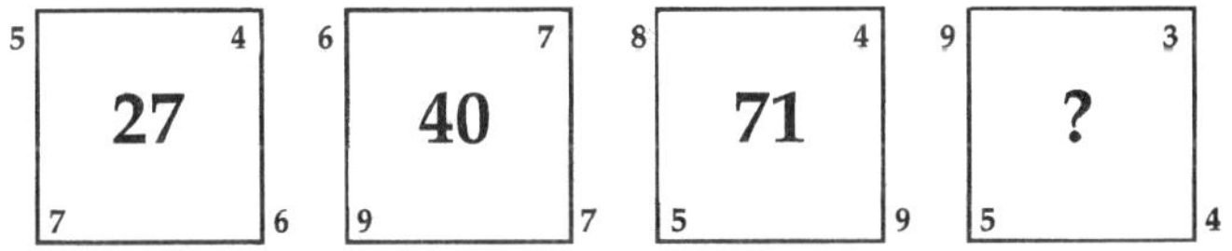

Lösung siehe Seite 415

16. Welcher Kreis setzt die unten stehende Folge fort und ersetzt das Fragezeichen?

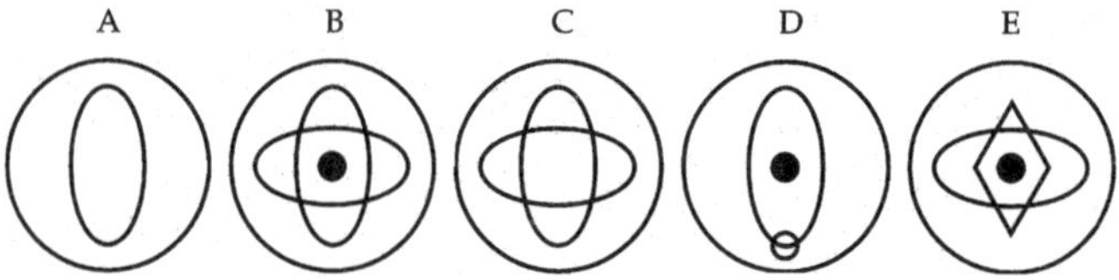

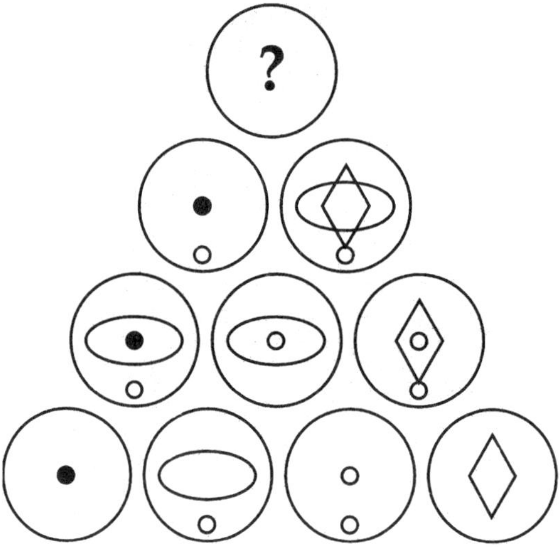

Lösung siehe Seite 415

17. Welches der folgenden Wörter hat dieselbe Bedeutung wie das Wort MEDIATOR?

A. Kirchenvorsteher
B. Handwerker
C. Lehrer
D. Bettler
E. Vermittler

Lösung siehe Seite 415

18. Vereinfachen Sie folgende Rechnung und finden Sie y.

$$\frac{8 \times 7}{\frac{2}{7} - \frac{2}{14}} = y$$

Lösung siehe Seite 415

19.

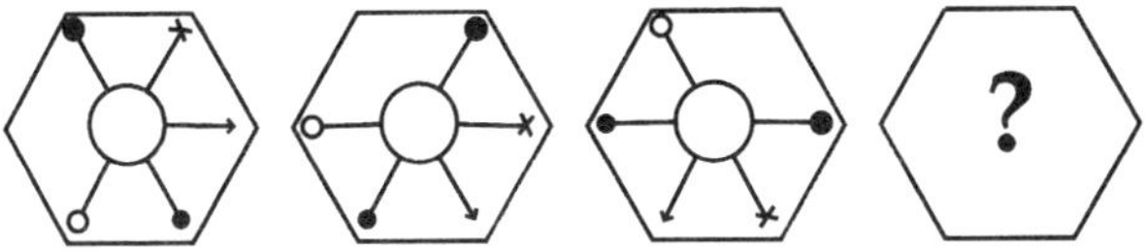

Welches der unten stehenden Sechsecke sollte das Fragezeichen ersetzen?

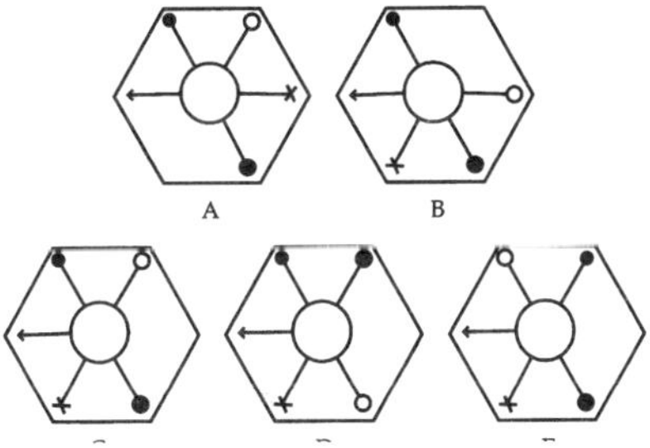

Lösung siehe Seite 415

Test 2

1.

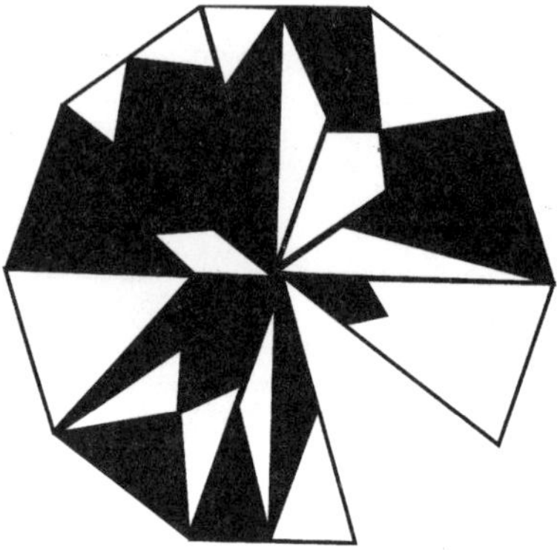

Welches Teil fehlt in der oben stehenden Abbildung?

A B C D E

Lösung siehe Seite 415

2. 2 1 7 3 8 9 5 verhält sich zu 9 7 2 5 3 8 1 wie 9 6 7 4 8 1 2 zu:

A. 7 1 9 2 4 8 6
B. 7 9 1 4 2 6 8
C. 2 1 4 7 9 6 8
D. 1 7 9 2 4 8 6
E. 7 1 9 4 2 6 8

Lösung siehe Seite 415

3.

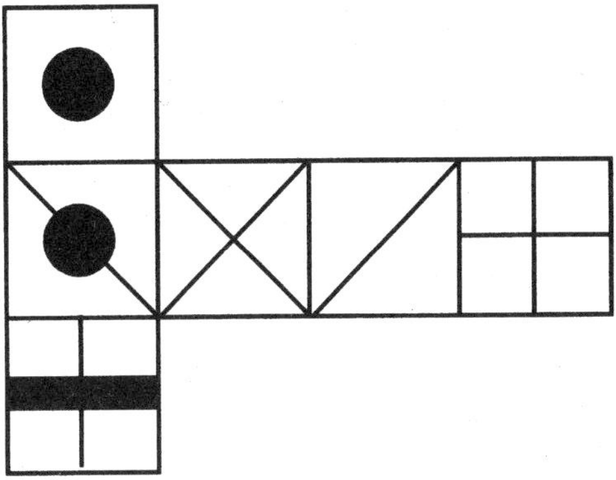

Wenn die oben stehende Figur zu einem Würfel zusammengefaltet wird, welcher der unten stehenden Würfel kann dann nur entstehen?

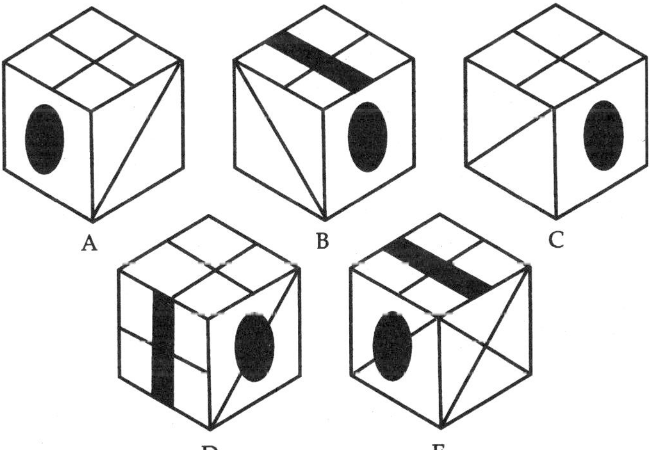

Lösung siehe Seite 415

4. Welches der folgenden Wörter gehört nicht in die Reihe?

A. Missal
B. Lexikon
C. Letter
D. Psalter
E. Thesaurus

Lösung siehe Seite 415

5. Welche Zahl steht für das Fragezeichen?

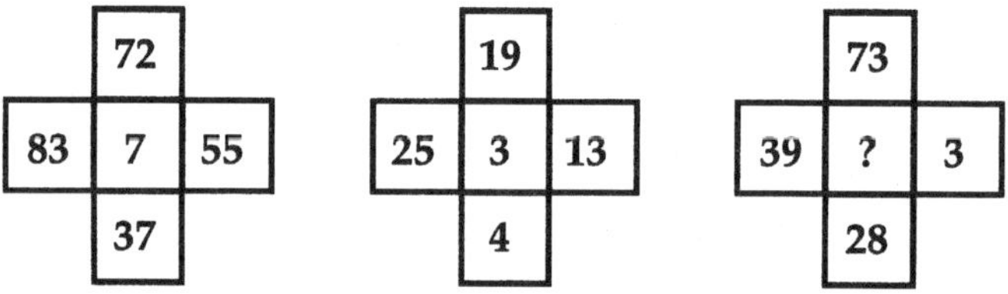

Lösung siehe Seite 416

6. Welches der folgenden Wörter ist ein Synonym für EXPRESSIV?

A. Partikular
B. Suggestiv
C. Positiv
D. Eloquent
E. Elegant

Lösung siehe Seite 416

7.

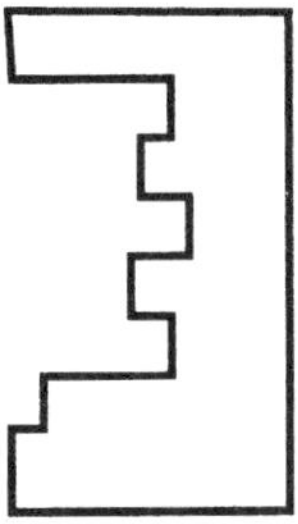

Welche der unten stehenden Figuren bildet mit der oben stehenden ein komplettes Rechteck?

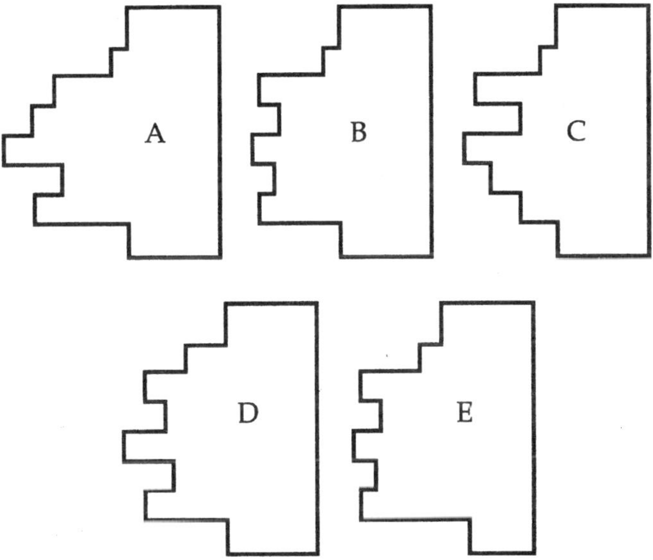

Lösung siehe Seite 416

☺ **8.** Welche beiden Wörter haben eine gegenteilige Bedeutung?

A. Expandieren
B. Delektieren
C. Kontrahieren
D. Ignorieren
E. Animieren

Lösung siehe Seite 416

☹ **9.** Ken ist eineinhalbmal so alt wie Phil, der wiederum eineinhalbmal so alt ist wie David. Insgesamt sind sie 152 Jahre alt. Wie alt ist Phil?

Lösung siehe Seite 416

☺ **10.** Zweifel : Überzeugung

Welche der unten stehenden Wörter stehen in demselben Verhältnis zueinander wie die beiden obigen?

A. Fehlerhaftigkeit : Beispielhaftigkeit
B. Oberflächlichkeit : Schnelligkeit
C. Mut : Entschlossenheit
D. Instinkt : Berechenbarkeit
E. Routine : Ausnahme

Lösung siehe Seite 416

11. Welche der folgenden Abbildungen passt nicht zu den anderen?

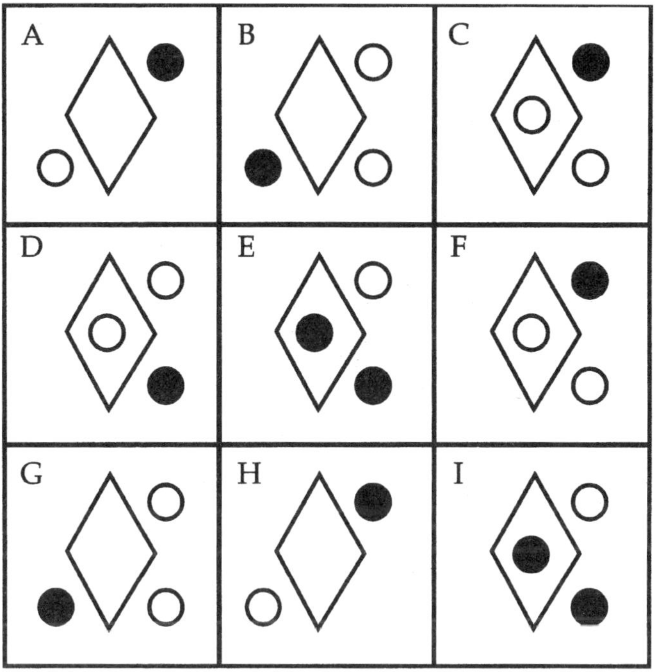

Lösung siehe Seite 416

12. Welche Zahl sollte fur das Fragezeichen eingesetzt werden?

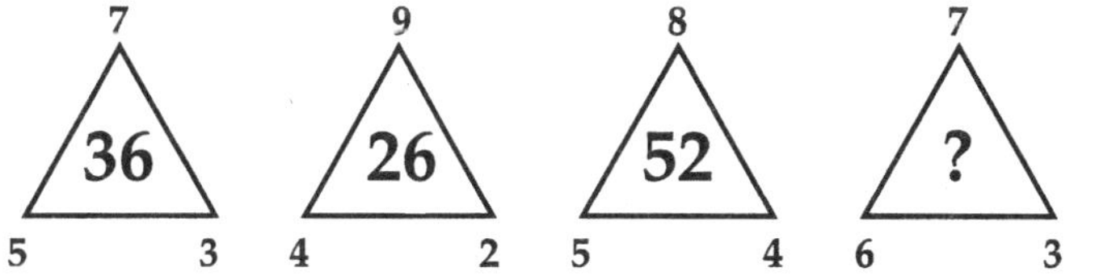

Lösung siehe Seite 416

13. In jedem der neun Quadrate, die mit 1A bis 3C bezeichnet sind, sollten alle Elemente enthalten sein, die in den Quadraten mit demselben Buchstaben und derselben Zahl am oberen bzw. linken Rand enthalten sind. In dem Quadrat 2B z. B. sollten alle Symbole enthalten sein, die in den Quadraten 2 und B enthalten sind. Eines der Quadrate fällt aus dem Rahmen. Welches?

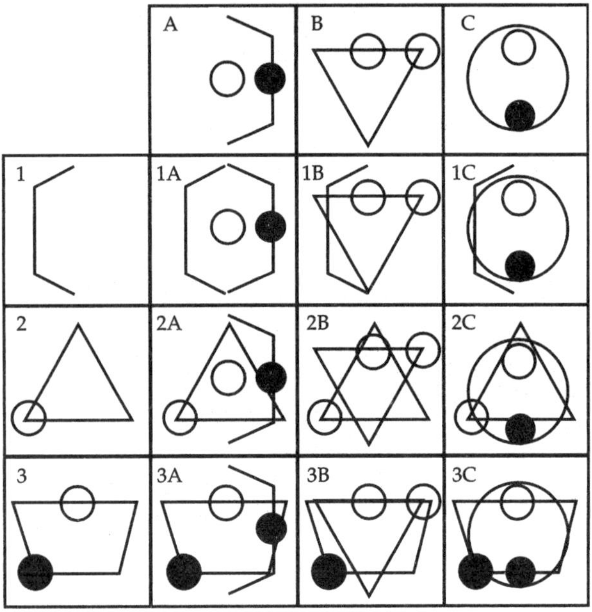

Lösung siehe Seite 416

14. Welches der unten stehenden Wörter ist ein Synonym für Paroxismus?

A. Pfändung
B. Überfluss
C. Spasmus
D. Parodie

Lösung siehe Seite 416

15. Welche der folgenden Zahlen sollte für das Fragezeichen eingesetzt werden?

6	**2**	**5**	**7**
8	**3**	**17**	**7**
9	**2**	**9**	**9**
7	**4**	**10**	**?**

Lösung siehe Seite 416

16. Welcher der unten stehenden Kreise fällt aus dem Rahmen?

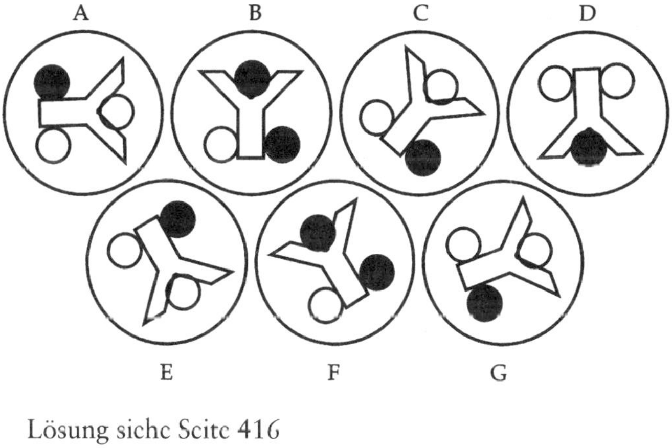

Lösung sichc Scitc 416

17. Welche Zahl sollte für das Fragezeichen eingesetzt werden?

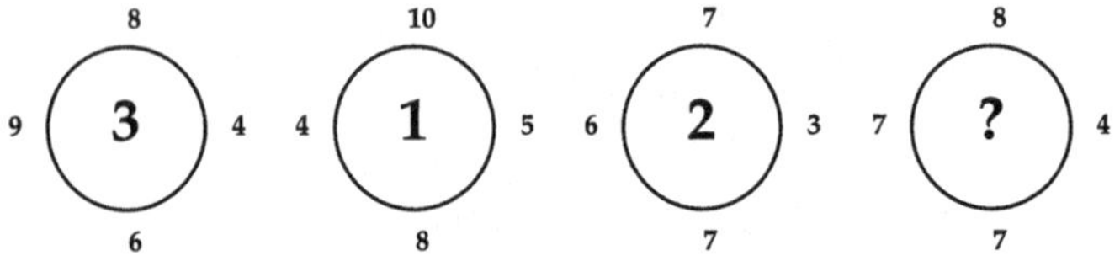

Lösung siehe Seite 417

18. Welches der folgenden Wörter ist das Gegenteil von MALADE?

A. Flackernd
B. Blinzelnd
C. Gesund
D. Nachlässig
E. Gewichtigkeit

Lösung siehe Seite 417

19.

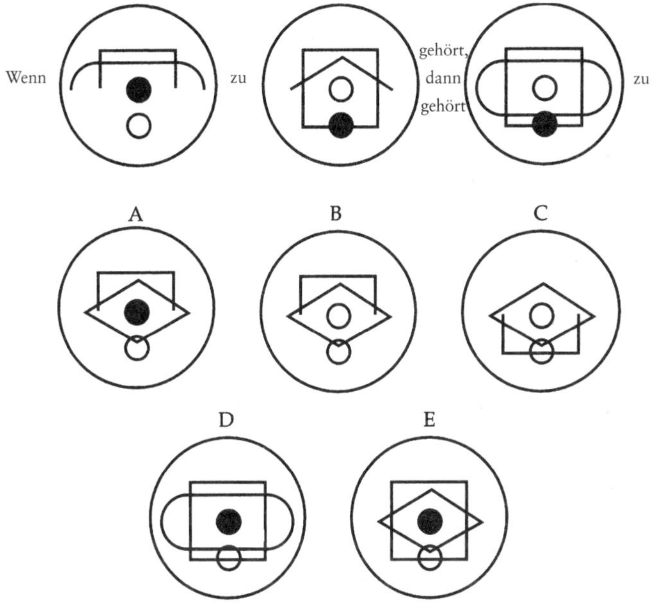

Lösung siehe Seite 417

Test 3

☺ **1.** Welche der folgenden Figuren fällt aus dem Rahmen?

Lösung siehe Seite 417

☺ **2.** Welche Zahl sollte für das Fragezeichen eingesetzt werden?

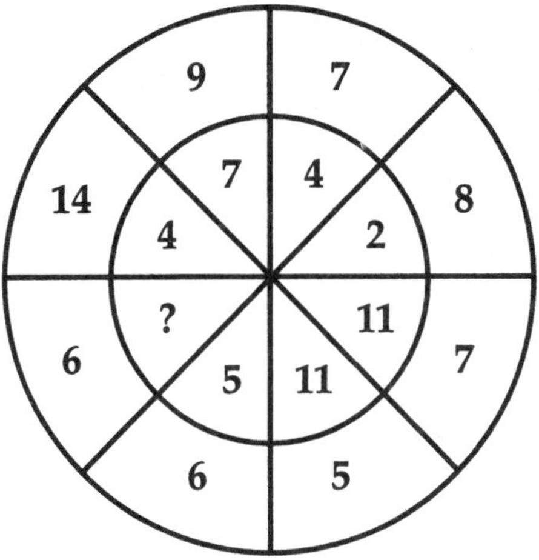

Lösung siehe Seite 417

☺ **3.** Welche Wörter haben eine gegensätzliche Bedeutung?

A. Abstrus
B. Defizitär
C. Verschwenderisch
D. Sicher
E. Rational

Lösung siehe Seite 417

4.

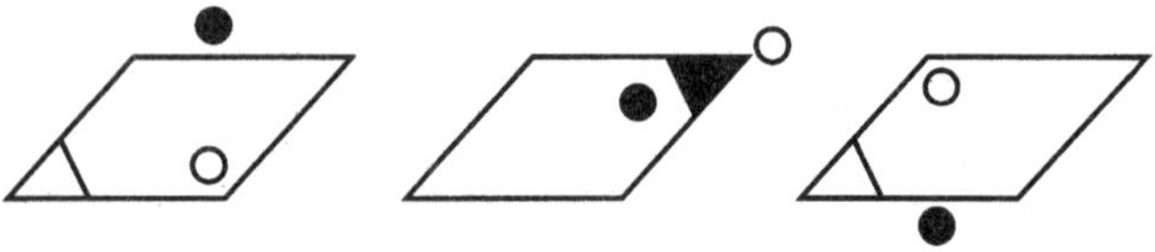

Welche der folgenden Abbildungen setzt die obige Reihe fort?

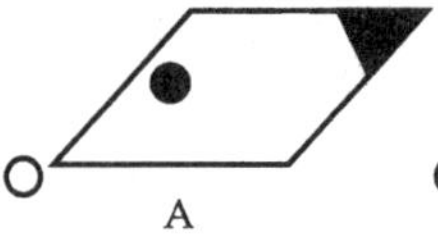

A

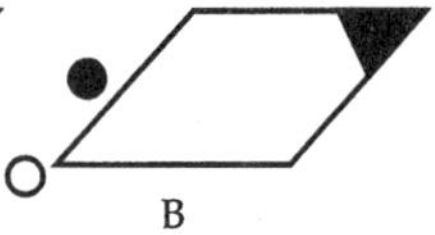

B

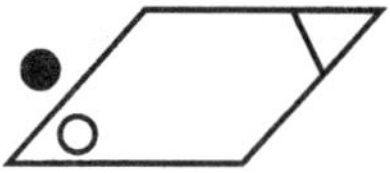

C

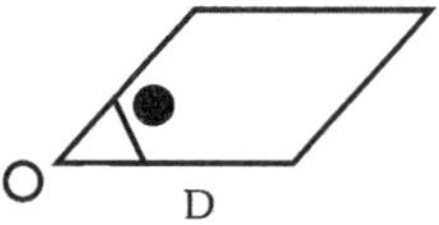

D

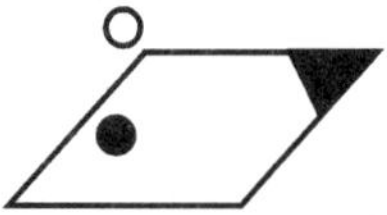

E

Lösung siehe Seite 417

5. Ein Mann kehrte von seinem Gewächshaus mit einem Körbchen voller Kirschen nach Hause zurück. Seinem ersten Freund gab er die Hälfte seiner Kirschen plus ein halbes Paar Kirschen, seinem zweiten Freund gab er die Hälfte von dem, was er übrig hatte, plus ein halbes Paar Kirschen und dem dritten gab er die Hälfte von dem, was er übrig hatte, plus ein halbes Paar Kirschen. Das führte dazu, dass er am Ende gar keine Kirschen mehr hatte. Wie viele hatte er am Anfang?

Lösung siehe Seite 417

6. Welche der unten stehenden Zahlen sollte für das Fragezeichen eingesetzt werden?

1 2 3 7 22 ?

A. 52
B. 68
C. 126
D. 154
E. 155

Lösung siehe Seite 418

7.

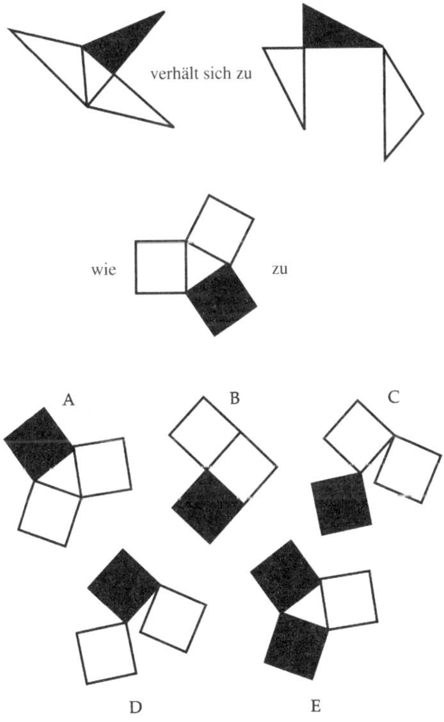

Lösung siehe Seite 418

8. Welches der folgenden Wörter fällt aus dem Rahmen?

A. Schatulle
B. Ballon
C. Dekantiergefäß
D. Demijohn
E. Ampulle

Lösung siehe Seite 418

9. Welches Wort ist ein Synonym für DOKUMENTATION?

A. Gültigkeit
B. Management
C. Stärke
D. Ressourcen
E. Bericht

Lösung siehe Seite 418

10. Welche Zahl sollte für das Fragezeichen eingesetzt werden?

1	7	5	9	5	7
6	4	8	1	4	4
2	3	2	?	9	2
9	1	2	3	3	5
2	6	5	4	3	7

Lösung siehe Seite 418

11. Welche Zahl sollte für das Fragezeichen eingesetzt werden?

91 $73\frac{5}{8}$ $56\frac{1}{4}$ $38\frac{7}{8}$?

Lösung siehe Seite 418

12. Welche der folgenden Zutaten findet man immer im CURAÇAO?

A. Pflaumen
B. Zitronenschale
C. Orangenschale
D. Kirschen
E. Limetten

Lösung siehe Seite 418

13. Welcher der folgenden Kreise sollte für das Fragezeichen eingesetzt werden und vervollständigt die Reihe?

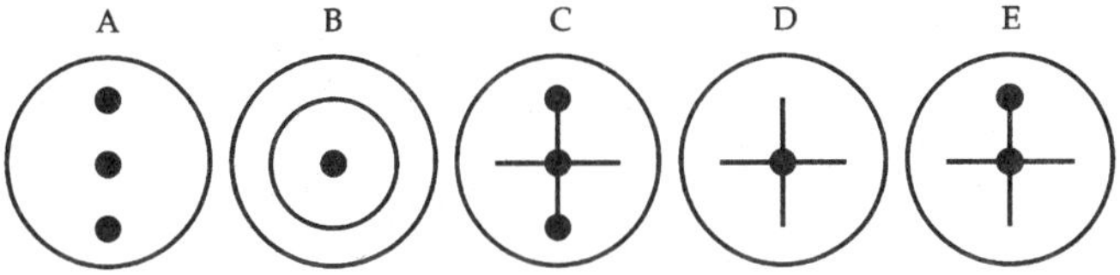

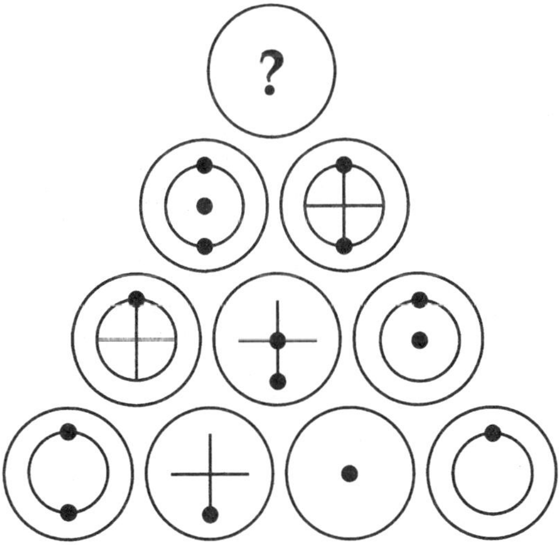

Lösung siehe Seite 418

14. Welche Zahl sollte für das Fragezeichen eingesetzt werden?

7	5	9	18
6	3	7	21
4	3	9	?
7	4	8	24

Lösung siehe Seite 418

15.

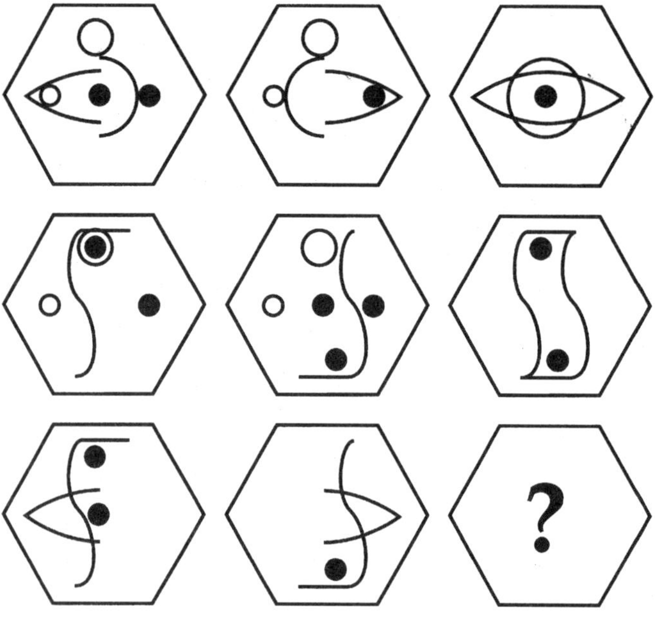

Welches der unten stehenden Sechsecke sollte für das Fragezeichen eingesetzt werden?

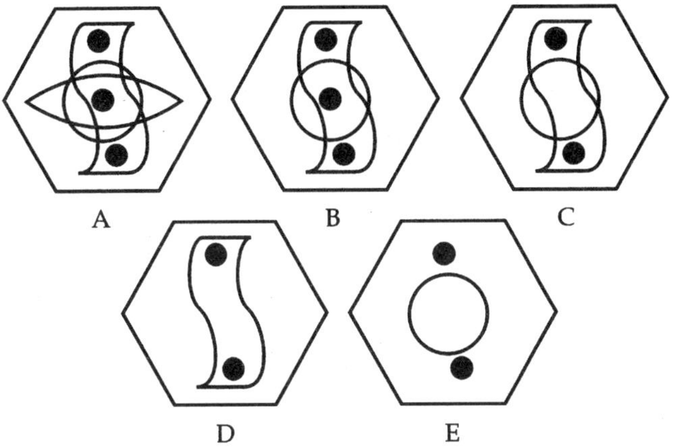

Lösung siehe Seite 418

16. Welche Zahl sollte für das Fragezeichen eingesetzt werden?

$2 \quad -5\frac{7}{8} \quad -13\frac{3}{4} \quad ? \quad -29\frac{1}{2} \quad -37\frac{3}{8}$

Lösung siehe Seite 418

17. Welche der folgenden Wörter haben eine gegensätzliche Bedeutung?

A. Großartig
B. Unheilvoll
C. Wirtschaftlich
D. Rein
E. Scharf
F. Fleckig

Lösung siehe Seite 418

18. Welches Wort hat eine ähnliche Bedeutung wie DEKADENT?

A. Heilig
B. Böse
C. Schlecht
D. Aufregend
E. Kraftlos

Lösung siehe Seite 418

19.

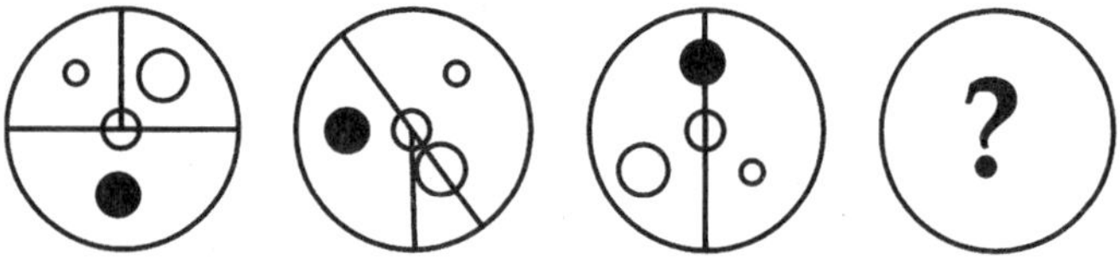

Welcher der folgenden Kreise vervollständigt die obige Reihe?

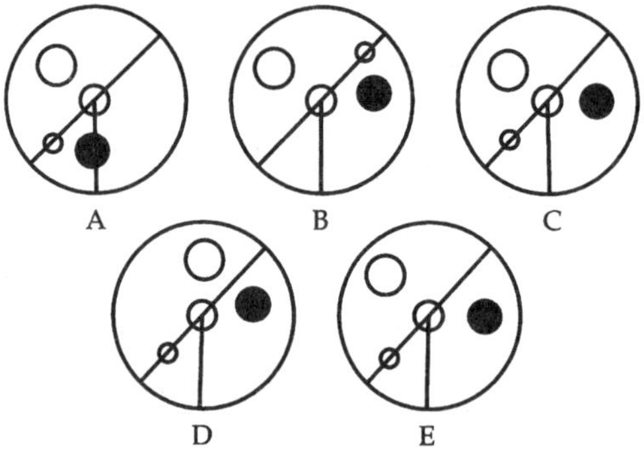

Lösung siehe Seite 418

Test 4

☺ **1.**

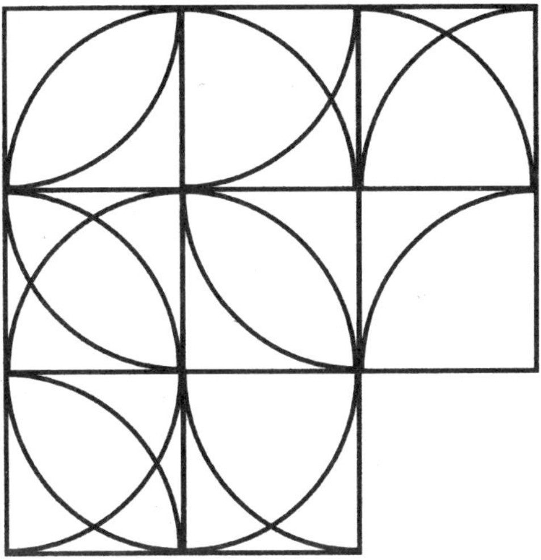

Welches der unten stehenden Quadrate vervollständigt das oben stehende Quadrat?

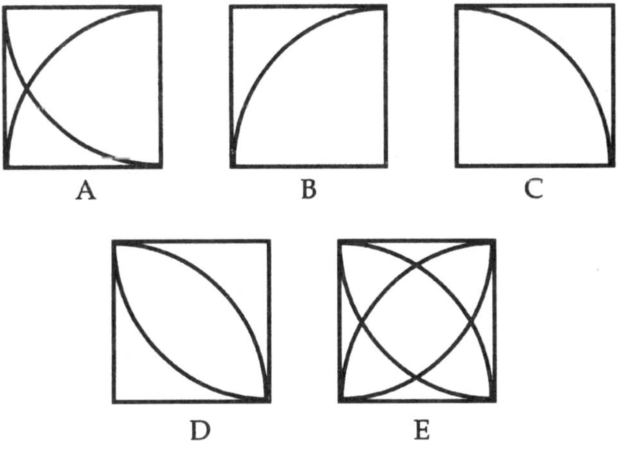

Lösung siehe Seite 419

2. Welche Zahl sollte für das Fragezeichen eingesetzt werden?

12	**33**	**21**	**12**
27	**?**	**31**	**27**
15	**25**	**10**	**15**
12	**33**	**21**	**12**

Lösung siehe Seite 419

3. NEST verhält sich zu EICHHÖRNCHEN wie HORST zu:

A. Otter
B. Dachs
C. Bussard
D. Frettchen
E. Maulwurf

Lösung siehe Seite 419

4. Wie viel ergibt $^7/_9 \div ^1/_3$?

Lösung siehe Seite 419

5.

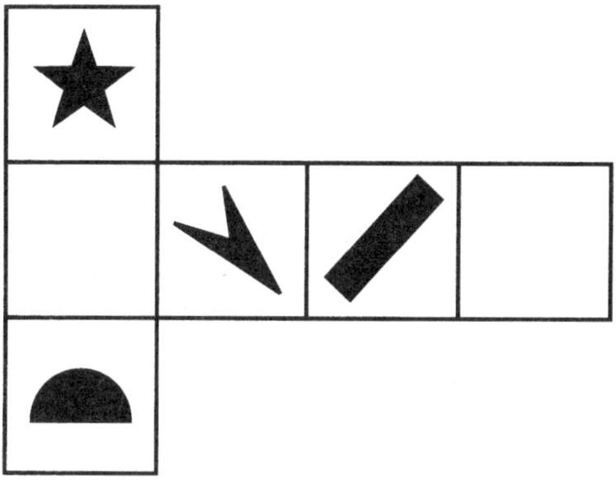

Wenn man die obigen Flächen zusammenfaltet, erhält man einen der folgenden Würfel. Welchen?

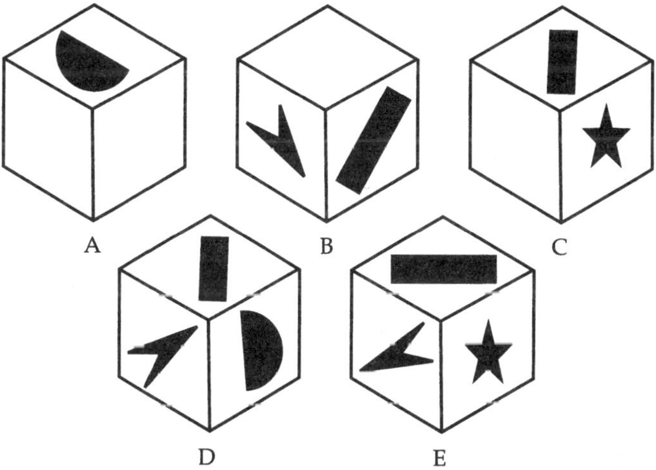

Lösung siehe Seite 419

6. Welche Zahl sollte für das Fragezeichen eingesetzt werden?

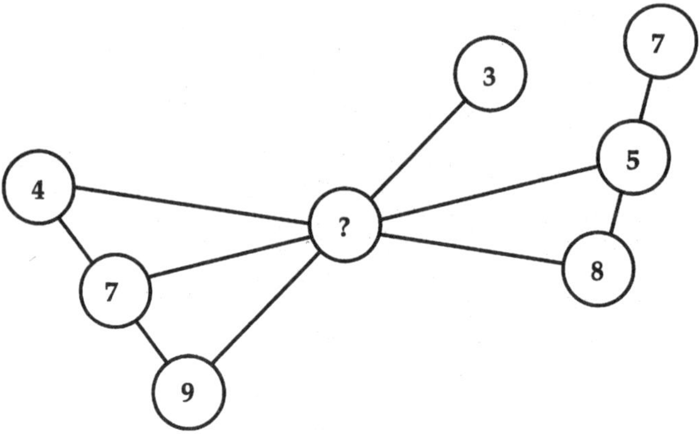

Lösung siehe Seite 419

7.

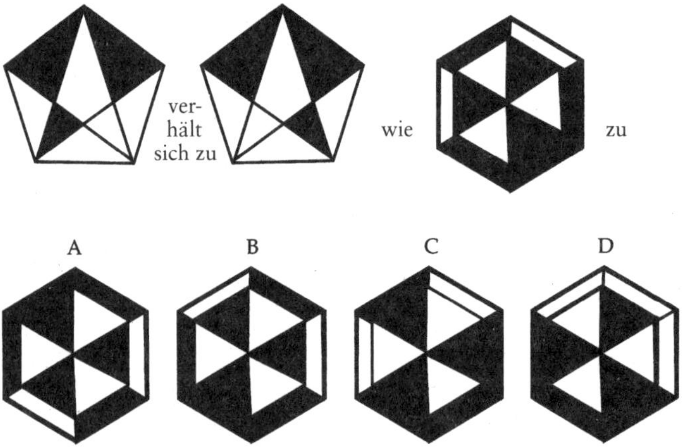

Lösung siehe Seite 419

8. Zwei Personen treffen sich auf einer Brücke. Eine ist die Mutter vom Sohn der anderen. Wie sind sie verwandt?

Lösung siehe Seite 419

9. Welche beiden Wörter bilden ein Gegensatzpaar?

A. Generös
B. Effizient
C. Firm
D. Deprimiert
E. Nutzlos
F. Korrupt

Lösung siehe Seite 419

10. Welches Wort fällt aus der Reihe?

A. Schlappschwanz
B. Feigling
C. Verräter
D. Weichling
E. Muttersöhnchen

Lösung siehe Seite 419

11. Welche Zahl kann für das Fragezeichen eingesetzt werden?

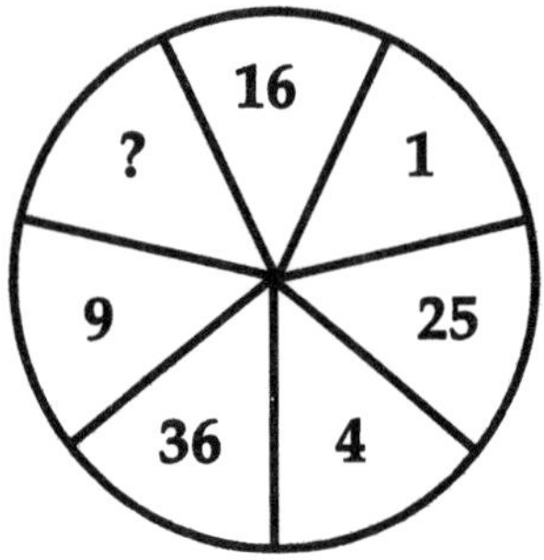

A. 46
B. 45
C. 47
D. 49
E. 0

Lösung siehe Seite 419

12. Welche beiden Wörter sind sich in der Bedeutung am ähnlichsten?

A. Hastig
B. Indirekt
C. Sorglos
D. Unterschwellig
E. Vorsichtig
F. Aalglatt

Lösung siehe Seite 419

13. Welches Wort fällt aus der Reihe?

A. Regenerieren
B. Regulieren
C. Revitalisieren
D. Rekonstruieren
E. Reanimieren

Lösung siehe Seite 419

14. Welche Zahl sollte für das Fragezeichen eingesetzt werden?

5 1 $2\frac{1}{2}$ $2\frac{1}{2}$ 0 4 $-2\frac{1}{2}$?

Lösung siehe Seite 419

15. Welche Zahl sollte für das Fragezeichen eingesetzt werden?

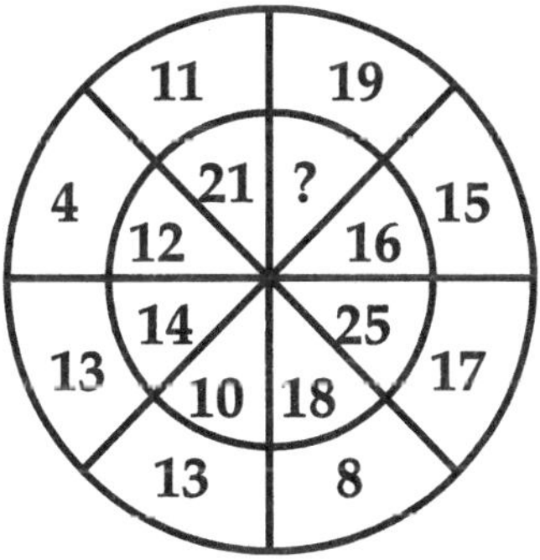

Lösung siehe Seite 419

☺ **16.** Welcher der folgenden Begriffe hat nichts mit Wind zu tun?

A. Mistral
B. Tango
C. Monsun
D. Schirokko
E. Föhn

Lösung siehe Seite 419

☺ **17.** Jede Linie und jedes Symbol, das in den äußeren vier Kreisen erscheint, wird gemäß folgenden Regeln in den inneren Kreis übernommen:

Einmal – es wird übernommen
Zweimal – es wird vielleicht übernommen
Dreimal – es wird übernommen
Viermal – es wird nicht übernommen

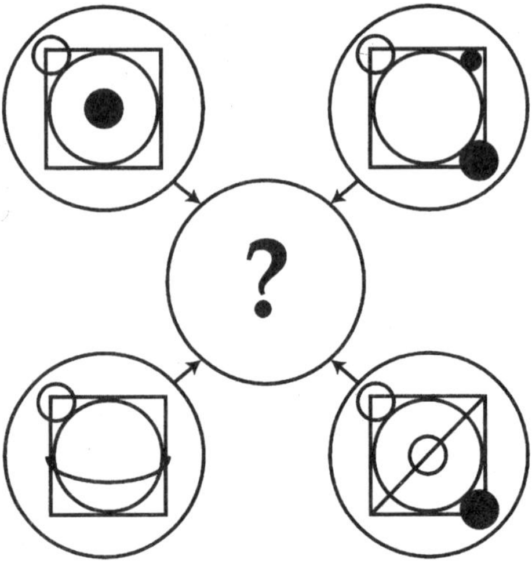

Welcher der unten stehenden Kreise gehört in den mittleren Kreis?

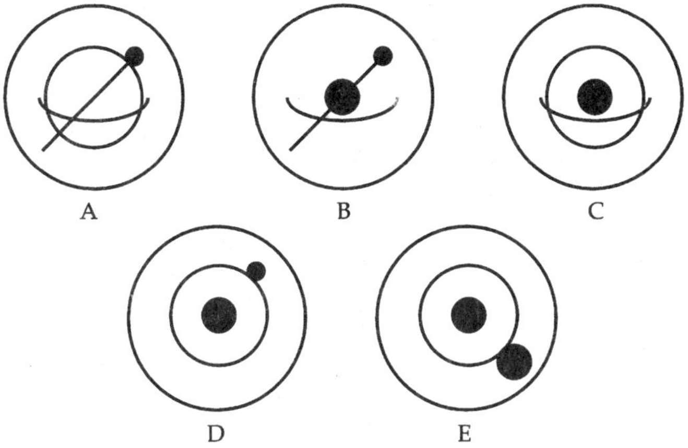

Lösung siehe Seite 419

18. Welche Zahl sollte für das Fragezeichen eingesetzt werden?

Lösung siehe Seite 420

19.

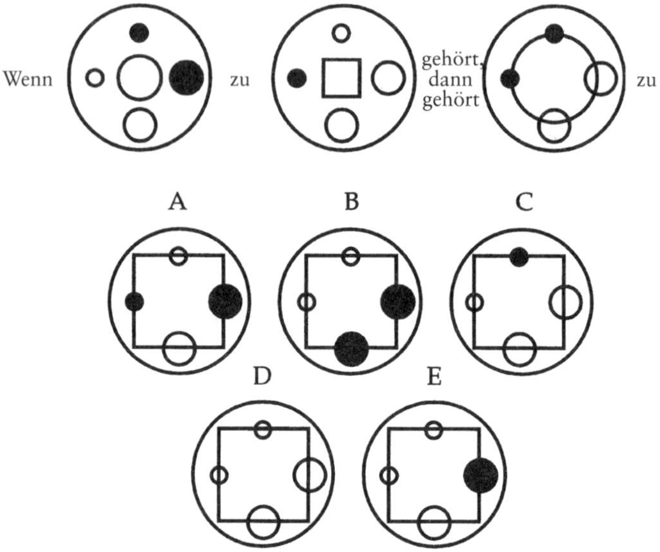

Lösung siehe Seite 420

20. Welches der folgenden Wörter fällt aus der Reihe?

A. Brut
B. Rudel
C. Herde
D. Versammlung
E. Schar

Lösung siehe Seite 420

21. Welches der folgenden Wörter ist das Gegenteil von TOXISCH?

A. Systematisch
B. Paroxysmal
C. Nutritiv
D. Quecksilberhaltig
E. Traumatisch

Lösung siehe Seite 420

22. Vereinfachen Sie folgende Rechnung und berechnen Sie x.

$$\frac{64 \times 32}{\frac{1}{8} - \frac{1}{16}} = x$$

Lösung siehe Seite 420

23.

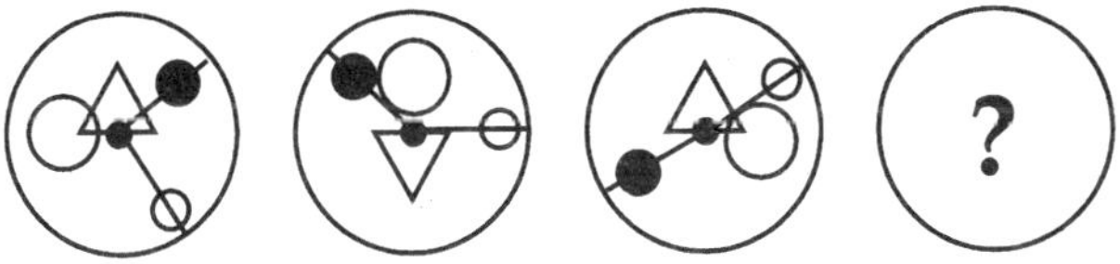

Welcher der unten stehenden Kreise setzt die obige Reihe fort?

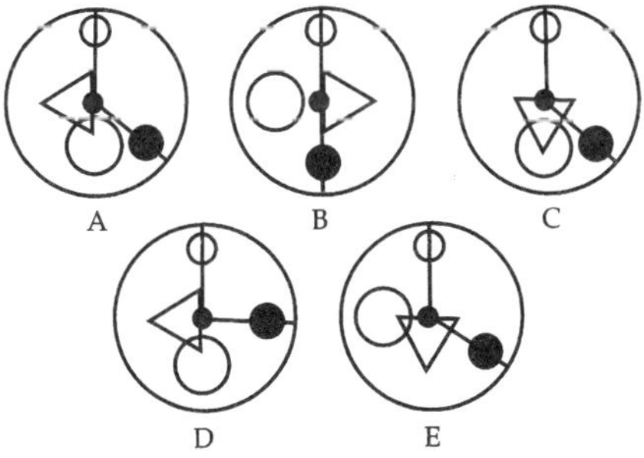

Lösung siehe Seite 420

Rätsel für Genies

Räumliches Denkvermögen

Räumliches Denken wird oft als ein Maß für den Intelligenzquotienten verwendet. Dafür gibt es zwei Gründe: Erstens ist diese nicht-verbale Fähigkeit überhaupt nicht mit Bildung und erlerntem Wissen verbunden. Es hat nichts damit zu tun, was wir in der Schule gelernt haben. Dadurch kommt es der echten Intelligenz am nächsten. Andere Tests, die z. B. mathematische oder verbale Fähigkeiten testen, sind auch wichtig, doch sie haben den Nachteil, dass jemand mit einer guten Bildung leichter hohe Punktzahlen erreicht. Sein IQ ist dann durch sein Training übertrieben.

Zweitens wird räumliches Denken nicht durch Sprachschwierigkeiten beeinträchtigt und ist dadurch, wie Psychologen sagen, „kulturell fair". Mit anderen Worten: Menschen, die sich mit einem Test, der auf Sprache basiert, unwohl fühlen (z. B. Kinder oder Menschen, die den Test in einer Sprache ablegen, die nicht ihre Muttersprache ist), sind bei einem Test über räumliches Denken nicht benachteiligt.

Für diesen Test haben Sie 30 Minuten Zeit.

☺ **1.** Welches Bild passt nicht in die Reihe?

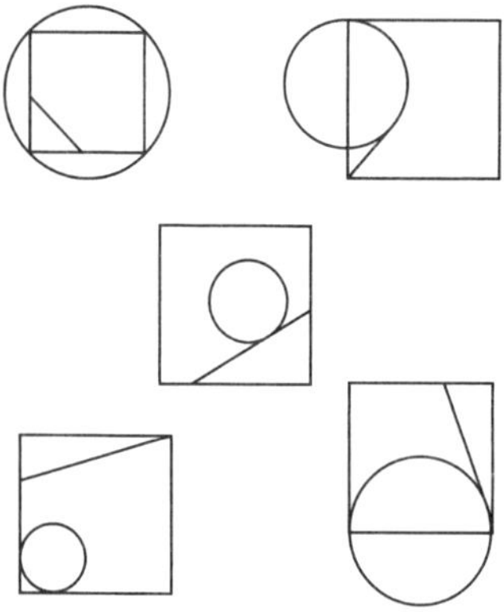

Lösung siehe Seite 420

2. Was kommt nach 4: A, B, C, D oder E?

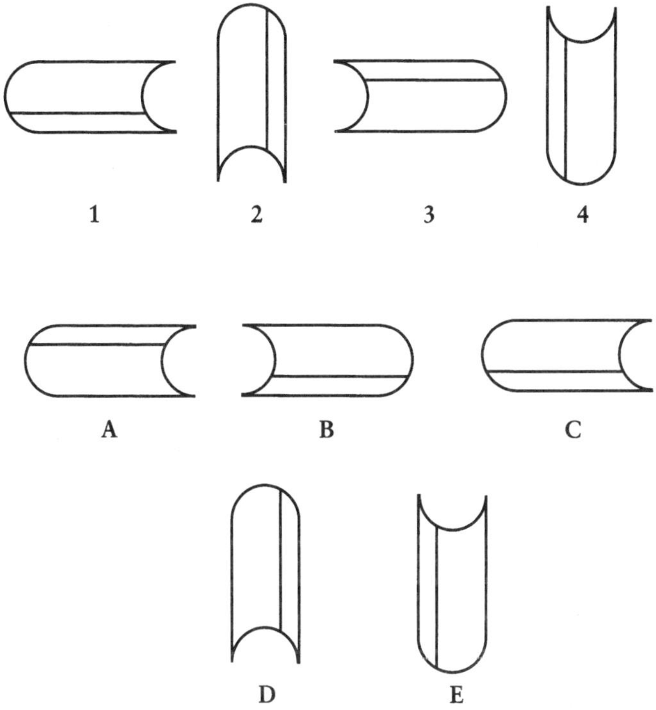

Lösung siehe Seite 420

3. Was folgt auf 3?

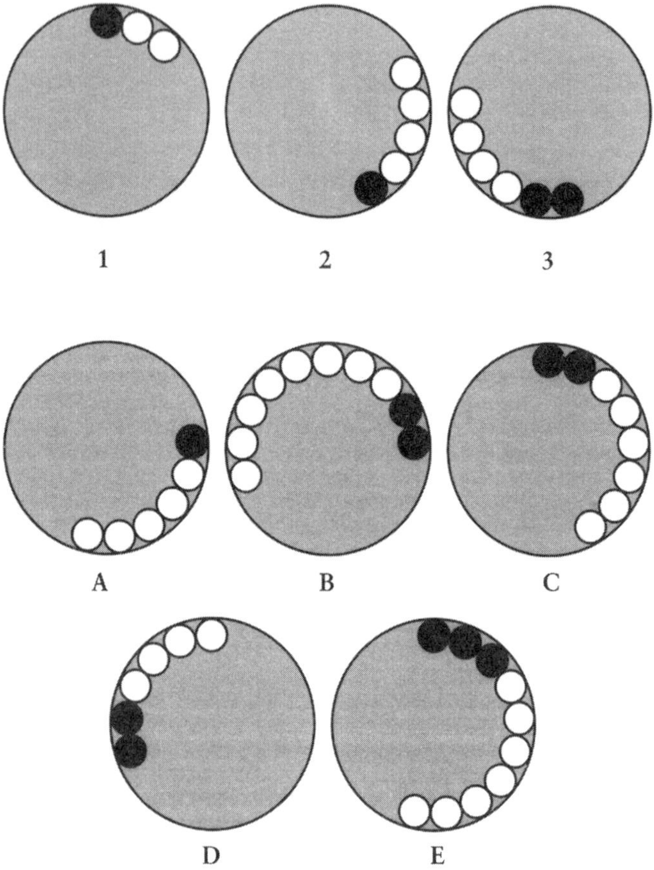

Lösung siehe Seite 420

4. Welches Bild passt nicht dazu?

A

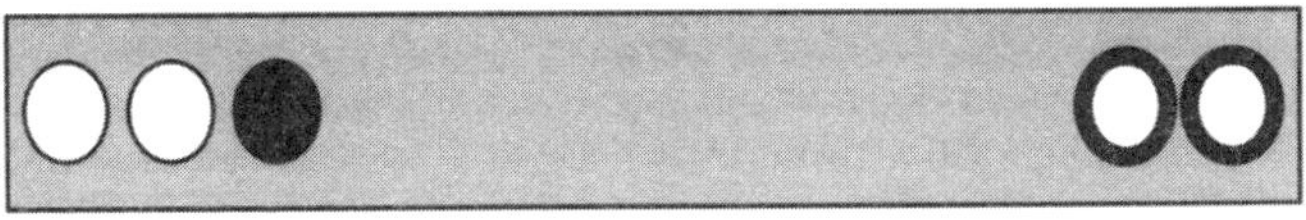

B

C

D

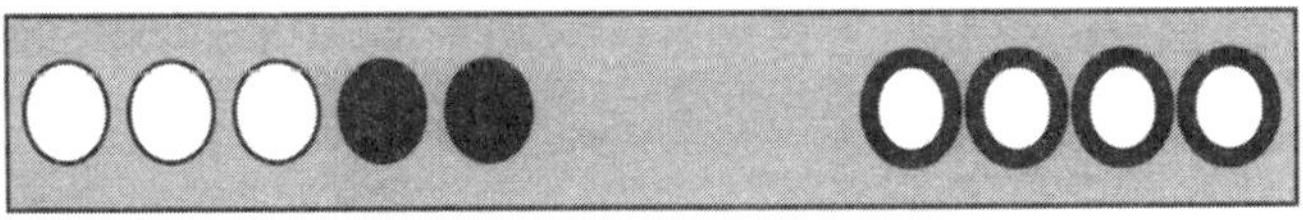

E

Lösung siehe Seite 420

5. Was kommt als Nächstes in dieser Abfolge?

1 2 3

A B C

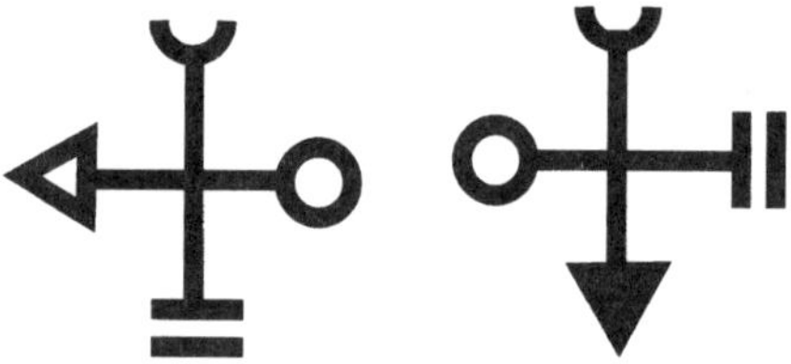

D E

Lösung siehe Seite 421

☹ **6.** A verhält sich zu B wie C zu …?

A

B

C

D

E

F

G

H

Lösung siehe Seite 421

7. Welches Bild passt nicht?

A

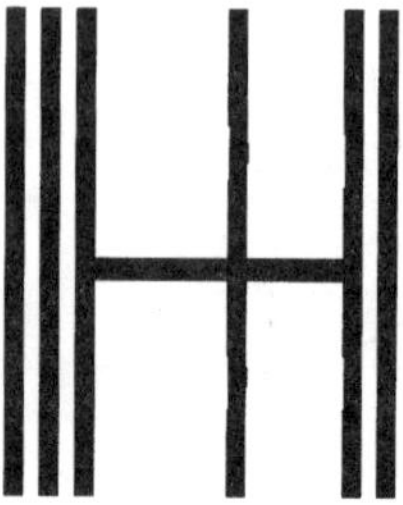

B

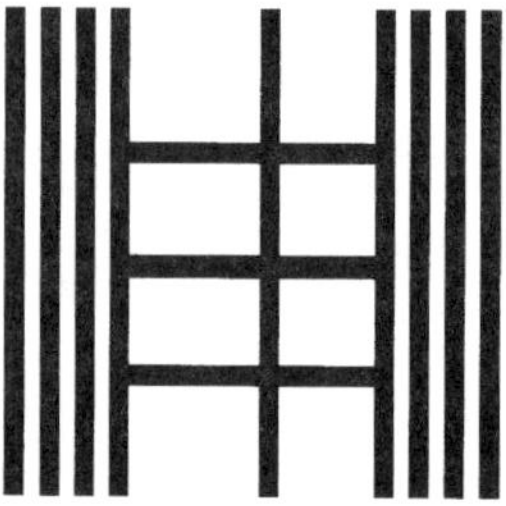

C

D

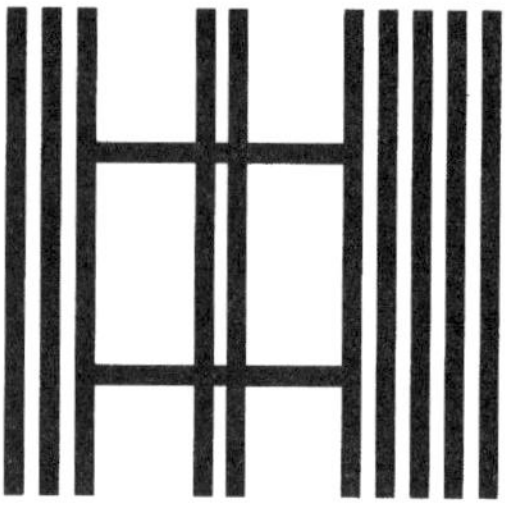

E

Lösung siehe Seite 421

8. A verhält sich zu B wie C zu …?

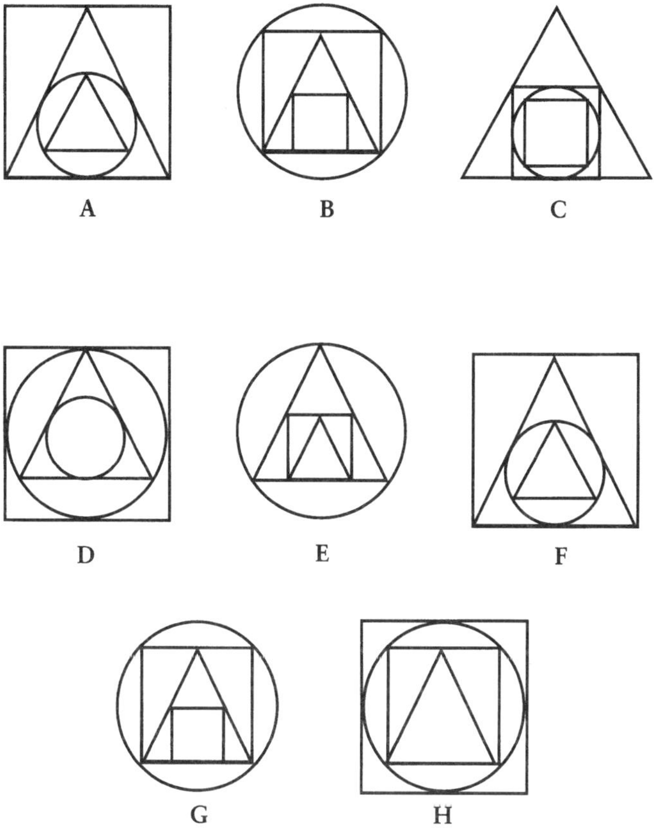

Lösung siehe Seite 421

9. A verhält sich zu B wie C zu …?

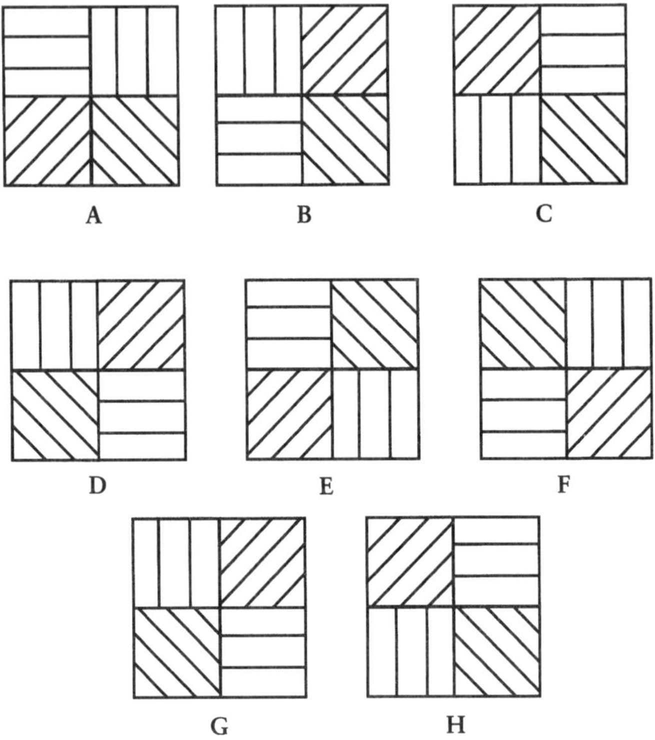

Lösung siehe Seite 421

☺ **10.** Welches Bild passt nicht dazu?

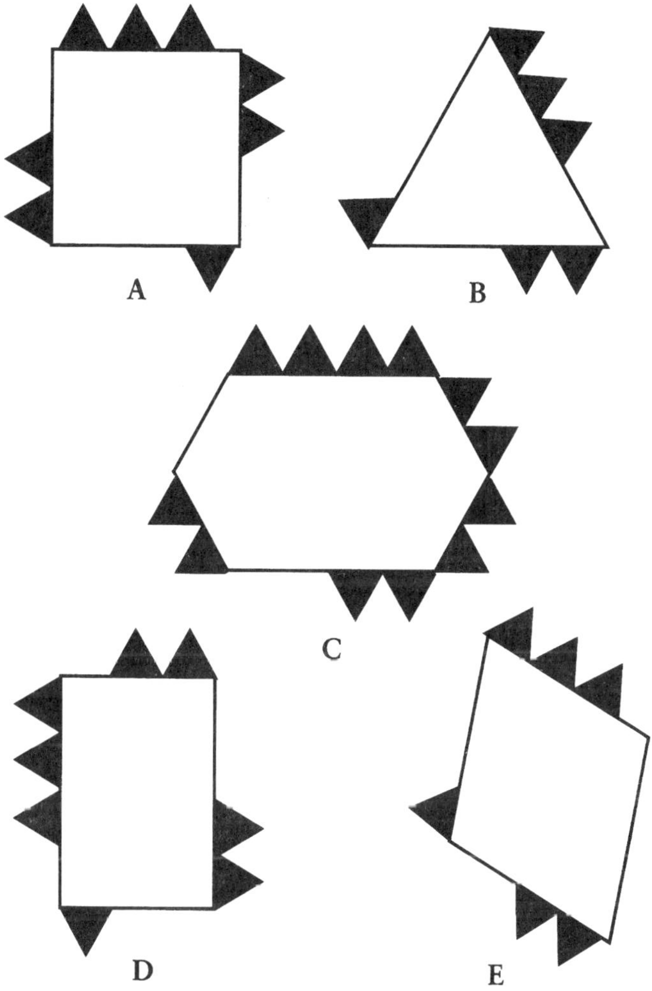

Lösung siehe Seite 421

☹ **11.** Welcher Würfel kann aus diesem Blatt geformt werden?

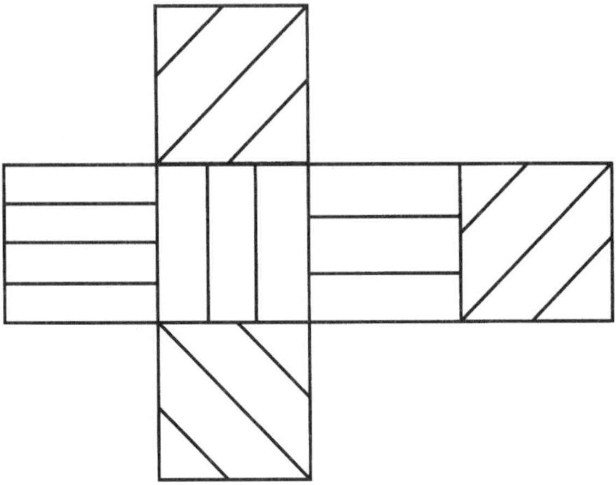

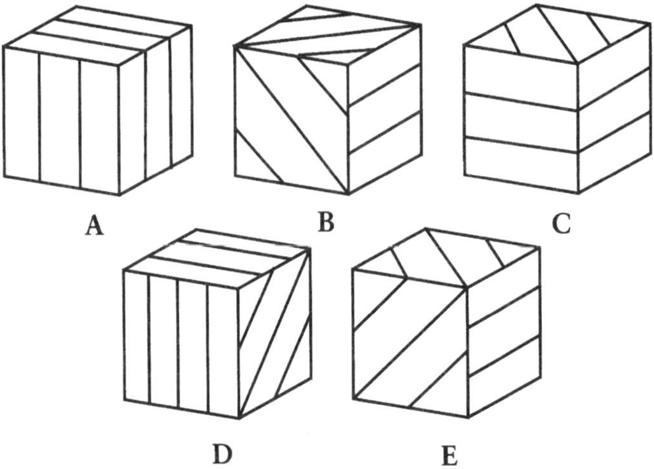

Lösung siehe Seite 421

12. Welches Bild macht aus A ein vollständiges Quadrat?

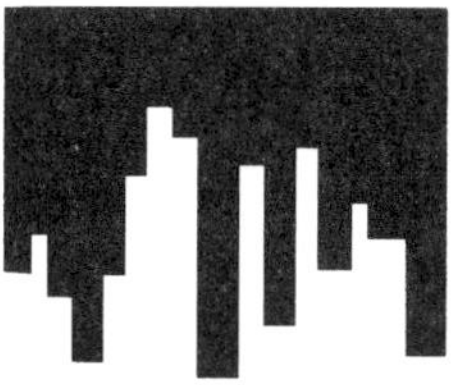

A

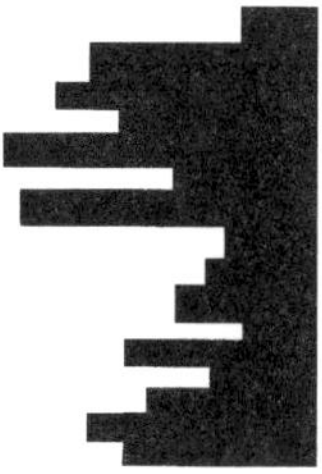

B

C

D

E

F

Lösung siehe Seite 421

13. Welches Bild passt nicht dazu?

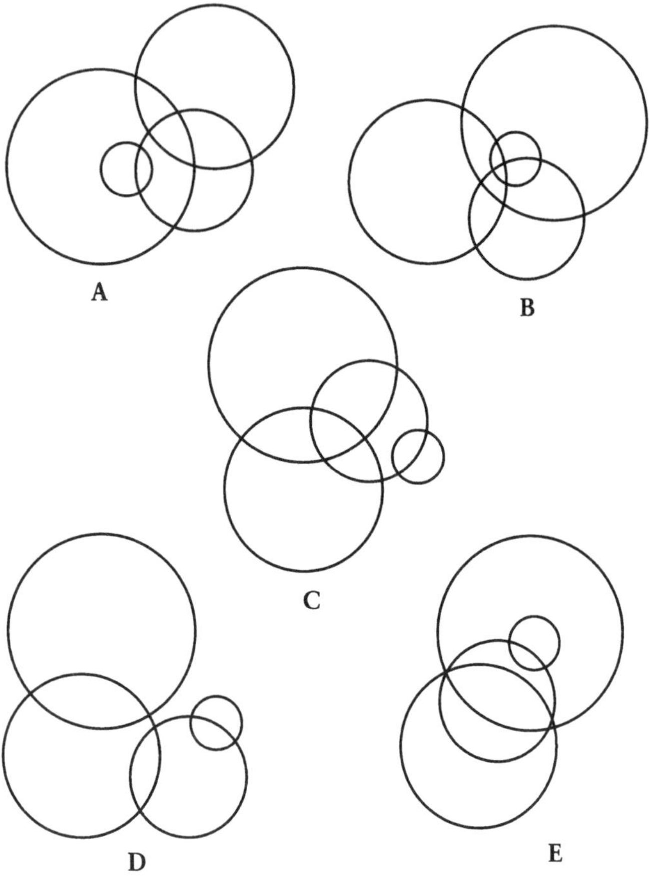

Lösung siehe Seite 421

14. A verhält sich zu B wie C zu …?

A	B	C
C	E	D
F	I	W
T	X	B

D	E	F	G	H
Z	F	Y	E	F
F	Z	C	Y	Y
C	F	F	E	G

Lösung siehe Seite 421

15. Welches Bild passt nicht dazu?

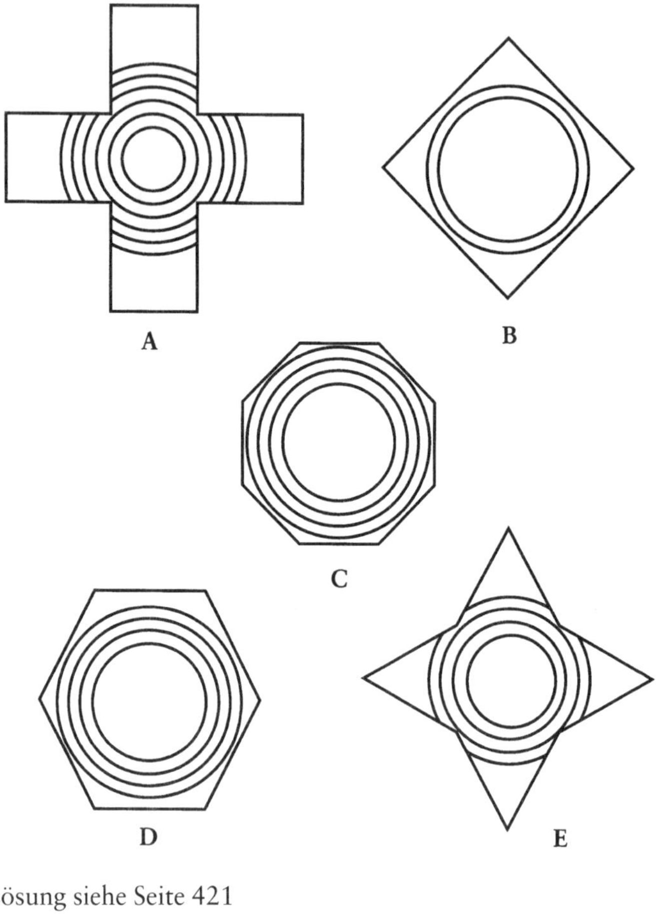

Lösung siehe Seite 421

Mathematisches Denkvermögen

Zwischen mathematischen Fähigkeiten und dem IQ gab es schon immer einen engen Zusammenhang. Gut mit Zahlen umgehen zu können ist ein sicheres Indiz für eine lebhafte Intelligenz. Der Umkehrschluss gilt allerdings keinesfalls immer. Menschen, die nicht gut mit Zahlen umgehen können, sind nicht automatisch unintelligent. Die Ergebnisse dieser Tests sollten deshalb mit Vorsicht interpretiert werden.

1. Welche Zahlen setzen die Reihen a), b), c) und d) fort?
   a) 2, 5, 14, 41
   b) 84, 80, 72, 60
   c) 58, 26, 16, 14
   d) 39, 50, 63, 78
2. Wenn ▲ der Quadratwurzel der Hälfte von 128 entspricht und drei Dreiecke dem Wert von ● entsprechen, wie groß ist dann ■, wenn es ein Viertel von ● beträgt?
3. Lydia hat am 1. April 2002 1000 Euro auf ihr Sparbuch gebracht, damit es sich dort vermehrt. Der fest vereinbarte Jahreszins beträgt 8 % und ist jedes Jahr am 1. Januar fällig. Wenn das Sparguthaben weniger als ein Jahr auf dem Sparbuch lag, werden die Zinsen anteilig für den Teil des Jahres berechnet, für den das Sparguthaben auf dem Sparbuch lag. Wie viel Euro Zinsen erhält Lydia (aufgerundet, vor Steuern), wenn sie ihr Guthaben am 1. Mai 2004 abhebt?
4. Sam füllt einen Behälter mit einer Grundfläche von 24 x 18 cm und einer Höhe von 30 cm zu zwei Dritteln mit Wasser. Da er eine neugierige Seele ist, möchte er wissen, wie viel Volumen ein Bleisoldat hat, den er gerade gekauft hat. Nachdem er ihn in den Behälter gelegt hat, steigt der Wasserstand auf 22 cm. Welches Volumen hat der Soldat in cm3?
5. Drei Freundinnen stürzen sich in den Sommerschlussverkauf. Wenn Judiths Schnäppchen 60 % von Marias Einkäufen beträgt, deren Rechnungen 120 % von

Lianes ausmachen, wie viel hat dann jede ausgegeben, wenn die gesamte Rechnung 730 Euro beträgt?

6. Lukas hat beschlossen, seine Fähigkeiten im Bowling ein bisschen aufzufrischen. Beim letzten Mal hat sich gezeigt, dass er bei einem Viertel seiner Würfe 4 Kegel beim ersten Mal trifft, bei zwei Dritteln seiner Würfe trifft er 7 und sonst immer 10. Wie viele Kegel hat er wahrscheinlich im Durchschnitt umgehauen, wenn er zwei Würfe gemacht hat?

7. In einem Naturschutzgebiet wird eine Eiche gepflanzt. Der Gärtner möchte um den Setzling einen runden Schutzzaun bauen. Der Abstand vom Baum zum Zaun beträgt an jeder Stelle 90 cm. Wie groß ist die Grasfläche, die der Zaun umschließt, wenn die Fläche eines Kreises pi x R2 ist, wobei R der Radius bzw. der Abstand von der Kreismitte zum Rand ist und pi ungefähr 3,14 groß ist? Runden Sie Ihre Antwort auf cm^2 auf.

8. 100 g Pfefferminz-Münzen kosten 2,40 Euro und die teureren Orangen-Taler kosten zwei Mal so viel. Wenn 2 Orangen-Taler so viel wie 5 Pfefferminz-Münzen wiegen, die pro Stück 10 g wiegen, wie viele Orangen-Taler bekommt man dann für 3,60 Euro?

9. Bernd ist halb so alt wie sein Vater, der drei Mal so alt ist wie seine Nichte Ingrid. Wie alt ist Bernd, wenn die drei zusammen so alt sind wie Bernds 88 Jahre alte Großmutter?

10. Ein Schaltjahr kommt alle vier Jahre vor, und zwar in den Jahren, deren Jahreszahl sich genau durch vier teilen lässt, außer in jenen Jahrhunderten, die sich nicht durch 400 teilen lassen. Wie oft erlebte William Shakespeare (1564–1616) den 29. Februar? (Einschließlich der Jahre, in denen er geboren wurde bzw. starb.)

Lösungen siehe Seite 422

Sprachgewandtheit

Ein großer Wortschatz wurde schon immer als Beleg nicht nur für hohe Intelligenz, sondern auch für die Fähigkeit, das Denken auf effektive Weise zu kanalisieren, angesehen. Wenn man mit Worten und Bedeutungen jonglieren kann, dann ist man wahrscheinlich auch in der Lage, mit Ideen umzugehen und sie anderen leicht verständlich zu machen. Mit diesem Test sollen Sie Ihre verbalen Fähigkeiten prüfen. Alle Wörter sind relativ schwierig, aber doch im täglichen Gebrauch. Wir haben solche Wörter ausgelassen, die veraltet oder einem Dialekt zuzuordnen sind. Schauen Sie doch einmal, wie viele Sie richtig haben. Sie müssen sich immer das erste Wort in einer Zeile ansehen und dann entscheiden, welches weitere Wort eine ähnliche Bedeutung hat.

		A	B	C	D
1.	PRAGMATISCH	politisch	akkurat	praktisch	zivil
2.	EPIKUREER	Philosoph	Schriftsteller	Betrüger	Genießer
3.	HETERODOX	starr	variabel	unfair	andersgläubig
4.	SABBATICAL	Ritual	Urlaub	Segen	Organisation
5.	LETAL	beliebt	infektiös	nachdenklich	tödlich
6.	PROTAGONIST	Verräter	Vorstand	Haupt-darsteller	Täuscher
7.	GRADATION	Grad	Höhe	Richtigkeit	Geschicklichkeit
8.	HASCHEE	Wams	Beziehung	Fleisch	Waffe
9.	ASTRONOMISCH	riesig	voraussagend	entrückt	schwebend
10.	LASZIV	heiß	fresssüchtig	aufreizend	schläfrig
11.	LEPTOSOM	kühl	weich	unfreundlich	schmächtig
12.	DEBIL	schwächlich	vergesslich	dumm	hartnäckig
13.	GEMME	Verdopplung	Schmuck	Pilz	Tier
14.	SAEKULAR	aufwändig	weltlich	pünktlich	zeitlich
15.	PROFAN	improvisiert	tiefgründig	weltlich	zum Schein
16.	PROTOPLASMA	lebende Materie	Organismus	Zellwand	Muster
17.	PROPRIETAER	Eigentümer	Befürworter	Prediger	Untergebener
18.	FRAGIL	gerade	zerbrechlich	gefaltet	zart
19.	PROSAISCH	nachdenklich	nüchtern	hoffnungsvoll	einverstanden
20.	MONOLITH	Säule	Bogen	Gebäude	Kristall
21.	PLAUSIBEL	sensibel	offensichtlich	geheim	verständlich
22.	KAFFER	Süchtiger	Untergebener	Trottel	Verlierer
23.	MESOLITHISCH	unaufrichtig	traurig	steinzeitlich	groß
24.	EXSTIRPIEREN	zerstoren	untersuchen	fragen	fliehen
25.	PERMANENT	durchlässig	am Rande	dauernd	austauschbar
		A	B	C	D
26.	PLAZET	Gebäck	Platzhalter	Zustimmung	Sanftheit
27.	MORBID	kränkelnd	tödlich	schlecht	ausufernd
28.	INSUFFIZIENZ	Alkoholsucht	Unzuläng-lichkeit	Ungeschick-lichkeit	Krankheit
29.	OPAK	lästig	undurchsichtig	umfangreich	unverständlich
30.	ESTRADE	Landschaft	Erhebung	Ausrutscher	Schärpe
31.	OPPONIEREN	anklagen	versuchen	streiten	widersprechen
32.	BAGAGE	Wundverband	Belastung	Gesindel	Zahlungsmittel
33.	GABARDINE	Ornament	Schmuck	Stoff	Gebühr
34.	SUKZESSIV	willkürlich	vermindernd	ausreichend	schrittweise
35.	KALIBRIEREN	ausrichten	erwärmen	schön-schreiben	kalkulieren
36.	AEQUIVALENZ	Gleichgewicht	Gleichwertigkeit	Mehrdeutig-keit	Wasserleitung
37.	AFFINITAET	Allergie	Neigung	Abneigung	Anziehungskraft

38.	PUTATIV	unbestätigt	bewährt	machtlos	vertraulich
39.	DEStruktiv	schädlich	trostlos	hässlich	krank
40.	INZIDENZ	Offensichtlichkeit	Versehen	Vorfall	Beweis
41.	IMPRESARIO	Animateur	Berufsstand	Komponist	Konzertagent
42.	FERMENTATION	Gärung	Abschluss	Befruchtung	Wachstum
43.	TONSUR	Abschnitt	Glatze	Mönchs-gewand	Schmuck
44.	DEDUZIEREN	anklagen	verraten	ableiten	vergessen
45.	INSULTIEREN	beharren	auswandern	verbergen	beleidigen
46.	EXOGEN	außerhalb	oberhalb	innerhalb	dazwischen
47.	PS	Pampelmusensaft	Pansensuppe	Postscriptum	Papierstau
48.	PIGMENTATION	Gemüse	Färbung	Schweine-zucht	Fleckentferner
49.	FAKT	Zustimmung	Maschinenteil	Filmgattung	Tatsache

Lösung siehe Seite 422 f.

Verbales Denken

Trainieren Sie Ihre Sprachgewandtheit mit unten stehendem Test. Sie haben dafür 5 Minuten Zeit.

☺ 1. Mauerstein verhält sich zu Haus wie Ast zu:
a) Holz b) Baum c) Hütte d) Maus e) Blume

☺ 2. Nass verhält sich zu trocken wie übel zu:
a) Gesund b) Richtig c) Krankheit d) Glücklich e) Trocken

☺ 3. Apfel verhält sich zu Tomate wie Blumenzwiebel zu:
a) Karotte b) Brot c) Pflaume d) Avocado e) Schüssel

☺ 4. Halm verhält sich zu Wiese wie Baum zu:
a) Wasser b) Gebäude c) Pech d) Wald e) Schutzwall

☺ 5. Dunst verhält sich zu Niederschlag wie Kokon zu:
a) Kälte b) Außenhülle c) Puppe d) Spray e) Seide

☺ 6. Bambino verhält sich zu Erwachsener wie Schössling zu:
a) Eiche b) Zweig c) Holz d) Baum e) Tisch

☺ 7. Höhepunkt verhält sich zu Beginn wie Gipfel zu:
a) Spitze b) Basis c) Höhe d) Schnee e) Berg

☺ 8. Abgedroschenheit verhält sich zu Originalität wie Kompromiss zu:
a) Eingeständnis b) Lüge c) Resolutheit
d) Übereinstimmung e) Entschuldigung

☺ 9. Marathon verhält sich zu Ausdauer wie Feuer zu:
a) Rauch b) Flamme c) Licht d) Brennstoff e) Asche

☺ 10. Seite verhält sich zu Buch wie Eigelb zu:
a) Bindemittel b) Eiweiß c) Ei d) Henne e) Hahn

11. Mann verhält sich zu Jüngling wie Frau zu:
a) Kind b) Mädchen c) Sanft d) Balance e) Anständig

12. Depilieren verhält sich zu Haar wie Mähen zu:
a) Schneiden b) Feld c) Erde d) Gras e) Stutzen

13. Temperatur verhält sich zu Grad wie Entfernung zu:
a) Meter b) Weit c) Zeit d) Raum e) Separat

14. Material verhält sich zu greifbar wie Theorie zu:
a) Regel b) Abstrakt c) Argument d) Erklärend e) Idee

15. Distraktion verhält sich zu Dehnen wie Elongation zu:
a) Schrumpfen b) Frage c) Ablehnung d) Verlängern
e) Multiplizieren

Haben Sie sich warm gelaufen? Und weiter geht's mit der nächsten Wortübung: Finden Sie den Außenseiter in jeder der unten stehenden Wortgruppen:

16. a) Konformist b) Orthodox c) Traditionalist
d) Dissident e) Ergeben

17. a) Herablassend b) Verächtlich c) Verunglimpfend
d) Lobend e) Abwertend

18. a) Tradition b) Reformation c) Revolution
d) Innovation e) Transposition

19. a) Unablässig b) Beharrlich c) Widerstand d) Anhaltend
e) Fortlaufend

20. a) Geübt b) Pünktlich c) Kompetent d) Fähig
e) Geschickt

21. a) Sklave b) Inhaftierter c) Sträfling d) Gefangener
e) Aufseher

22. a) Erzwingen b) Nötigen c) Koalieren d) Einfordern
e) Tyrannisieren

23. a) Duce b) Autokrat c) Despot d) Tyrann e) Riposte

24. a) Vergelten b) Rächen c) Geltung verschaffen
d) Entschädigen e) Ausgleichen

25. a) Spezifizieren b) Paginieren c) Kalkulieren
d) Chiffrieren e) Berechnen

26. a) Allergie b) Exzentrik c) Schwäche
d) Launenhaftigkeit e) Philanthropie

27. a) Klassifizieren b) Kategorisieren c) Bewerten
d) Zusammentragen e) Platzieren

28. a) Median b) Mainstream c) Mittelrippe d) Mittig e) Zentriert
29. a) Geplapper b) Kauderwelsch c) Index d) Dialekt e) Umgangssprache
30. a) Vorsätzlich b) Spontan c) Provisorisch d) Improvisiert e) Ad hoc

Lösungen siehe Seite 424

Konzentration

Na gut, Sie meinen vielleicht zu wissen, wie gut Sie sich konzentrieren können. Wahrscheinlich haben Sie schon einmal Übungen gemacht, um Ihr Konzentrationsvermögen zu verbessern. Hier ein Test, der Ihnen zeigt, wo Sie stehen. Nehmen Sie sich so viel Zeit, wie Sie möchten. Bei diesem Test geht es um Genauigkeit, nicht um Geschwindigkeit.

Dieses Zahlenraster (siehe Seite 299) erscheint Ihnen vielleicht sinnlos. Ihre Aufgabe besteht aber darin, jede Zeile daraufhin zu überprüfen, wie viele nebeneinander stehende Zahlenpaare die Summe 10 ergeben. Zählen Sie jedes Mal, wenn Sie ein solches Paar entdecken, und machen Sie einen Strich auf ein gesondertes Blatt Papier, wenn Sie zehn solcher Paare im Kopf gezählt haben. Am Ende zählen Sie die Anzahl der Paare, die Sie gefunden haben, mithilfe Ihrer Striche und Ihre Punktzahl ist die Differenz zwischen der genauen Anzahl der Paare und Ihrem Ergebnis. (Es wird immer ein positives Ergebnis gezählt, egal ob Sie zu viele oder zu wenig Paare gezählt haben.) Dann fügen Sie hinzu, wie oft Sie die Übung gemacht haben, und schon haben Sie das Ergebnis für den Test ermittelt. Um herauszufinden, wie gut oder schlecht Sie abgeschnitten haben, teilen Sie Ihre Punktezahl durch 10 und ziehen diese Zahl von 40 ab. Die Anzahl der Paare, die Sie gefunden haben sollten, steht unten auf Seite 162 – und nicht schummeln!

Strichliste:

5 1 3 6 9 8 7 6 4 5 4 5 4 6 4 5 4 6 6 4 5 7 8 3 7 3 7 2 8 3 9 1 9 5 6 7 6 8 5 1
5 5 6 5 4 5 4 5 5 8 2 8 2 8 3 9 5 6 4 7 9 5 7 6 2 4 7 4 8 5 2 1 5 4 9 7 3 6 2 6
5 7 8 9 1 4 3 6 9 6 7 3 5 7 9 7 9 4 6 6 7 6 4 3 8 7 9 8 2 3 1 6 8 1 8 7 3 6 9 7
8 1 3 5 7 9 7 9 7 3 8 3 8 2 8 2 3 9 4 9 4 9 2 9 8 2 3 8 4 2 5 6 9 7 5 6 7 6 7 5
5 5 4 5 4 5 6 4 6 4 5 8 5 9 2 4 7 5 9 6 9 2 1 4 8 7 8 4 6 9 5 7 9 2 1 7 4 3 9 1
1 5 7 8 9 8 9 8 2 5 3 4 6 9 5 8 2 3 7 3 7 8 9 7 8 9 2 8 7 9 5 6 9 1 9 8 5 8 4 2
8 4 9 5 6 7 2 3 8 5 8 5 9 2 1 7 8 9 3 1 6 5 6 5 5 5 8 6 9 8 7 5 8 9 8 1 8 5 8 5
4 8 4 9 4 6 4 6 8 9 5 3 9 4 3 2 5 7 9 8 9 5 9 2 9 1 3 4 6 4 9 5 8 5 8 4 9 2 3 7
1 5 7 9 8 2 9 1 9 8 5 9 5 8 9 4 3 6 5 9 1 9 5 3 5 4 6 9 8 9 2 8 5 5 4 5 4 6 9 8
1 9 1 8 2 8 1 9 8 1 2 8 9 1 9 8 5 8 2 4 9 7 8 2 8 3 9 4 5 9 8 1 2 5 4 2 9 8 5 9
1 9 5 8 5 9 2 9 3 4 9 8 7 3 4 5 4 6 5 4 5 4 9 8 2 9 5 4 9 8 5 3 2 4 9 8 5 9 7 2
5 5 4 5 8 5 9 2 9 1 9 5 2 6 4 7 9 3 4 5 8 9 2 5 4 9 5 3 7 9 5 6 4 8 2 9 5 9 1 4
6 5 8 9 4 9 5 2 9 3 6 4 9 5 8 5 9 8 9 4 5 6 6 4 9 8 5 9 8 5 3 5 6 4 9 8 2 1 6 5
8 4 9 5 8 6 9 4 3 6 5 4 9 8 5 8 9 2 3 1 3 1 3 2 1 2 5 2 5 2 4 2 6 8 2 9 5 8 9 5
8 4 9 7 5 8 5 8 5 4 9 8 5 9 2 9 6 4 5 4 9 8 2 9 2 3 1 6 5 8 5 8 2 9 6 4 9 8 2 8
5 4 9 8 7 9 5 8 2 8 2 5 9 4 9 2 9 8 5 9 1 5 1 9 1 9 5 8 6 4 9 4 8 7 2 7 2 9 8 4
5 1 6 1 8 4 9 2 4 9 5 8 7 6 4 1 9 5 9 3 4 6 4 9 8 2 8 5 9 4 2 6 5 7 2 7 5 9 9 1
3 4 1 9 7 5 5 4 9 5 9 8 4 6 4 6 6 5 9 4 8 2 9 8 2 9 1 9 5 9 5 9 5 5 8 5 9 9 4 9
1 3 1 5 1 9 4 8 7 5 7 6 7 9 8 2 9 8 6 4 6 1 3 1 5 1 6 4 9 1 9 5 8 7 3 4 6 1 9 5
8 2 4 9 4 8 6 5 7 3 1 9 1 9 8 4 3 7 3 7 5 9 4 8 2 8 6 4 5 9 1 9 1 9 5 9 1 9 5 8
3 1 6 1 9 8 2 4 9 5 4 6 7 5 8 7 3 2 9 5 8 4 9 7 3 5 8 8 4 9 4 8 4 9 1 5 8 7 3 9
2 1 3 1 8 5 4 9 7 6 7 5 9 8 2 8 4 9 5 7 6 2 8 2 9 4 9 3 5 4 6 4 9 1 9 1 9 7 3 7
2 4 6 5 9 8 7 3 7 5 7 9 7 8 4 8 5 9 5 5 4 6 4 5 4 6 4 5 6 4 9 8 2 9 8 2 9 4 9 8
1 9 8 4 3 7 2 7 5 8 8 5 4 6 2 9 8 7 3 7 5 9 8 4 6 8 5 2 9 5 6 9 1 9 8 4 9 7 3 9
5 5 5 4 9 4 8 4 6 4 9 8 1 8 2 5 4 6 4 9 8 1 8 4 3 7 3 9 4 6 5 9 3 1 6 1 5 1 9 4
1 6 5 4 9 7 2 8 5 8 4 9 5 6 7 3 2 8 5 9 4 9 8 5 6 7 8 9 5 9 1 9 1 9 5 9 8 7 9 4
6 4 6 5 8 7 9 1 9 5 8 2 8 3 4 6 5 9 1 8 4 9 7 8 5 8 4 9 5 9 1 3 2 6 4 9 4 6 5 6
3 2 6 4 9 8 2 7 2 7 3 5 9 5 9 1 9 5 6 4 6 9 9 6 9 3 9 6 4 6 5 9 4 8 7 6 1 4 6 5
3 6 4 6 5 9 7 5 8 2 8 5 6 4 9 4 9 5 3 6 4 9 8 7 6 5 9 1 9 5 8 6 4 9 5 9 4 6 4 9
1 6 1 6 5 9 4 9 4 8 2 8 5 8 6 4 9 5 9 7 3 2 9 5 9 5 9 4 4 9 8 8 9 7 9 5 8 5 8 5
5 5 4 5 5 4 5 5 6 6 5 6 4 6 5 8 2 8 5 8 9 5 9 1 6 4 6 5 9 7 6 5 9 4 9 5 9 1 1 9
3 2 6 2 6 9 8 3 8 3 6 5 9 2 9 8 5 9 7 8 5 8 5 8 2 8 2 8 5 8 5 6 4 9 5 9 7 3 8 8
3 2 6 2 6 5 9 8 7 9 8 5 8 6 8 6 8 9 5 9 8 2 3 4 6 6 5 6 5 5 6 6 5 6 5 9 8 8 9 5
1 3 1 6 5 8 8 2 5 8 9 4 9 5 6 6 4 7 7 3 7 3 5 6 1 5 1 1 6 5 6 1 6 5 6 1 1 3 5 6
6 5 6 4 9 8 3 7 9 8 9 5 9 5 9 8 6 4 9 5 8 2 9 1 9 1 9 5 6 5 9 4 9 8 6 7 6 5 9 2
3 1 3 2 5 8 7 3 7 3 6 9 6 5 9 5 9 1 9 5 8 2 6 3 6 4 6 5 9 8 3 8 3 6 9 5 9 4 3 1
1 3 5 3 5 3 6 4 6 9 8 5 8 9 5 9 5 9 4 9 2 9 5 8 6 7 6 3 6 9 3 4 3 4 8 3 4 8 4 3
3 1 3 7 3 7 5 8 2 8 2 9 5 9 1 9 4 6 5 5 8 5 8 5 5 8 5 5 5 2 3 4 6 4 9 8 7 3 7 6
3 1 3 1 2 1 8 1 6 4 9 4 9 8 2 8 2 8 2 2 5 6 4 9 8 5 6 7 9 5 9 8 1 6 4 6 5 4 6 2

Lösung siehe Seite 424

Wissenstests

Kunst

☺ 1. Welche berühmte Kunst- und Designschule wurde 1919 in Weimar von dem Architekten Walter Gropius gegründet?

☺ 2. Welcher Maler stattete die Zellen im Obergeschoss von San Marco (Florenz) mit Fresken aus?

😐 3. Unter welchem Namen ist Charles-Edouard Jeanneret besser bekannt?

☹ 4. Welcher französische Maler wurde nicht nur aufgrund seiner großen romantischen Werke bekannt, sondern auch wegen seiner umfangreichen Journale?

☺ 5. Welche Kunstbewegung führten Picasso und Braque in den frühen Zwanzigerjahren an?

☺ 6. Welcher Maler war einer der bedeutendsten Repräsentanten des „Berliner Impressionismus“?

☹ 7. Welcher österreichische expressionistische Maler wurde von Klimt beeinflusst, war für seine Porträts berühmt und starb in jungen Jahren an der Grippeepidemie im Jahr 1918?

☺ 8. Unter welchem Namen ist die abstrakte Kunstbewegung der Sechzigerjahre bekannt, die sich mit der Schaffung und Erforschung optischer Täuschungen beschäftigte?

☺ 9. Welcher führende Impressionist ist für seine Ballett- und Pferdestudien bekannt?

☺ 10. Was bedeutet der Zusatz „Pinxit“ oder „pinx.“ bzw. „p.“ zur Signatur des Malers?

😐 11. Welcher englische Landschaftsmaler aus dem 19. Jahrhundert arbeitete ausschließlich mit Aquarellfarben, bevor er mit Öl malte, benutzte seine ausgiebigen Reisen dazu, sich bei seinen lebendigen Arbeiten inspirieren zu lassen und vollzog nach seiner Italienreise eine radikale Wende in seinem Schaffen?

☺ 12. Wie nennt man eine Darstellung Mariens mit dem Leichnam Christi auf dem Schoß?

13. Welcher unglückselige Maler studierte in Paris Kunst und benutzte die Kunst der Lithographie für seine Arbeiten, in denen er Szenen aus Theatern, Konzerthallen und Cafés darstellte?
14. Wie nennt man die Technik, bei der man Stoffe mithilfe von Wachs einfärbt?
15. Welcher französische Ausdruck bezeichnete eine Gruppe junger Maler, deren auffällige und lebhafte Arbeiten zum ersten Mal im Jahr 1905 in Paris gemeinsam gezeigt wurden?
16. Welcher produktive spanische Künstler des 20. Jahrhunderts zeigte schon früh ein außergewöhnliches Talent, das zum Beispiel in dem Werk *Guernica* (1937) seinen Ausdruck fand, ein Bild, auf dem der Schrecken und die Grausamkeiten des Krieges dargestellt wurden?
17. Wie nennt man ein dreiteiliges Altarbild mit feststehendem Mittelteil?
18. Welcher dänische Architekt erlangte internationalen Ruhm für seinen Entwurf des Opernhauses von Sydney?
19. Welche Befreiungsbewegung mit einer Neigung zum Bizarren, Unbewussten und Irrationalen wurde von André Breton im Jahr 1924 begründet?
20. Unter welchem Oberbegriff, der auf die Effekte von Farbbläschen anspielte, war eine italienische Künstlergruppe im 19. Jahrhundert besser bekannt?
21. Welcher Ausdruck bezeichnet die Kunst des oströmischen Reiches vom 5. Jahrhundert vor Christus bis 1453 (Fall von Konstantinopel)?
22. Welches weltberühmte Werk von Raffael kann man in Dresden bewundern?
23. Welcher französische Maler arbeitete an der Seite von Pissarro, widmete sich der Landschaftsmalerei und erlangte erst sehr spät Ruhm und Anerkennung?
24. Wie heißt die berühmteste Schülerin von Kandinsky?
25. Unter welchem Namen ist der italienische Künstler bekannt, der von Verocchio ausgebildet wurde und zu dessen bahnbrechenden Talenten auch die Naturwis-

senschaft, Anatomie, Ingenieurswissenschaften und Architektur gehörten?

☺ 26. Wie nennt man das Gutachten eines Experten über Echtheit, Herkunft, Stil, Technik und Zustand eines Kunstwerkes?

☹ 27. Welcher spanische Architekt und Designer zeigte bei seiner unkonventionellen und fantasievollen Arbeit große Originalität, die ihren Ausdruck z. B. in der Kirche der Sagrada Familia in Barcelona fand?

☺ 28. Welcher Trend in der Kunstszene inspirierte europäische Künstler und Schriftsteller dazu, die trübe Realität des grauen Alltags im 19. Jahrhundert darzustellen?

☺ 29. Wie nennt man Lichtschein oder Strahlenkranz um den auferstandenen Christus?

☺ 30. Wie nannte man abwertend die europäische Kunst und Architektur des 17. und 18. Jahrhunderts? Der Begriff beschreibt heute den Stil, der zwischen dem Manierismus und dem Rokoko vorherrschte.

Lösungen siehe Seite 425

Literatur

Ein großer Wissensschatz im Bereich Literatur ist vielleicht kein Beleg dafür, dass Sie ein Genie sind, aber andererseits würde man von einem Genie auf jeden Fall einen umfangreichen Wissensschatz über seine Konkurrenten erwarten. Dieser Test ist wirklich schwer, aber wenn Sie im Bereich Literatur mit Ihrem Wissen glänzen wollen, dann müssen Sie hier schon recht gut abschneiden. Wenn Sie eher ein naturwissenschaftlicher Typ sind, lassen wir es noch einmal durchgehen – aber nur dieses Mal!

☹ 1. Welcher Dichter, der als Golden Boy bekannt war, verübte Selbstmord und wurde so zum Thema eines berühmten Gemäldes?

☺ 2. Wer schrieb das Hexeneinmaleins?

☹ 3. Welcher französische Schriftsteller schrieb ein Meisterwerk über die nordfranzösische Bergbauregion?

4. Welche Shakespeare-Figur sagte: „Ein Pferd! Ein Pferd! Mein Königreich für ein Pferd!“?
5. Wer schrieb ein umfangreiches Werk in mehreren Teilen, das den Titel *Auf der Suche nach der verlorenen Zeit* trägt?
6. Um welches kostbare Gut geht es in *Momo*?
7. In welchem Buch erfährt man etwas über eine verlassene Insel, ein paar verirrte Chorknaben und einen Schweinekopf auf einem Pfahl?
8. Welcher englische Roman über die Revolution spielt in Paris und London?
9. Welcher Schriftsteller schrieb über ein Museum in Masuren?
10. Welche Brüder wurden durch einen Roman von Dostojewski unsterblich?
11. Wer schrieb *Iphigenie*?
12. Wer stellt das erste „vollständige orthographische Wörterbuch der deutschen Sprache“ zusammen?
13. Welcher Schriftsteller war vornehmlich für die Bekanntheit der Legende von König Arthur verantwortlich?
14. Wer schrieb *Der Zauberberg*?
15. Von wem stammt das Gedicht *Kleine Aufforderung zum großen Mundaufmachen*?
16. Wer schrieb den im Bonner Bundestagsmilieu spielenden Roman *Das Treibhaus*?
17. Wer schrieb die Novelle *Der kleine Herr Friedemann*?
18. Von wem stammt der Roman *Der Richter und sein Henker*?
19. Wer schrieb: „Rose ist eine Rose ist eine Rose ist eine Rose ist eine Rose“?
20. Wer schrieb *Lederstrumpf*?
21. Welcher Gruppe gehörten u. a. die Schriftsteller A. Andersch, H. Böll, P. Celan, H. M. Enzensberger, G. Grass, P. Härtling, W. Schnurre etc. an?
22. Unter welchem Namen errang Samuel Longhorne Clemens literarische Berühmtheit?
23. In welchem Shakespeare-Schauspiel geht es um ein Pfund Fleisch?

24. Welche Strömung begründeten die drei russischen Kritiker und Schriftsteller Cernycevskij, Dobroljubov und Pisarev um 1850–70, die gegen ideale Kunstwerte zu Felde zogen?
25. In welchem Buch heißt es: „Alle Tiere sind gleich, aber einige Tiere sind gleicher als andere“?
26. In welchem Zukunftsroman findet man Bernard Marx und einen Ureinwohner Amerikas?
27. Welcher philosophischen Strömung gehörten u.a. Kafka, Sartre und Camus an?
28. Wer schrieb *Die Harzreise*?
29. Wer sagte: „Die größte Macht hat das richtige Wort zur richtigen Zeit“?
30. Zu welchem Werk von Annette von Droste-Hülshoff lautet der Untertitel „Ein Sittengemälde aus dem gebirgischen Westfalen“?

Lösungen siehe Seite 426

Musik

Sie wissen vielleicht nicht viel über Musik, aber um ein umfassend gebildeter Mensch zu sein, sollten Sie zumindest ein Grundwissen über die wichtigsten Werke haben, die von Menschen je erschaffen wurden. Testen Sie mit diesem Quiz einmal, wie Sie abschneiden.

1. Wer schrieb *Peter und der Wolf*?
2. Unter welchem Namen ist Bruckners Vierte Symphonie bekannt?
3. Welche von Bachs Kompositionen beschäftigt sich mit dem Kontrapunkt?
4. In welchem von Francks symphonischen Gedichten geht es um einen Grafen, der bis in alle Ewigkeit von einem Dämon verfolgt wird, weil er am Sabbat jagen gegangen war?
5. Wer schrieb die *Carmina Burana*?
6. In welchem Film wird das Adagietto von Mahlers Fünfter Symphonie gespielt?

☺ 7. Aus welcher Puccini-Oper stammt das Lied *Nessun Dorma*?

☺ 8. Unter welchem Namen ist Tschaikowskis Siebte Symphonie bekannt?

☺ 9. Wie heißt die vogelartige Figur in *Die Zauberflöte*?

😐 10. Welche von Haydns Symphonien ist als *Abschiedssymphonie* bekannt?

☹ 11. Wer schrieb *Fantasia para un gentilhombre*?

😐 12. In welcher Verdi-Oper erscheint die Figur Manrico?

☹ 13. Wer schrieb das Libretto zu *Don Giovanni*?

☺ 14. Wie heißt die Heldin in Tschaikowskis *Eugene Onegin*?

☹ 15. Was ist das Ungewöhnliche an Beethovens Achter Symphonie?

😐 16. Unter welchem Namen ist Mozarts Symphonie Nr. 35 bekannt?

😐 17. Wie viele Symphonien schrieb Sibelius?

☺ 18. Wer hat *Das wohltemperierte Klavier* komponiert?

☺ 19. Wer schrieb die Oper *Ariadne auf Naxos*?

☺ 20. In welcher von Verdis Opern geht es um ein äthiopisches Sklavenmädchen?

☺ 21. Wie heißt der Gefängnisaufseher in Beethovens *Fidelio*?

😐 22. Wie heißt das Ballett von Strawinski, mit dem seine neoklassische Periode begann?

😐 23. Unter welchem Namen ist Schumanns Erste Symphonie bekannt?

☺ 24. Wer schrieb den Liederzyklus *Die schöne Müllerin*?

☺ 25. In welcher Wagner-Oper tritt die Figur Hans Sachs auf?

☺ 26. In welcher Orchestersuite findet man *Anitras Tanz*?

☹ 27. Wer schrieb das symphonische Gedicht *Die Mittagshexe*?

☺ 28. Welcher Komponist produzierte die erfolgreichste Orchestration von Mussorgskys *Bilder einer Ausstellung*?

😐 29. Aus welcher Oper stammen die *Polowetzer Tänze*?

☺ 30. Wie heißt der letzte Teil von Wagners *Ring des Nibelungen*?

Lösungen siehe Seite 427

Philosophie

Philosophie und Genie waren schon immer eng miteinander verbunden. Die Philosophie beschäftigt sich mit den Geheimnissen der Existenz, mit dem *Warum* des Lebens. Wenn Sie meinen, vielleicht ein Genie zu sein, dann sollten Sie mit den größten Werken der Philosophen vertraut sein.

1. Welcher griechische Philosoph überwachte die Ausbildung und Erziehung des jungen Alexander von Macedonien (der später Alexander der Große genannt wurde)?
2. Welche drei griechischen Philosophen lebten im 4./5. Jahrhundert v. Chr.?
3. Wie nennt man die Lehre vom Wissen?
4. Wie nennt man die Lehre vom Sein?
5. Wer sagte: „Cogito, ergo sum"?
6. Welcher Zweig der Philosophie beschäftigt sich mit der Sittlichkeit des menschlichen Handelns?
7. Wer schrieb die *Kritik der reinen Vernunft*?
8. Welcher Sokrates-Schüler schrieb *Die Republik*?
9. Wie heißt die Moralvorstellung, dass das Einzige, was gut ist, das Vergnügen ist?
10. Mit welcher Philosophie bringt man Kierkegaard, Sartre und Heidegger in Verbindung?
11. Welcher philosophische Ausdruck bedeutete ursprünglich „Die Kunst der Konversation, Diskussion oder Debatte"?
12. Nennen Sie mindestens einen Philosophen des deutschen Idealismus.
13. Mit welcher Philosophie bringt man Diogenes in Verbindung?
14. Wie nennt man die Anwendung von Methoden, die auf praktischer Erfahrung basieren und nicht auf einer gültigen Theorie?
15. Welcher Schotte schrieb *Ein Traktat über die menschliche Natur*?
16. Wer wird als die bedeutendste philosophische und religiöse Figur Chinas angesehen?

☹ **17.** Welcher deutsche Philosoph, der Ende des 17. und Anfang des 18. Jahrhunderts lebte, entwickelte das binäre Zahlensystem, das mit den Ziffern 0 und 1 (Dualsystem) eine wichtige Rolle für die Computertechnik spielt?

😐 **18.** Welcher in Somerset geborene Philosoph schrieb *Einige Gedanken über die Erziehung*?

😐 **19.** Welcher Philosoph wurde in Amsterdam geboren, hatte jüdische Eltern, sprach Spanisch, Portugiesisch und Hebräisch, aber nie besonders gut Niederländisch?

☺ **20.** Wie nennt man einen außergewöhnlich gelassenen Menschen?

😐 **21.** Welche philosophische Bewegung wurde von Husserl gegründet?

☺ **22.** Wie bezeichnet man die Lehre vom richtigen Schlussfolgern?

☺ **23.** Welcher englische Philosoph und Patensohn von John Stuart Mill stand in engem Zusammenhang mit der Kampagne für nukleare Abrüstung?

😐 **24.** Welche Bewegung entstand aus dem Wiener Kreis?

☺ **25.** Welche Philosophie verleugnet die Existenz allgemein verbindlicher Normen?

☺ **26.** Wie bezeichnet man (abwertend) einen reinen Verstandesmenschen?

😐 **27.** Nach welchem englischen Mathematiker wurde ein bekanntes Teilgebiet der Algebra benannt?

☺ **28.** Wer schrieb *Das kommunistische Manifest*?

☹ **29.** Welcher Franzose wird am häufigsten mit der „Dekonstruktion“ in Verbindung gebracht?

☺ **30.** Welche Philosophie vertritt das Primat des Bewusstseins über das Sein?

Lösungen siehe Seite 428

Naturwissenschaften

Heutzutage muss jeder, der die Hoffnung hat, sich einmal in die Reihe der Genies einzureihen, auch etwas im Bereich Naturwissenschaften wissen. Sie können nicht einfach beschließen: „Ich bin eben *Künstler* und kenne mich in diesen Dingen nicht so aus.“ Stellen Sie Ihr naturwissenschaftliches Wissen mit diesem Test auf die Probe.

☺ **1.** Wofür steht DNA?
☺ **2.** Welches sind die einzigen Zellen im menschlichen Körper, die keinen Zellkern haben?
☹ **3.** Wofür steht LASER?
😐 **4.** Was ist Fission?
☺ **5.** Wie heißt das 1. Newton’sche Axiom?
😐 **6.** Was ist ein chaotisches System?
☹ **7.** Welches sind die Vier Kräfte?
☺ **8.** In welcher Einheit wird Widerstand gemessen?
☺ **9.** Welche Substanz verursacht bei schwerer körperlicher Anstrengung Muskelschmerzen?
☺ **10.** Photosynthese ist die Umkehrung von …?
☺ **11.** Wenn Sie in den Vereinigten Staaten leben, wie schnell drehen sich dann die Generatoren in Ihrem örtlichen Kraftwerk?
☺ **12.** Wie lautet der andere Name für natürliche Magneten, die aus Eisen gemacht werden?
☺ **13.** Wie heißt der bei allen Wellenvorgängen beobachtbare Effekt, wenn Quelle (Schall-, Lichtquelle u.a.) und Beobachter sich relativ zueinander bewegen?
😐 **14.** Der Großteil der Masse eines Atoms, aber fast kein Volumen eines Atoms liegt in seinem …
☺ **15.** Wie nennt man die abtragende Tätigkeit der Meeresbrandung?
☺ **16.** Wie hieß die Polin, die eine der Gründerinnen der Nuklearwissenschaften war?
☺ **17.** Welches sind die Grundbausteine von Kohlehydraten?
☺ **18.** Was bedeutet die Abkürzung DIN?
☹ **19.** Wie groß ist der Anteil der DNA, den Menschen mit anderen Lebewesen gemeinsam haben?
😐 **20.** Wie heißt ein selbst erregter Gleichstrom-Generator?
😐 **21.** Welche Temperatur wird normalerweise als der absolute Nullpunkt angesehen?
☹ **22.** Wie nah ist jemals jemand in einem Labor an den absoluten Nullpunkt herangekommen?

23. Vor wie vielen Jahren wurden die Dinosaurier ausgerottet?
24. Das Gen für sechs Finger dominiert über das Gen für fünf Finger. Wahr oder falsch?
25. Das Gen ist die Grundeinheit wovon?
26. Wie nennt man das Beharrungsvermögen?
27. Wenn jemand nach einem Kampf oder nachdem er große Angst ausgestanden hat, stirbt, setzt die Totenstarre schneller ein. Wahr oder falsch?
28. Kommt Helium aus der Erdatmosphäre?
29. Was passiert, wenn elektrische Ladungen beschleunigt werden?
30. Was kann der menschliche Körper entdecken, was das menschliche Auge nicht sieht?

Lösungen siehe Seite 429

B. Antworten und Lösungen

Das Familienquiz

Technik

Seite 15–17

1. Bei einer Mischung gehen die einzelnen Substanzen keine chemische Verbindung ein.
2. Leitung, Konvektion und Strahlung.
3. Trägheit.
4. Drehachse.
5. Die Reibung.
6. Eine primitive Rechenmaschine mit auf Draht aufgezogenen Holzperlen.
7. Kernspaltung und Kernfusion.
8. Zentripetalkraft.
9. Weil die Stromlinienform die durch den Windwiderstand entstehende Reibung mindert.
10. Ein Flaschenzug.
11. Sie dienten als einfaches Zeitmessinstrument.
12. Sie war das erste Düsenflugzeug.
13. Sie war der erste funktionstüchtige Hubschrauber.
14. Eine Sanduhr.
15. Die Sonnenuhr.
16. Lichtbrechung.
17. Die parallel verbundenen.
18. Richtig.
19. Ein Hebel.
20. Weil es die einzige Form ist, die nicht in die Öffnung zurückfallen kann.
21. Das Streichholz.
22. Er erfand den luftgefüllten Reifen.
23. Um die Sicherheitsnadel.
24. Das U-Boot.
25. Die Toilettenspülung.

26. Die erste Batterie.
27. Mesopotamien.
28. Budapest, 1896.
29. Leonardo da Vinci war der erste Mensch, der eine Zeichnung des Kettenantriebs entwarf, der sehr viel später für Fahrräder verwendet wurde.
30. Der russische Hund, der in das Weltall gesandt wurde.
31. Der Fahrstuhl fiel nur wenige Meter tief. Otis hatte eine Sperre erfunden, die Fahrstühle sicher machte, selbst wenn das Kabel riss.
32. Der Kühlschrank.
33. Beide sind Lieferanten für natürlichen Farbstoff.
34. D.G. Fahrenheit.
35. Die Schraube. Zunächst wurden Schrauben mit dem Hammer eingeschlagen. Erst später erfand jemand eine intelligentere Lösung, sie zu befestigen.
36. In China.
37. Die Brille.
38. Die Sämaschine.
39. Der Fotokopierer.
40. Eine Technik, wie man Nahrungsmittel in Flaschen haltbar machen konnte.
41. Die Schreibmaschine.
42. Vor dem Parlamentsgebäude in London.
43. Falsch. Das englische Wort für Reißverschluss, „zipper“, stammt von dem Geräusch, das beim Schließen eines Reißverschlusses entsteht.
44. Richtig. King Camp Gillette, ein amerikanischer Geschäftsmann, hatte diese Idee.
45. Das Radio.
46. Indem man das Glas in einem großen Kessel erhitzte und flach klopfte, solange es noch warm war.
47. Die erste Form von Plastik.
48. Billiardkugeln.
49. Eine Teppichkehrmaschine.
50. Er erfand das elektrische Bügeleisen.

Essen & Trinken

Seite 18–19

1. Salatgurken.
2. Aus dem Loire-Tal.
3. Kalbfleisch.
4. Paprika.
5. Ein Fischeintopf.
6. Aus Ungarn.
7. Moussaka.
8. Sauerkraut.
9. Aus Herz, Lunge und Leber vom Schaf oder Kalb.
10. Mascarpone.
11. Aus Grieß.
12. Eine Rote-Bete-Suppe, die normalerweise mit Sauerrahm garniert wird.
13. Ein kleiner, dünner Pfannkuchen.
14. Kein Fleisch. Es handelt sich um einen fleischlosen Eintopf.
15. Ein italienischer Blauschimmelkäse aus Kuhmilch.
16. Anis.
17. Aus Reis, Fischstücken und hart gekochten Eiern.
18. Gebrannte Mandeln.
19. Mit Milchsäure.
20. Calvados.
21. Ein Weinblatt.
22. Salsa.
23. Rinderfilet.
24. Eine kleine chinesische Teigtasche.
25. Eine Weintraubensorte.
26. Ein roter Bordeauxwein.
27. Worcester Sauce.
28. Tintenfischringe.
29. Mit Kirschen.
30. Ein Eis mit mehreren Geschmacksrichtungen.
31. Es wird normalerweise vor dem Servieren angezündet.
32. Seeteufel.
33. Richtig.
34. Lamm.

35. Dünne Fäden.
36. Menschen, es handelt sich um Kannibalen.
37. Der Hefepilz.
38. Pinienkerne und Rosinen.
39. Vermicelli.
40. Eine indische Currysuppe.
41. Ein Gebäck aus dünnen Schichten aus Teig, Nüssen und Honig.
42. Aus Eigelb, Zucker und Wein.
43. Aus der Lende.
44. Ricotta.
45. Aus der Familie der Karotten.
46. Karfiol.
47. Eine Brühe mit dünnen Gemüsestreifen.
48. Türkischer Honig.
49. Eine dickflüssige Suppe aus Gemüse, Nudeln und Brühe.
50. Kleine zu Teigtaschen geformte Nudeln aus Grieß oder Kartoffelmehl.

Erfindungen

Seite 20–22

1. Alexander Graham Bell.
2. Den Fernseher.
3. Es war ein Vorläufer des Lügendetektors.
4. Sir Clive Sinclair.
5. Als Jukebox.
6. Wasser zu fördern.
7. Charles Babbage.
8. Den ersten sicheren und hinsichtlich der Geschwindigkeit sinnvollen Personenfahrstuhl.
9. Es war eine Art Zentralheizung.
10. Der Graf von Sandwich.
11. Alexander der Große.
12. Thomas Edison.
13. Das Rad.
14. Die Chinesen.
15. In Skandinavien.

16. Aus Wales.
17. Der Sattel.
18. Die Peitsche.
19. Die Pendeluhr.
20. Der Rechenschieber.
21. Falsche Zähne aus Porzellan.
22. Ramses II., um 1250 v. Chr.
23. Kupfer mit einer dünnen Schicht aus echtem Silber.
24. Der Fallschirm.
25. Zweistärkenbrillen.
26. Die Montgolfiers (1783).
27. Er erfand die Stahl-Schreibfeder.
28. Mendelejew, russischer Chemiker.
29. Mit dem ersten für einen einzigen Zweck eingesetzten elektronischen Computer.
30. Mit Fotografie.
31. Singer.
32. Antoine Sax.
33. Nitroglycerin, ein sehr instabiler Sprengstoff.
34. Er erfand das Negativ.
35. Samuel Morse.
36. Die subkutane Injektion.
37. Die Farbfotografie.
38. Er erfand eine Maschine, die Stacheldraht herstellte.
39. Um Schuhsohlen zu befestigen.
40. Es handelte sich um einen Vorläufer der Hufeisen, der mit Lederriemen befestigt wurde.
41. Den Kaugummi.
42. Coca-Cola.
43. Waterman entwickelte eine verbesserte Tinte, die bewirkte, dass der Füller weder austrocknete noch schmierte.
44. Aus der Rinde des Weidenbaumes.
45. Sphygmomanometer.
46. Aus Sicherheitsgründen gab man vor, dass es sich um Wassertanks handelte.
47. Diabetes.
48. Die Borsten von Zahnbürsten.
49. Die „Katzenaugen“, die als Straßenmarkierung dienen.
50. DDT.

Ereignisse der Gegenwart I

Seite 23–25

1. Yasir Arafat.
2. Nelson Mandela.
3. In Tschernobyl.
4. Michail Gorbatschow.
5. Der Eiserne Vorhang.
6. Er war 1996 der Mensch, der am längsten mit einem künstlichen Herzen überlebte (zwei Jahre).
7. Ytzak Rabin.
8. Die IRA (Irisch Republikanische Armee).
9. Ronald Reagan.
10. 1996.
11. Israel.
12. Mit den Vereinten Nationen.
13. Helmut Kohl.
14. Starker Schneefall.
15. Mao Tse-tung.
16. Die USA.
17. Berlin.
18. Mahatma Gandhi.
19. Sie hatte die Suppe anbrennen lassen.
20. (c) Spanien.
21. Italien.
22. Er war der erste Papst, der kein Italiener war.
23. F.W. de Klerk.
24. In Nordirland.
25. Los Angeles.
26. Serbien.
27. 1952.
28. Für die Republikaner.
29. Boris Jelzin.
30. Aus Afghanistan.
31. Der Einmarsch irakischer Truppen in Kuwait.
32. John F. Kennedy.
33. George Bush.
34. Taiwan.

35. Polen.
36. Jordanien.
37. Jawaharlal Nehru.
38. George Bush.
39. Soweto.
40. John F. Kennedy.
41. Muammar Al Gaddhafi.
42. Gouverneur von Arkansas.
43. 1991.
44. Die Geiselnahme von mehr als 50 Amerikanern durch moslemische Extremisten in Teheran.
45. Jordanien.
46. Husni Mubarak.
47. EWU: Europäische Wirtschaftsunion.
48. EWWU: Europäische Wirtschafts- und Währungsunion.
49. Zu Großbritannien.
50. 1973.
51. Die Watergate-Affäre.

Natur

Seite 25–27

1. Heidelbeere.
2. Caprifoliaceae.
3. Aus Neufundland.
4. Panther.
5. Er hat eine rote Kappe mit weißen Punkten.
6. Eine Fleisch fressende Pflanze.
7. Im Wasser.
8. Sie saugen das Blut von anderen Fischen auf.
9. Ein Krokodil.
10. Jungfernrebe.
11. Papageien in Gefangenschaft können bis zu 80 Jahre alt werden.
12. Er hat eine lange, spitze Schnauze und meistens keinen Schwanz.
13. Keine Bäume, lediglich kümmerliche Sträucher, Moose und Flechten können dort überleben.

14. Harz.
15. 70.
16. In der Arktis.
17. Sie hängen kopfüber an Ästen.
18. In der Alpenregion.
19. Eine wilde Ziege.
20. Um andere Tiere einzuschüchtern.
21. Mit dem Lama.
22. Eine Fledermaus.
23. In seinen Backentaschen, die sich ausdehnen.
24. In Zentral- und Südamerika und in Südostasien.
25. Das weiße Nashorn.
26. Ein wildes Rentier.
27. Nadelbaumwälder.
28. Ein Schmetterling.
29. Zur Familie der Iris.
30. Der Kondor.
31. Er bringt sie zu Fall.
32. An einer Kletterpflanze.
33. Als falscher Jasmin.
34. Ein Krallenaffe.
35. Indem sie sie zerquetscht.
36. Zu den Marsupials (Beuteltieren).
37. In der offenen Savanne, südlich der Sahara.
38. Eine Antilope.
39. Zu den Amphibien.
40. Anophelesmücke.
41. Der Grizzlybär.
42. Bei den Mandrillaffen.
43. In Australien.
44. Der Stör.
45. Eukalyptusblätter.
46. Tsetsefliege.
47. Nur junge Pumas. Die Flecken verblassen mit zunehmendem Alter.
48. Einer kleinen Giraffe mit kurzem Hals. Das Okapi hat jedoch Zebrastreifen auf dem Hinterteil und an den Beinen.
49. Von Blut.
50. Ein südamerikanisches Nagetier.

Medizin

Seite 27–29

1. Grüner Star.
2. Das Erkältungsvirus verändert sich ständig und deshalb kann sich das Immunsystem nicht darauf einstellen.
3. An der Bluterkrankheit.
4. Über freie Plätze zu gehen.
5. Die Wurzelhaut.
6. Sie bestehen aus 47 anstatt aus 46 Chromosomen.
7. Hautkrebs.
8. Rote Blutkörperchen.
9. Das Auftreten von Blutgerinnseln in den Blutgefäßen.
10. Beim Asthma.
11. Vitamin D.
12. Brustkrebs.
13. Eine Verengung der Arterien, die den Blutstrom behindert.
14. Die Knochen werden dünner und brüchiger.
15. Acquired Immune Deficiency Syndrom.
16. Eine Hautkrankheit (Schuppenflechte).
17. Ein schwerer epileptischer Anfall.
18. Die Pocken.
19. Die Lunge.
20. Elektrokardiografie.
21. Gelbfieber.
22. Die weißen Blutkörperchen.
23. Eine konkave Linse.
24. Das Herpes-Zoster-Virus.
25. Die Leber.
26. Zu einer Lähmung (Kinderlähmung).
27. Muskelzuckungen.
28. Die Gehirnzellen.
29. Eine Bauchfellentzündung.
30. Die Speicheldrüsen.
31. Die Gedärme.
32. Die Lunge.
33. Röteln.
34. Das Herpes-Simplex-Virus.

35. Syphilis.
36. Gastritis.
37. Pfeiffer'sches Drüsenfieber.
38. Die Parkinson'sche Krankheit.
39. Keuchhusten.
40. Eine Pilzerkrankung der Haut.
41. Im großen Zeh.
42. Verringerung der Magensäure.
43. Die Blutzufuhr zum Gehirn ist unterbrochen.
44. Nebenhöhlenentzündung.
45. Krebsrisiko.
46. Durch eine Entzündung einer oder mehrerer Talgdrüsen auf dem Augenlid.
47. Die Wirbelsäule.
48. Gelbsucht.
49. Es handelt sich um eine Röntgenuntersuchung der Blutgefäße.
50. Sie bewirkt eine Eintrübung der Linse, die schließlich zu völliger Blindheit führen kann.

Wetter

Seite 29–31

1. Die Troposphäre.
2. Fronten.
3. Kelvin-Skala.
4. Mit einem Anemometer.
5. Ein Anemometer, der die Windgeschwindigkeiten aufzeichnet.
6. Hurrikan.
7. Kalmen.
8. Tornado.
9. Eine sich drehende Luftsäule, ähnlich wie ein Tornado, die Staub von der Erde aufwirbelt.
10. Zur Messung der Luftfeuchtigkeit.
11. Eines, das sehr geringe Druckveränderungen in der Luft misst.
12. Quecksilber.

13. In der Stratosphäre.
14. Es wird manchmal bei dem Versuch verwendet, Niederschlag zu erzeugen.
15. Schnee, der geschmolzen und dann wieder zu einer rauen und kantigen Oberfläche gefroren ist.
16. Der obere Teil eines Gletschers, wo der Schnee zu Eis wird.
17. Er begünstigt das nordwesteuropäische Klima, das wärmer ist, als es seiner geografischen Breite entspricht.
18. Gerölllawine, durch Regen verursacht.
19. Ein Regenmessinstrument.
20. 2,5 Meter pro Jahr.
21. Regen, der hohe Konzentrationen von Schwefel- oder Salpetersäure enthält.
22. Eine Linie auf der Landkarte, die zwei Orte mit gleicher Niederschlagsmenge miteinander verbindet.
23. Ballons.
24. Hagelkörner.
25. Ein Wind aus Südwest oder Süd, der im Sommer schwere Regenfälle mit sich bringt.
26. Eiszeitlich.
27. Eine hohe Welle, die dadurch entsteht, dass das auflaufende Flutwasser durch eine Verengung strömt, oder dadurch, dass zwei Gezeitenströme zusammenprallen.
28. Ein zündfähiges Gemisch aus Luft und Methangas.
29. Kumulonimbus.
30. Wolken, die bei Nacht leuchten.
31. Ein fotoelektronisches Instrument zur Messung der Höhe von Wolken.
32. Landschaftsteil, der als Folge von Geländeeffekten bei bestimmten Wetterlagen Gebiete unterschiedlichen Wetters voneinander trennt.
33. Eine hohe, dünne Nebelwolke, die normalerweise den gesamten Himmel bedeckt und häufig einen Haloeffekt hat.
34. Ringe, Bögen, Säulen und Lichtflecken, die durch Brechung und Spiegelung des Lichtes an Eisteilchen in der Atmosphäre hervorgerufen werden.

35. Ein optisches Gerät, das Abbildungen von atmosphärischen Phänomenen, wie z.B. Wolken, in eine Kuppel projiziert.
36. Schäfchenwolke.
37. Eine lang gestreckte, schmale Zirruswolke, die schnell ihre Form verändert.
38. Wenn Wolken klumpige oder flockige Formen bilden.
39. Der erste Versuchs-Wettersatellit, der 1960 von den USA gestartet wurde.
40. Das Verhältnis von Wasserdampf in der Luft bei einer bestimmten Temperatur zu der maximalen Menge Feuchtigkeit, die die Luft bei dieser Temperatur halten kann, ausgedrückt in Prozent.
41. Aufwärts gerichtete Warmluftbewegung.
42. Die Temperatur von stehender Luft, die denselben Effekt auf der menschlichen Haut hat wie eine bestimmte Kombination von Windgeschwindigkeit und Lufttemperatur.
43. Gibt die Temperaturschichtung an.
44. Die Temperatur, bei der Luft mit Feuchtigkeit gesättigt ist und Tau produziert.
45. Ein Gebiet, wie z.B. eine Stadt oder ein Industriegebiet, das konstant eine höhere Temperatur hat als die Umgebung.
46. Ein Instrument, das gleichzeitig mehrere meteorologische Daten aufzeichnet, wie z.B. die Temperatur, den Luftdruck und die Luftfeuchtigkeit.
47. Klima sind die durchschnittlichen Wetterbedingungen in einem bestimmten Gebiet, die über einen langen Zeitraum (oftmals 30 Jahre lang) gemessen wurden.
48. 25 Zentimeter.
49. Ab 72 km/h.
50. Thermosphäre.

Popmusik

Seite 31–34

1. *Bad.*
2. Rodgers und Hammerstein.
3. Phil Collins.

4. The Rolling Stones.
5. *Don't Bore Us – Get to the Chorus.*
6. Diamond Life.
7. Whitney Houston.
8. The Sound of Music.
9. Wet Wet Wet.
10. U2.
11. Tina Turner.
12. *Labour of Love II.*
13. Mit Carly Simon.
14. Supertramp.
15. *Flashdance.*
16. Burt Bacharach.
17. Mit der Trompete.
18. *Saturday Night Fever.*
19. Ennio Morricone.
20. *Tears Roll Down.*
21. Bruce Springsteen.
22. *Bridge Over Troubled Water.*
23. *Oliver!*
24. Randy Newman.
25. Sting.
26. *Stars.*
27. 1965.
28. Mit der Panflöte.
29. Mit Neil Diamond.
30. The Seekers.
31. Cole Porter.
32. Edith Piaf.
33. *Legend.*
34. Chaka Khan.
35. M People.
36. *Grease.*
37. Aus dem Dschungelbuch.
38. Runrig.
39. Jamiroquai.
40. Lionel Richie.
41. Alison Moyet.
42. Little Richard.

43. 1985.
44. Cher.
45. *Slippery When Wet.*
46. *The Kick Inside.*
47. *A Kind of Magic.*
48. Soft Cell.
49. *Magical Mystery Tour.*
50. Tori Amos.

Bibel

Seite 34–36

1. Von dem griechischen Wort für Buch.
2. Die fünf Bücher Moses.
3. Sechsunddreißig.
4. Dreiundsechzig.
5. Apokryphen.
6. Die Septuaginta.
7. Weil sie von 70 Übersetzern übersetzt wurde.
8. Die, die man zwischen den Schriftrollen vom Toten Meer fand.
9. Einen Codex.
10. Thora.
11. Das erste und das zweite Buch Samuel.
12. MENE MENE TEKEL UPHARSIN.
13. Weil sie an Hunger litten.
14. Ismael und Isaak.
15. Jericho.
16. Ham, Sem und Japhet.
17. Jakob und Esau.
18. Daniel.
19. Salomon.
20. Delila.
21. Goliath.
22. Judäa.
23. Das Galiläische Meer und das Tote Meer.
24. Nebukadnezar II.
25. Essener.

26. Moses.
27. Die Kanaaniter.
28. Die Tötung der Erstgeborenen.
29. Die Königin von Sheba.
30. Assyrien.
31. Cyrus.
32. Mesopotamien.
33. Herodes der Große.
34. In Untergaliläa.
35. See von Genezareth.
36. Paulus.
37. Der heilige Stephanus.
38. Matthäus, Markus, Lukas, Johannes.
39. Die (geheime) Offenbarung des Johannes.
40. Es ist die Zahl des Antichristen.
41. Auf der Anhöhe von Golgatha.
42. Kaspar, Balthasar und Melchior.
43. Johannes der Täufer.
44. Salome.
45. Eroberung, Krieg, Hunger, Tod.
46. Die synoptischen Evangelien.
47. Briefe an die Gemeinden in Rom, Korinth, Galatien, Ephesus, Philippi, Kolossae, Thessalonich, an seine Mitarbeiter Timotheus und Titus, an seinen Freund Philemon.
48. Sie wird in den Unterlagen der Geschichte Roms nicht erwähnt.
49. Das Buch des Judas.
50. Matthias.

Der menschliche Körper

Seite 36–38

1. Die Iris.
2. Im Mittelohr.
3. Die Arterien.
4. Nervenzellen.
5. Meninges.
6. Corpus callosum.

7. Der Bizeps.
8. Es schützt die Knochen vor Reibung und Abnutzung (Knorpel).
9. Plasma.
10. Der höhere Wert ist der systolische Druck (der Höhepunkt der Herzkontraktion), der untere Wert steht für den diastolischen Druck (das Herz während der Entspannungsphase).
11. Durch Sehnen.
12. Die Kapillaren.
13. Infektionen zu bekämpfen.
14. Die beiden Herzkammern.
15. Insulin.
16. Ungefähr fünf Liter.
17. In der Schädelbasis.
18. In den Zehen.
19. Im Knochenmark.
20. Das ist der Oberschenkelknochen.
21. Die interkostalen Muskeln in den Rippen und das Zwerchfell.
22. Brustfell.
23. Trachea.
24. Meniskus.
25. Pepsin.
26. In der Gallenblase.
27. Sie löst Fett, sodass es in den Blutkreislauf aufgenommen werden kann.
28. Die Bauchspeicheldrüse.
29. Aus dem Zwölffingerdarm, dem Leerdarm und dem Krummdarm.
30. Die Leber.
31. Er hat überhaupt keine Funktion.
32. Chymus.
33. Aus Aminosäuren.
34. In der Leber.
35. Mitochondrien.
36. Die Nieren.
37. Desoxiribonucleid acid (Desoxiribonukleinsäure).
38. Cortison.

39. 32.
40. Haare und Nägel.
41. Harnleiter.
42. Gegen zu viel ultraviolette Strahlung des Sonnenlichts.
43. Der Schädel.
44. Sklera (Lederhaut).
45. Sie ist ein Teil des Innenohrs und fürs Hören verantwortlich.
46. Die beiden Gehirnhälften.
47. Es kommt zur Bildung von Sommersprossen.
48. In der Ferse (Fersenbein).
49. Er ist einer der für die Blutgerinnung verantwortlichen Faktoren.
50. Larynx.

Redewendungen aus aller Welt

Seite 38–40

1. Mit den USA.
2. Ein Schädel.
3. Der Hosenbandorden.
4. Julius Cäsar beim Einmarsch nach Britannien.
5. Ein gesunder Geist in einem gesunden Körper.
6. Er überschreitet seine gesetzlichen Befugnisse.
7. Das Ende krönt das Werk (Ovid).
8. Vorlaute Kinder.
9. Nach vielen Mühen zum Erfolg.
10. Oh die Zeiten, oh die Sitten.
11. Sic transit gloria mundi.
12. In einem Spielkasino.
13. Je mehr sich die Dinge ändern, desto mehr bleiben sie dieselben.
14. Karthago muss ausgelöscht werden.
15. Ich denke, also bin ich.
16. Teile und herrsche.
17. Süß und ruhmreich ist es, für das Vaterland zu sterben.
18. Zu Fuß.
19. „Ich hab's!“.

20. Letztes, äußerstes Mittel.
21. Es ist das Motto des Prinzen von Wales.
22. Es werde Licht.
23. Nutze den Tag.
24. Alle Dinge sind im Fluss.
25. Was sein wird, wird sein.
26. Friede sei mit dir.
27. Was zu beweisen war (Euklid).
28. Eine Frau ist wandelbar.
29. Einen närrischen Verfechter veralteter Anschauungen.
30. Endergebnis, Hauptgedanke.
31. „Fortuna bevorzugt die Narren“ und „Fortuna bevorzugt die Mutigen“.
32. Es handelt sich um einen harmlosen Gewitterblitz.
33. Ein Lichtblitz.
34. Eine dramatische Verwicklung.
35. Ein Boxhieb.
36. Im Wein liegt die Wahrheit.
37. Solange ich atme, hoffe ich.
38. Und sie (die Erde) bewegt sich doch.
39. Hier bin ich und hier bleibe ich.
40. Es gefällt nicht (ein negatives Votum).
41. So Gott will.
42. Ein Grab (es bedeutet „Hier liegt …“).
43. Nein; es bedeutet: Eile mit Weile.
44. Die Zeit fliegt.
45. Nein; es bedeutet: Ich bin willig, aber unfähig.
46. Etc.
47. Ja; es bedeutet „Neapel sehen und sterben“.
48. Oh heilige Einfachheit.
49. Eine unwahrscheinliche und vorteilhafte Fügung (wörtlich: der Gott aus der Maschine).
50. Es ist wunderschön, aber es ist nicht der Krieg.

Ereignisse der Gegenwart II

Seite 40–42

1. Intifada.
2. African National Congress.
3. Ronald Reagan.
4. Anwar Sadat.
5. Willy Brandt.
6. Von Nigeria.
7. Pinochet.
8. Algerien.
9. Die Verstaatlichung der Kanalgesellschaft (1956).
10. Kenneth Kaunda.
11. Arbeiter protestierten gegen die Anwesenheit der Sowjets, und die Russen fuhren mit Panzern in Berlin ein.
12. Vietkong.
13. Jawaharlal Nehru.
14. Der Friedensvertrag von Camp David.
15. In Memphis, Tennessee.
16. Uganda.
17. Challenger.
18. Ein Bombenattentat in einem Berliner Nachtclub.
19. In Maastricht.
20. Im November 1989.
21. New York.
22. Frankreich, Deutschland, Italien, Belgien, Niederlande und Luxemburg.
23. Nicolae »eauËescu.
24. Richard Nixon.
25. In Bhopal in Zentralindien.
26. Margaret Thatcher.
27. Organization of Petroleum Exporting Countries.
28. Nikita Chruschtschow.
29. Im Sechstagekrieg.
30. Slowenien und Kroatien.
31. 1949.
32. Michail Gorbatschow.
33. Zu den Roten Khmer.

34. 1979.
35. In der Schweinebucht.
36. Christiaan Barnard.
37. Zypern.
38. Die Begrenzung von strategischen Raketen und Atomwaffen in den USA und der UdSSR.
39. Ayatollah Khomeini.
40. Die Richtlinie zur Umstrukturierung der sowjetischen Wirtschaft und Bürokratie.
41. Die Vereinten Nationen.
42. Die Streitkräfte der chinesischen Kommunisten.
43. Lech Walesa.
44. Robert Mugabe.
45. Haile Selassie von Äthiopien.
46. François Mitterand.
47. 1973.
48. Der Warschauer Pakt.
49. Prager Frühling.
50. Erzbischof Makarios III.

Was fällt aus der Reihe?

Seite 42–45

1. (c) Python: Ist keine Giftschlange.
2. (a) Schubert: Alle anderen sind Komponisten des Barock.
3. (a) Amaretto: Ist ein Likör, während alle anderen Weine sind.
4. (d) Ileum: Ist Teil des Dünndarms.
5. (d) Paul Rubens: Alle anderen waren Impressionisten.
6. (b) Eibe: Alle anderen sind Laubbäume.
7. (a) Saxofon: Es ist ein Holzblasinstrument.
8. (b) Südafrika.
9. (d) Oklahoma: Alle anderen liegen an der Ostküste.
10. (a) Calvados: Ist ein Weinbrand, während die anderen alle Weine sind.
11. (a) Ceres: Ist ein Asteroid.
12. (c) Claudio Arrau: Er ist Pianist, während alle anderen Geiger sind.

13. (d) Gazpacho: Ist eine Suppe, während alle anderen Currygerichte sind.
14. (a) Löwe: Alle anderen sind Pflanzenfresser.
15. (d) Honduras: Alle anderen liegen in Afrika.
16. (c) Chruschtschow: Alle anderen waren an der Russischen Revolution beteiligt.
17. (a) Massachusetts.
18. (c) Gerontologe: Alle anderen beschäftigen sich mit Kindern.
19. (c) Löwenmaul: Alle anderen gehören zur Familie der Primeln.
20. (a) Die vertauschte Braut: Ist eine Oper, während alle anderen Musicals sind.
21. (a) Makrele: Alle anderen sind Süßwasserfische.
22. (d) Patience: Ist als Einziges ein Kartenspiel.
23. (a) Carl Lewis: Alle anderen sind Schwimmer.
24. (c) Casablanca: Alle anderen sind Hauptstädte.
25. (d) John F. Kennedy.
26. (a) Fliegenpilz.
27. (c) Frank Sinatra: Alle anderen sind Rocksänger.
28. (d) Madeira: Alle anderen gehören zu den Westindischen Inseln.
29. (c) Das Fenster zum Hof: In allen anderen tritt Audrey Hepburn auf.
30. (d) Oper: Alle anderen sind Formen von geistlicher Musik.
31. (a) Jacques Cousteau: Er ist ein Unterwasserforscher, während die anderen Schriftsteller sind.
32. (c) Bernstein: Alle anderen sind Edelsteine.
33. (d) Salamander: Ist eine Amphibie, während alle anderen Reptilien sind.
34. (b) Korsika: Alle anderen gehören zu Italien.
35. (a) Tunesien.
36. (c) Coq au vin: Alle anderen enthalten kein Fleisch.
37. (c) Schlüsselbein: Alle anderen gehören zur Muskulatur.
38. (b) Placido Domingo: Er ist Sänger, während alle anderen Dirigenten sind.
39. (b) Normandie: Alle anderen liegen in Italien.
40. (b) Tartarus.

41. (c) Ägypter: Alle anderen liegen auf dem amerikanischen Kontinent.
42. (a) Miami: Alle anderen sind Hauptstädte von US-Staaten.
43. (a) Sir Isaac Newton: Er war Wissenschaftler, während alle anderen Erfinder waren.
44. (c) Cassis: Alle anderen sind Branntweine.
45. (c) Stewart Granger: Alle anderen waren mit Elizabeth Taylor verheiratet.
46. (c) Regenpfeifer: Ist ein Wattvogel, alle anderen sind Singvögel.
47. (a) Jimmy Carter: Alle anderen waren Republikaner.
48. (c) Thailand.
49. (a) Die Schlacht von Verdun.
50. (d) Retinol: Ist ein Vitamin, während alle anderen Mineralien sind.

Flüsse

Seite 46–48

1. South River.
2. Vom Missouri.
3. Der Embarras River.
4. An der Themse.
5. Missouri und Mississippi.
6. Der Nil.
7. Der Gelbe Fluss.
8. Mekong.
9. Der Jordan.
10. Bis Baton Rouge, Louisiana.
11. Die Donau.
12. Tschechische Republik und Deutschland.
13. Bei Le Havre.
14. In das Schwarze Meer.
15. Am Rhein.
16. München.
17. Der Yukon.
18. Am Rio de la Plata.
19. Die Moskwa.

20. Die Wolga.
21. Ganges.
22. Der Colorado.
23. Am Hudson.
24. An der Seine.
25. An der Spree.
26. Der Kwai.
27. Durch Bangkok.
28. Der Jordan.
29. Der Kongo.
30. Rio Grande und Rio Bravo del Norte.
31. Der St. Lawrence.
32. Amazonas.
33. Der Orinoko.
34. Mersey.
35. Douro und Tagus.
36. Danube.
37. Kalkutta.
38. Der Indus.
39. Am Tennessee.
40. Am Ohio.
41. Mackenzie River.
42. Am Alabama.
43. Am Susquehanna.
44. Der Orange.
45. Der San Joaquin.
46. Der Missouri.
47. Themse.
48. Darling.
49. Der Mekong.
50. Am Charles.

Weltraum

Seite 48–50

1. Merkur, Venus, Erde, Mars, Jupiter, Saturn, Uranus, Neptun, Pluto.
2. Phobos und Deimos.

3. Pluto.
4. Ein regelmäßiger Meteorenschwarm, der zwischen dem 25. Juli und dem 17. August von Eta Persei zu kommen scheint.
5. Auf dem Mond.
6. (b) Das Meer der Wunder.
7. Einhorn.
8. 1957.
9. Juri Gagarin.
10. Valentina Tereschkowa.
11. Der erste Spaziergang im All.
12. Es war die erste internationale Weltraummission mit Amerikanern.
13. Es explodierte auf der Startrampe, die Crew blieb jedoch unverletzt.
14. Helen Sharman.
15. Er war ein Schimpanse.
16. Alan Shepard.
17. Scott Glenn.
18. Ringnebel.
19. Ein wiederverwendbares amerikanisches Raumfahrzeug.
20. Im November 1982.
21. Krebsnebel.
22. An dem Halleyschen Kometen vorbeizufliegen.
23. Mariner 2.
24. Viking 1 und 2.
25. Ein Fehler in dem Lichtkollektorspiegel.
26. Sie verläuft spiralförmig.
27. 3.476 Kilometer.
28. Ein schwaches Lichtband, das man manchmal kurz nach Sonnenauf- oder -untergang sieht und das sich von dem Punkt am Horizont aus ausbreitet, an dem die Sonne auf- oder untergeht.
29. Kohlendioxyd.
30. Quasare.
31. Ein Strom von ionisiertem Hydrogen und Helium, der sich von der Sonne aus ausbreitet.
32. Eine helle Erscheinung unterschiedlicher Form und Farbe am Nachthimmel.

33. Die Aurora Borealis und die Aurora Australis.
34. Wenn der Mond das Licht der Sonne auf bestimmten Stellen der Erde abschirmt.
35. Großkreis am Himmel, in dem die Ebene der Erdbahn um die Sonne als unendlich groß gedachte Himmelskugel schneidet.
36. Ein Stern, der ungewöhnlich blass für seine heiße Temperatur ist.
37. Ein sehr großer und heller Stern, der eine relativ niedrige Oberflächentemperatur hat.
38. Ein riesiger, roter, halb regelmäßig sich verändernder Doppelstern.
39. Andromeda.
40. In der nördlichen Hemisphäre bei Andromeda und Auriga.
41. Orion.
42. Einer von mehreren sehr großen, hellen Sternen, wie z.B. Betelgeuse oder Rigel, die mehrere tausend Mal heller sind als die Sonne.
43. Ein riesiger Körper aus stark verdünntem Gas und Staub im interstellaren galaktischen Raum.
44. Ein sehr kleiner Raumbereich mit einer so starken Gravitationswirkung, dass alles, sogar Licht, davon angezogen wird.
45. Ein hypothetisch vorhandenes Loch im äußeren Raum, aus dem Energie, Sterne oder andere Himmelsmaterie herausgeschleudert werden.
46. Materie, die mehr als 90 % des Universums ausmachen soll, jedoch nicht so leicht sichtbar ist, da sie weder Licht abgibt noch elektromagnetische Strahlung, wie Licht oder Funksignale, zurückstrahlt.
47. Eine Galaxie aus Antimaterie.
48. Eine Vereinigung aller Galaxien.
49. In der nördlichen Hemisphäre zwischen Lacerta und Perseus und südlich von Cassiopeia.
50. Zwei unregelmäßige Galaxien, die nächsten extragalaktischen Objekte.

Berühmte Leute I

Seite 50–52

1. Leda.
2. Achilles.
3. Taiwan.
4. Lawrence von Arabien.
5. Mendelejew.
6. Kommissar Nayland Smith.
7. Marathon.
8. John Milton.
9. Holden Caulfield.
10. Bismarck.
11. Berija.
12. Boudicca.
13. Neptun.
14. Pontius Pilatus.
15. Toulouse Lautrec.
16. Pablo Picasso.
17. A Perfect Day for Bananafish.
18. Franny.
19. Sanjay, alle anderen wurden ermordet. Er starb bei einem Flugzeugabsturz.
20. Polyphemus.
21. Loki.
22. Sita.
23. Doktor Schiwago.
24. Horsa.
25. Napier.
26. Konrad Adenauer.
27. Elhanan.
28. Er war der Einzige, der laut Gerichtsgutachten nachweislich gekreuzigt wurde.
29. Er war einer der größten Clowns aller Zeiten.
30. Cary Grant.
31. Fred Astaire und Ginger Rogers.
32. Bernardo Bertolucci.
33. Alfred Nobel.

34. Harvey Firestone.
35. Don Quichote.
36. Marco Polo.
37. Captain Webb.
38. Die Falltür versagte drei Mal und am Ende wurde sein Todesurteil in lebenslange Haft umgewandelt.
39. Ivan Denissowitsch.
40. Konfuzius.
41. Mahatma Gandhi.
42. Echnaton (Amenophis IV.).
43. Lord Byron.
44. Claudius.
45. Königin Elisabeth I. von England.
46. Prinz Albert.
47. In einem Fass mit Branntwein.
48. Narzissus.
49. Die Gorgonen.
50. Antoine de Saint Exupéry.

Fragen-Potpourri I

Seite 52–54

1. Demokrit.
2. Sie werden beide Eta genannt.
3. Die hängenden Gärten der Semiramis.
4. Er liegt in einem riesigen erloschenen vulkanischen Krater.
5. Der Euphrat.
6. South West Townships.
7. Singing in the Rain.
8. „Ich suche nach Schlupflöchern.“
9. Lord Haw Haw.
10. Binnenmarkt.
11. Präsident Nasser.
12. Knesset.
13. In China.
14. Ein Protein, das in faserigem Bindegewebe vorkommt.
15. Nach festliegendem Reimschema verfasstes fünfzeiliges Gedicht mit ironischem oder grotesk-komischem Inhalt.

16. Laotse.
17. Engels.
18. Sie waren seit Wilhelm dem Eroberer die einzigen Könige, die nicht gekrönt wurden.
19. Boudicca.
20. Keiner. Das ist eine Legende, die Caligula nachgesagt wird, die jedoch nicht historisch belegt ist.
21. Backsteine ohne Stroh herzustellen.
22. Zur Mumifizierung von Körpern.
23. Tartuffe.
24. Die Zugtrompete.
25. In St. Petersburg.
26. Richard Dadd.
27. Evariste Galois.
28. Die Rastafarianer.
29. Nein: Es handelt sich um eine benzingefüllte Bombe.
30. Das Grab des Tutanchamun.
31. Er soll den Reichstag in Brand gesetzt haben.
32. Joseph Stalin.
33. Groß- und Mittelbauern mit fruchtbarem Land im zaristischen Russland.
34. Truman.
35. Parsen.
36. Die spanische Armada.
37. Er besetzte die britischen Falklandinseln, wurde in dem anschließenden Krieg jedoch deutlich geschlagen.
38. Buddha.
39. Die sibyllinischen Bücher.
40. Teddy Roosevelt.
41. In Peru.
42. In der Bundesrepublik Deutschland.
43. Oktavian schlug Mark Antonius.
44. Heuss, Lübke, Heinemann, Scheel, Carstens, Weizsäcker, Herzog, Rau.
45. Admiral Byngs.
46. Weil er nicht bellen kann.
47. Sepia.
48. Ein traditionelles japanisches Gedicht, das eine feste Form von 5–7–5 Silben hat.

49. Ein lustig wirkender Versprecher, bei dem häufig ein Wort versehentlich durch ein ähnlich klingendes ersetzt wird.
50. Luigi Pirandello.

Klassische Musik

Seite 54–56

1. Singspiel.
2. Vier.
3. Maurice Ravel.
4. *Prinz Igor.*
5. Ludwig van Beethoven.
6. Er war Ungar.
7. Geige.
8. Auf Abdelazar von Henry Purcell.
9. *Sheherazade* von Rimsky-Korsakow.
10. Beethovens *Neunte Symphonie.*
11. Neun.
12. Felix Mendelssohn-Bartholdy.
13. Oratorium.
14. Cello.
15. Johannes Brahms.
16. *Peer Gynt Suite Nr. 1.*
17. 12.
18. Ludwig von Köchel.
19. Anton Schönberg.
20. Friedrich Smetana.
21. Zu den Oboen.
22. Vier.
23. Die Scala in Mailand.
24. Joseph Haydn.
25. Bei einem Intervall erklingen zwei Töne gleichzeitig, bei einem Akkord drei oder mehr Töne.
26. Mit Filzhämmern.
27. *Carmina Burana.*
28. *Fingalshöhle.*
29. Oktave.

30. Aus der Hintergrundmusik zu Ein *Mittsommernachtstraum.*
31. Michail Glinka.
32. Claude Debussy.
33. Die Geige.
34. *Die Meistersinger von Nürnberg.*
35. Ein Klavier.
36. Alexander Borodin.
37. Für den Sopran.
38. Sehr.
39. Sie hat keinen langsamen Teil.
40. Aus Polen.
41. Gitarre.
42. Richard Strauss.
43. Mezzosopran.
44. *Eroica.*
45. Ein höfischer Tanz des 17. und 18. Jahrhunderts.
46. Jean Sibelius.
47. Falstaff, Othello und Macbeth.
48. *Die Tragische.*
49. Geige.
50. Ein Blechblasinstrument mit ähnlicher Tonpalette wie die Tuba.

Weltreligionen

Seite 56–59

1. Kasten.
2. Mohammed.
3. In der Thora.
4. Buddha.
5. Hinduismus und Islam.
6. Christentum, Judentum und Islam.
7. Eucharistie.
8. Die Protestanten.
9. Talmud.
10. Koran.
11. Kaddisch.

12. Die heilige Synode.
13. Buddhismus.
14. Bahaismus.
15. Einem Priester, dem ein Diakon und ein Chor assistiert.
16. Ramadan.
17. Buddha.
18. Der Diakon.
19. Jom Kippur.
20. Fünfmal.
21. Brahmane.
22. Zen-Buddhismus.
23. Die Reformation.
24. Sieben.
25. Reverend John Wesley.
26. Schließlich alle Kirchen des Christentums zu vereinen.
27. Mekka.
28. Vishnu.
29. Passah.
30. Ein Rätsel in Form eines Paradoxons, das als Meditationshilfe dient.
31. Schwein.
32. Taoismus.
33. Auf den Lateinischen Riten von Rom.
34. Veda.
35. Zionismus.
36. Aus den Sprüchen und Anekdoten Mohammeds.
37. Fastenzeit.
38. Nein. In der östlich-orthodoxen Kirche wird der Tag anders berechnet und liegt mindestens eine, meistens mehrere Wochen später.
39. Die evangelische und die reformierte Kirche.
40. Die Befreiung aus dem Kreislauf der Wiedergeburt.
41. Nirvana.
42. Sunniten.
43. Jahtrib, das später Medina genannt wurde.
44. Hegira.
45. Himmelfahrtstag.
46. Die Unberührbaren.
47. Pfingsten.

48. Shavuot.
49. Am 6. Januar.
50. Die Schiiten.

Botanik

Seite 59–61

1. Schierling.
2. Zur Familie der Petersilie.
3. Mohn.
4. Der Fingerhut.
5. Sie sind alle tödlich giftig.
6. Fliegenpilz. Wurde zum Töten von Fliegen verwendet.
7. Misteln.
8. Aus der Wurzel.
9. Alkaloide.
10. Weinraute.
11. Aus Kümmel.
12. Nesselausschlag.
13. Erdbeere.
14. *Quercus robur* ist die Englische Eiche und *Quercus coccinea* ist die Roteiche, die in Nordamerika wächst.
15. Sie ist besonders langlebig. Viele Eiben leben bis zu 1000 Jahren.
16. Monkey Puzzle (Affenrätsel).
17. Die Weiden.
18. Silberbirke.
19. Die Magnolie.
20. Dattelpflaumenbaum.
21. Maulbeerbaum.
22. Wacholder.
23. Vogelbeerbaum.
24. An den Blättern.
25. Staubfäden.
26. Eine Gruppe von Blüten an demselben Stamm.
27. Stigma.
28. Nektar.

29. Weil die Pollen an dem Insektenkörper kleben bleiben und so auf andere Blüten übertragen werden, sodass eine Befruchtung stattfinden kann.
30. Er platzt und sondert eine Sporenwolke ab.
31. Aus Flechten.
32. Luftverschmutzung.
33. Ihre wassergefüllten Blätter und Stämme.
34. Von Insekten.
35. Sauerstoff.
36. Nein.
37. Springkraut.
38. Sie haben Flügel, die sich wie Rotorblätter drehen und die Samen wie Hubschrauber fliegen lassen.
39. Safran.
40. Sie sammeln die Lichtenergie (Lichtträger).
41. Aus Basilikum.
42. Es regt das Zellwachstum an.
43. Tropismus.
44. Etiolieren.
45. Die Pflanze wendet ihr „Gesicht“ dem Licht zu.
46. Die Blätter rollen sich bei Berührung zusammen.
47. Er wird zu Dünger verbrannt.
48. Von toter tierischer und pflanzlicher Materie.
49. Die Venusfliegenfalle.
50. Gräser.

Logisch!

Seite 62–80

Das Zeitwunder

Ja. Gestern war sein 18. Geburtstag und Silvester. Er sprach am Neujahrstag, also wird er tatsächlich in diesem Jahr noch einmal Geburtstag haben.

Logeleien mit Streichhölzern

Antwort 1

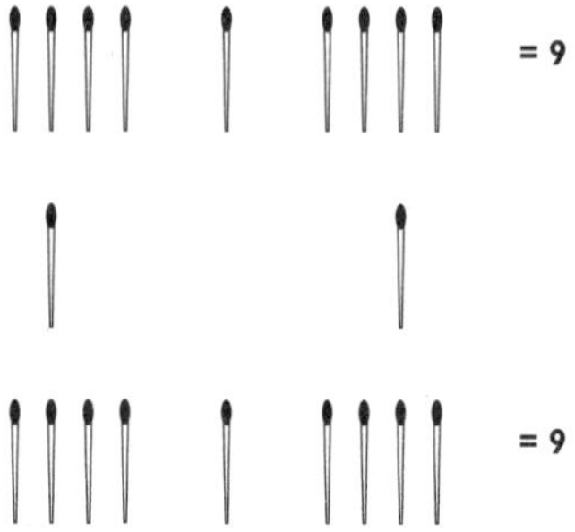

Antwort 2

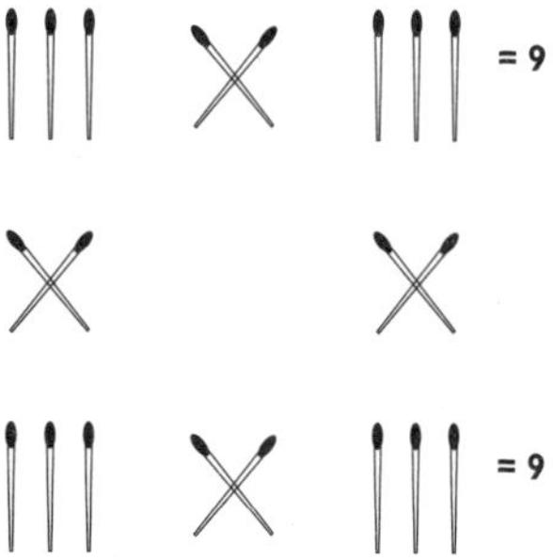

Noch ein Streichholztrick!

a) Entfernen Sie zwei beliebige Streichhölzer von einer beliebigen Ecke und legen Sie sie, wie unten dargestellt, an die anderen Quadrate.
Denken Sie daran, dass vier kleine Quadrate wiederum ein großes ergeben.

b) Bewegen Sie nun noch das übrig gebliebene Streichholz wie dargestellt.

Antwort a)

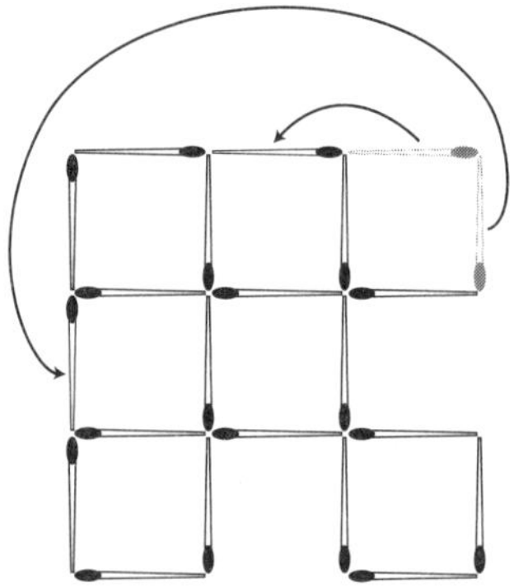

Antwort b)

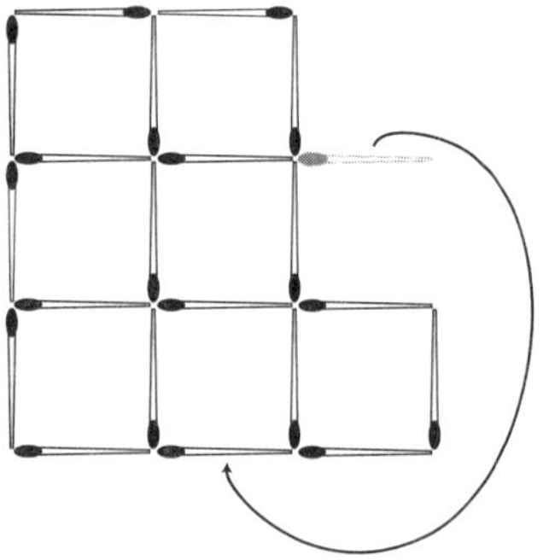

Das schwere Los eines Kellners

Ein Kellner serviert Gästen in einem Hotel Gemüse:
a) 14, b) 4, c) 18, d) 7, e) 8

Sie meinen, Sie wären gut in Mathe?

Drehen Sie die Zahlen einfach um und Sie erhalten 81 + 19 = 100.

Cocktailspieße

1. Nehmen Sie jeden zweiten äußeren Cocktailspieß und legen Sie damit ein separates Dreieck.

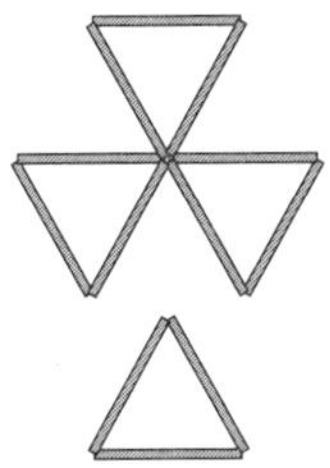

2. Nehmen Sie wieder jeden zweiten Cocktailspieß und legen Sie sie über die anderen.

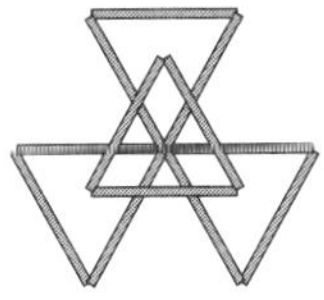

3. Eine dreiseitige Pyramide.

Verschieben

a) Die Zahlen verschieben sich im Uhrzeigersinn um ihren jeweiligen Betrag.
b) Die Buchstaben verschieben sich im Uhrzeigersinn um ein Kästchen weniger als ihre Position im Alphabet.

a)

2		10
7		9

b)

K		L
M		D

Komplizierte Zahlen- und Buchstabenraster

1. 48. (A · B) – (C · D) = EF
2. M u. X. 2 · A – B + C = D. Setzen Sie die alphabetischen Werte der Buchstaben ein.
3. 21. a + b + e + f = cd
4. 32. (a · b) geteilt durch c = d

Die magischen Vierecke

4	6	11	13
9	15	2	8
14	12	5	3
7	1	16	10

13	3	6	12
8	10	15	1
11	5	4	14
2	16	9	7

Verknüpfungen

1. 1536. Die ersten zwei Stellen multipliziert mit den nächsten beiden Stellen ergeben die nächste Zahl (64 · 24).
2. 108. Multiplizieren Sie die beiden äußeren Stellen der ersten Zahl, und Sie erhalten die beiden äußeren Stellen der nächsten Zahl. Multiplizieren Sie die beiden inneren Stellen der ersten Zahl, und Sie erhalten die beiden inneren Stellen der nächsten Zahl.
3. 27. Die ersten beiden Stellen minus den zweiten beiden Stellen bilden die Zahl im nächsten Feld. Dann ziehen Sie von der ersten Stelle die zweite Stelle ab, und Sie erhalten das Ergebnis für das dritte Feld.

Das Partyproblem

a) 27 b) 15 c) 6 d) 20 e) 82

Rasterrätsel

a) 91
b) Die einfache Möglichkeit besteht darin, zunächst ein Quadrat von 1 x 1 zu nehmen, dann 2 x 2 und so weiter, bis Sie das Muster erkennen.

1 x 1 = 1
2 x 2 = 5
3 x 3 = 14 oder: (3 x 3) + 5
4 x 4 = 30 oder: (4 x 4) + 14
5 x 5 = 55 oder: (5 x 5) + 30
6 x 6 = 91 oder: (6 x 6) + 55
7 x 7 = 104 oder: (7 x 7) + 55

Brauchen Sie einen Computer?

Es handelt sich um die binären alphabetischen Positionen der Vokale.

A = I E = 5 I = 9 O = 15 U = 21

Gleiche Formen

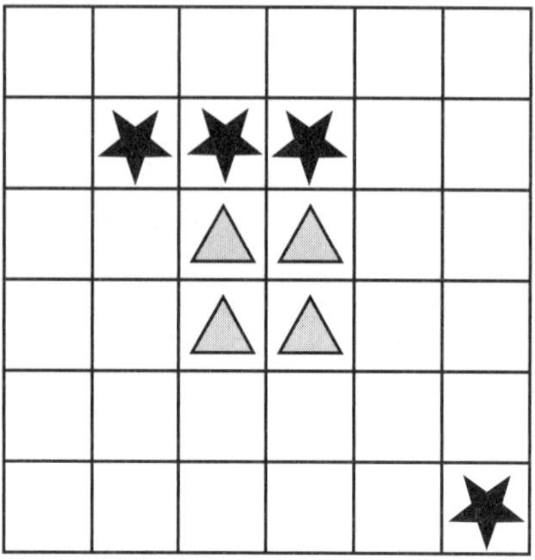

Das doppelte Quadrat

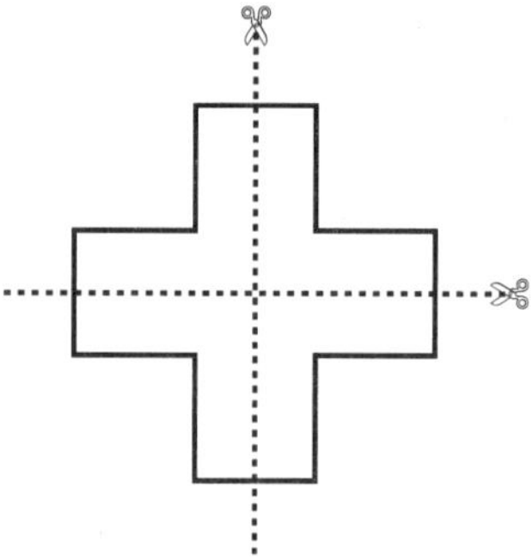

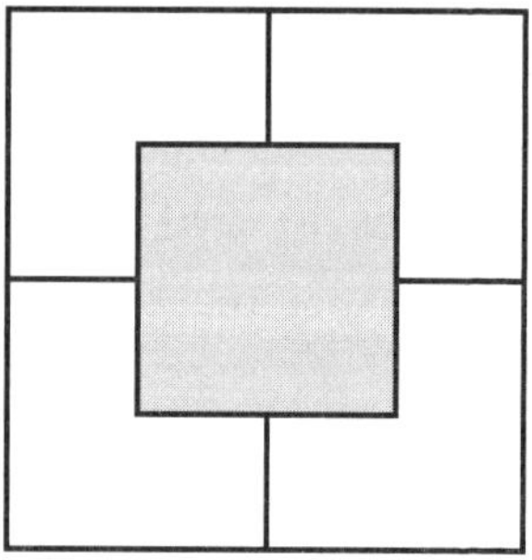

Dreiecke

Dreieck A

Die Federn des Prinzen von Wales

Es handelte sich um das Werbeschild eines Pubs. Der Pub hieß *Die Federn des Prinzen von Wales.*

Leere Quadrate

1. D. Die fünf Symbole laufen die oberste Reihe entlang, dann die zweite Reihe etc.
2. B. Die sechs Symbole laufen die erste Spalte hinunter und dann spiralförmig um die Mitte des Rasters herum.
3. 85426. Ersetzen Sie die Buchstaben durch ihren alphabetischen Wert (A=1, B=2 etc.), dann addieren Sie diese Zahl zu den Zeilen eins und zwei des vorangegangenen Rasters und Sie erhalten Zeile drei.
4. 76652. Ersetzen Sie die Buchstaben durch ihren alphabetischen Wert, dann ziehen Sie diese Zahl von der Summe der Zeilen eins und zwei des vorangegangenen Rasters ab und Sie erhalten Zeile drei.

Ungewöhnliche Safes

1. 25 in der zweiten Reihe und der zweiten Spalte.
2. 1G im inneren Kreis auf Position 4 Uhr.
3. T, damit erhält man Rotte, Euter, Paten, Hotel.
4. D, damit erhält man Radau, Buden, Nadel, Anden.

Hürdenlauf fürs Gehirn

Seite 81–102

Hürde 1

1. 97. Die Position der Zeiger (nicht die Uhrzeit), der Stundenzeiger zuerst, als Summe ausgedrückt.
2. 36. Die Position der Zeiger (nicht die Uhrzeit), Minutenzeiger minus Stundenzeiger und dann davon das Ergebnis.
3. 16. Die Summe der Abschnittswerte der schattierten Flächen.
4. 216. Position der Zeiger (nicht die Uhrzeit) aufaddieren und dann das Ergebnis errechnen.

Hürde 2

1. 37. (oben links + oben rechts) – (unten links + unten rechts).
2. 156. (oben links x unten rechts) + (unten links x oben rechts).
3. 54. (oben links x unten links) – (oben rechts x unten rechts).
4. 12. (unten links x unten rechts) – (oben links + oben rechts).
5. 68. (oben links^2 – unten rechts) + (unten links^2 – oben rechts).
6. 9. (oben links x oben rechts + unten links) + unten rechts.
7. 126. (oben links + oben rechts + unten links) – unten rechts.
8. 960. (oben links x oben rechts x unten links) + unten rechts.
9. 51. (oben links x unten rechts^2) – (oben rechts x unten links).
10. 114. oben links + oben rechts + unten links – unten rechts.

Hürde 3

1. C. Die anderen stellen dieselbe Figur in gedrehter Form dar.
2. D. A&E und B&C bilden gegensätzliche Paare.
3. C. Die anderen sind römische Zahlen, die gegen den Uhrzeigersinn um 90° Grad gedreht sind.
4. D. Die anderen stellen dieselbe Figur in gedrehter Form dar.
5. E. Die anderen stellen dieselbe Figur in gedrehter Form dar.
6. A. Die anderen stellen dieselbe Figur in gedrehter Form dar.
7. B. A&D und C&E bilden gegensätzliche Paare.
8. E. Es enthält vier Linien, die anderen nur drei.
9. D. Das innere Muster dreht sich nicht im Uhrzeigersinn.
10. E. Die anderen bestehen aus zwei Formen.

Hürde 4

11. A. Beginnen Sie im Binärsystem mit der 5 und fügen Sie jedes Mal 3 hinzu. Sie können die Lösung auch finden, indem Sie die Figuren als Negativ betrachten und diese spiegeln.
12. B. Die Zahlen drehen sich im Uhrzeigersinn um ihren Wert.
13. E. Die Figuren drehen sich jedes Mal um ein Feld.
14. B. Die Figuren drehen sich nacheinander weiter.
15. A. Die Figuren drehen sich nacheinander weiter.
16. B. Alle bestehen aus drei Linien.

17. C. Drehungen und Linien werden von der einen Figur abgezogen und zur anderen hinzugefügt.
18. D. Die Figuren drehen sich.
19. D. Die kleinen Kreise bewegen sich von links nach rechts und von oben nach unten.
20. A. Jede Figur dreht sich nach einem bestimmten Muster.
21. D. Das passende Gegenstück.
22. A. Die ganze Figur dreht sich um 90° Grad im Uhrzeigersinn und die Kreise am Ende der Linien werden vertauscht.
23. C. Die Figuren drehen sich nacheinander in einer bestimmten Reihenfolge.
24. D. Die erste Zahl ist eine alphanumerische Position (z.B. a=1).
25. A. Quadrat wird zum Kreis, Dreieck wird zum Quadrat, Kreis wird zum Dreieck.

Hürde 5

26. D
27. B
28. C
29. A
30. A

Hürde 6

31. D
32. B
33. B
34. E
35. C

Hürde 7

36. C
37. F
38. E
39. A
40. F

Hürde 8

41. E
42. G
43. F

Hürde 9

44. E. Die Linien, die sowohl in der ersten als auch in der zweiten Abbildung zu sehen sind, werden in der dritten Abbildung entfernt.
45. E. = (Anzahl der Sterne x 2) + Anzahl der Sterne = Anzahl der Sterne in Spalte 3

Hürde 10

46. E
47. A
48. D
49. E
50. B

Gedächtnistests

Seite 104–119

Gedächtnistest Nr. 1

1. Gut Altenhof
2. Seedorf
3. Ratzeburg
4. 3
5. Am Stadtrand
6. Barock
7. Ja
8. € 1,8 Millionen
9. Nein
10. 7
11. Ankleidezimmer

12. Nein
13. 3
14. A 24 und B 404
15. Die Elbe
16. Doppelverglasung
17. Im zweiten Stock
18. Kartoffeln, Mohrrüben, Zwiebeln, Salate, Knoblauch, Dicke Bohnen
19. Nein
20. 3
21. Ja
22. Nein
23. Wald
24. Ja
25. Zwei

Gedächtnistest Nr. 2

1. Indisch, Englisch, Französisch und Italienisch
2. 4
3. 2
4. € 6,00
5. Nein
6. £ 6,00
7. Lamm Bhuna
8. 2
9. Gleich viele
10. Auf der indischen
11. Italienische und englische
12. Nein
13. € 4,50
14. £ 4,00
15. 3
16. Ja
17. Kreditkarten werden nicht akzeptiert
18. Eis, Zabaglione
19. 1
20. Tomatensuppe und Cock-a-Leekie
21. Shish Kebab, 900 Rupien

22. Die französische
23. Es stand kein Kaffee auf der Karte

Gedächtnistest Nr. 3

1. Eine Kirche
2. Romanisch
3. Grünewald
4. Tonband, elektrische Strahler
5. Drei
6. Kaffee, Bier, Coca-Cola
7. Horn, Posaune
8. Nein, sie sind Teile des Altars
9. Ein Kirchenschiff
10. Ansichtskarten, Snacks (Imbissstuben), Trachtenmoden, Backwaren (Zuckerbäcker)

Gedächtnistest Nr. 4

1. 9
2. Kos
3. Great Palace Hotel
4. € 449,-
5. Selbstversorger
6. 10%
7. 8
8. Mallorca, € 159,-
9. Zante.
10. Kos, Mallorca, Teneriffa, London
11. 3 Tage
12. € 350,-
13. Orlando, Teneriffa
14. Frankfurt
15. 5
16. 20%
17. Palma, Algarve
18. Benidorm, Nizza
19. 15%
20. € 1000,-

Bilderrätsel

Seite 120–136

1. A & F

2. A. Das Muster rotiert waagerecht und senkrecht in Viererschritten.

3.

4. C. Es ist ein Spiegelbild.

5.

6. D. Die Form ist um 90 Grad gedreht, die Farben sind vertauscht.
7. D und E. Es handelt sich um gedrehte Spiegelbilder der anderen drei.
8. D
9. D. Die Dreiecke haben die Position vertauscht.
10.

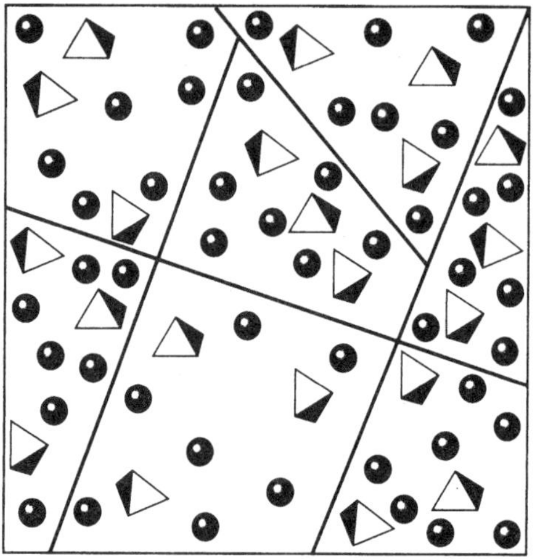

11. B. Dieselben sieben Objekte werden immer wiederholt, allerdings in unterschiedlichen Farben.
12. Zwei Objekte drehen sich um 180 Grad, ohne ihre Position in der Gruppe zu verändern.

13. A
14. F. Alle anderen haben einen oder mehrere Unterschiede.
15. Sie hebt sich.
16. D
17. C

18.

19. A. Die Reihe setzt sich fort mit der Anzahl der Leerräume in der Figur.

20. C. Die größere Form wird verkleinert, die ganze Figur waagerecht und senkrecht umgekippt und die Schattierung wechselt jeweils von Schwarz nach Weiß, von Weiß nach Grau, von Grau nach Schwarz und von Schwarz/Weiß nach Weiß/Schwarz.

21. C. Der Baum hat eine zusätzliche innere Struktur.

22.

23. 39 Kobras

24.

Querdenken

Seite 137–142

Die Bergsteiger

Sie fuhren mit einem Schiff zu ihrem Urlaubsziel. Das Schiff wurde während der Nacht gerammt, ihre Kabine befand sich unter der Wasseroberfläche. Der Wasserdruck hatte die Tür zugedrückt, sodass sie nicht entkommen konnten, und die Retter kamen zu spät, um sie noch retten zu können.

Bruder Simon

Bruder Simon ist ein Geist, der durch Wände gehen kann.

Kein Feuer für Forscher

Neil und Dave waren Astronauten, die ein Experiment auf dem Mond durchführten.

Die Königswahl

Das weniger intelligente Kind war ein männlicher Nachkomme.

Kleine Brüter

Es waren alles Weibchen.

Die Teeparty

Das kleine Mädchen spielte in ihrem Spielhaus im Garten. Sie musste zuerst durch die Vordertür ihres Spielhauses und dann durch die Tür des Elternhauses gehen, bevor sie in den Vorgarten kam.

Die Schulklasse

James ist Lehrer.

Ein fruchtiges Problem

Die Früchte waren aus Wachs; es handelt sich um Kerzen, die die Frau angezündet hatte, bevor sie den Raum verließ, so dass sie heruntergebrannt waren, als sie den Raum wieder betrat.

Die Befragung

„Sally, bist du da?“ oder „Bist du zu Hause?“

Unteroffizier in der Armee

Er trug Uniform.

Im Schmutz

Ein Kind fiel auf die Füße und sein Gesicht wurde nicht schmutzig. Als es sah, dass das Gesicht des Freundes schmutzig war, dachte es, dass auch sein eigenes Gesicht schmutzig sein musste, und lief davon, um es zu waschen. Sein Freund sah nur das saubere Gesicht des anderen und hatte nicht das Gefühl, sich waschen zu müssen.

Logisch!

Seite 143–149

Wasser bergauf fließen lassen

Stechen Sie die Nadel durch das Streichholz und befestigen Sie es an dem Korken. Zünden Sie das Streichholz an und legen Sie das Ganze so auf das Wasser, dass das Streichholz nicht nass wird. Dann stülpen Sie den Becher über den Korken mit dem angezündeten Streichholz. Das Streichholz verbrennt den Sauerstoff und das Wasser wird in den Becher gezogen.

Wer oder was bin ich?

1. Was bin ich?
   Ein Hengst

2. Wer bin ich?
   Moses

3. Was bin ich?
   Ein Seepferdchen

4. Was bin ich?
   Samba

Gleich große Teile

1)

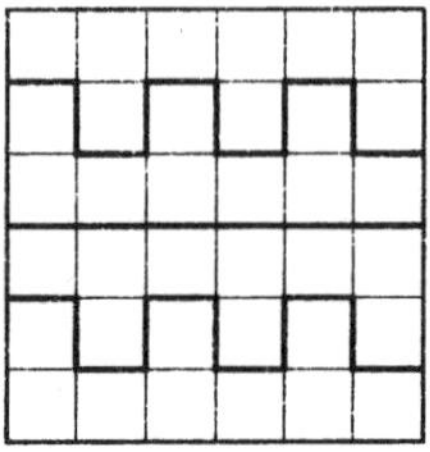

2)

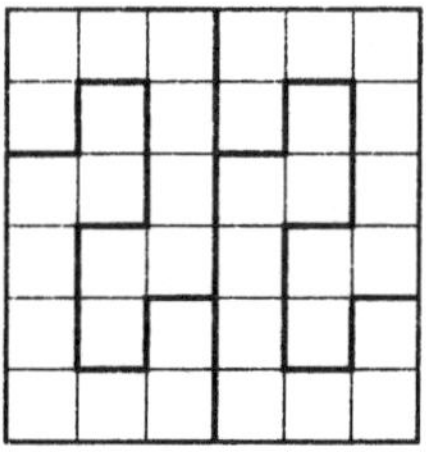

Bücher

Es handelte sich um eine Bibliothek und sie musste Strafe zahlen, weil sie ihre Bücher zu spät abgegeben hatte.

Wolkenkratzer

Er putzte die Innenseite der Fenster.

Zielübung

Ja. 16 + 16 + 17 + 17 + 17 + 17, es gibt nur eine Lösung.

Beleg es!

a) 4
b) 5
c) 7
d) 11
e) 18

Fahrstuhlproblem

a) Ted
b) Claudia
c) Sophie

d) Joanne
e) Mark

Logische Spinnen

36. Die Fußpositionen im Spinnennetz

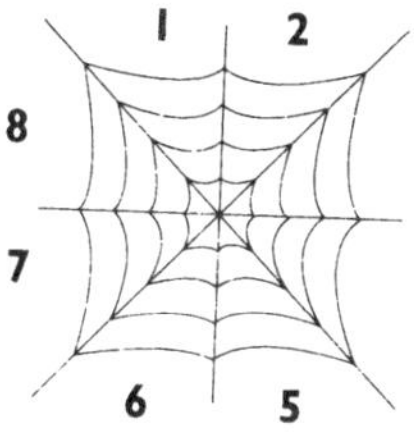

Das Abendessen

Paar C

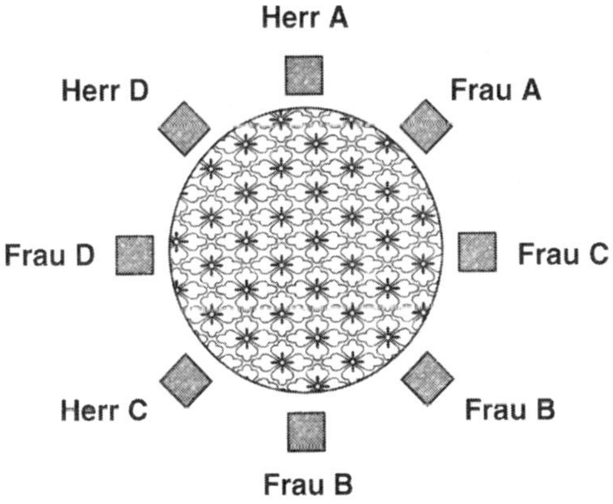

Das Familienquiz

Geschichte I

Seite 150–152

1. Admiral Tirpitz
2. Reichsgrundbuch
3. Im Peninsular- oder Halbinselkrieg
4. Er ließ die Kuchen verbrennen.
5. Ein Hühnchen in jedem Topf
6. Alexander der Große
7. Sukarno
8. Lincoln, Garfield, McKinley, Kennedy
9. Marie Antoinette
10. Siam
11. Simbabwe
12. Stinking Billy
13. Japan
14. 1861
15. Wounded Knee
16. 18.10.1917
17. Rorkes Drift
18. 08.05.1945
19. Der Stein von Rosette
20. Der Bürgerkrieg
21. Kriegslehre
22. Ptolemäer
23. Auf Tontafeln
24. In der Volksrepublik China
25. Cyrano de Bergerac
26. Die Handschriften vom Toten Meer
27. Graf Dracula
28. 19.04.1967 in Bad Honnef
29. Benjamin Franklin
30. Der Julianische Kalender
31. Atlanta
32. Australien
33. Inkunabel oder Wiegendruck

34. Marco Polo
35. Die Quäker
36. Auf Grund seiner Nachrichtenagentur
37. Paul Revere
38. Amelia Earhart
39. Ignatius Loyola
40. Die Inquisition
41. Paläolithische Malereien
42. David Lloyd George
43. Messalina
44. Über Hiroshima und Nagasaki
45. Papyrus
46. Südvietnam
47. Ho-Chi-Minh-Stadt
48. Robespierre
49. Heinrich Himmler
50. Sir Francis Drake

Kunst & Unterhaltung I

Seite 153–155

1. Die Schauspieler waren Kinder.
2. *Pygmalion*
3. *West Side Story*
4. *Wer die Nachtigall stört*
5. Stuart Sutcliffe und Pete Best
6. Walt Disney
7. *The Mousetrap (Die Mausefalle)*
8. Cliff Richard
9. Boris Karloff
10. *Der Elefantenmensch*
11. *10 Rillington Place* (John Christie, der Frauenwürger von London)
12. *From Me To You, She Loves You und I Wanna Hold Your Hand*
13. Leonard Cohen
14. Noel Coward
15. Mit den Sex Pistols

16. James Taylor
17. Peter Bursch
18. Barbra Streisand
19. Cecil B. DeMille
20. *Stagecoach*
21. Anthony Quinn
22. Oscar Wilde
23. *Wer hat Angst vor Virginia Woolf?*
24. Rudyard Kipling
25. Sieben
26. Al Jolson
27. *Macbeth*
28. Wegen einer angeblichen homosexuellen Beziehung zwischen bestimmten Figuren in dem Film
29. J. M. W. Turner
30. *Oklahoma!*
31. George Gershwin
32. Dave Brubeck
33. Andrew Lloyd Webber
34. Audrey Hepburn
35. *Vom Winde verweht*
36. *Hamlet*
37. Frans Hals
38. Genesis
39. Cher
40. Jimmy Durante
41. *Spirit in the Sky*
42. Australien
43. Ethel Merman
44. John Lennon und Yoko Ono
45. Brian Jones
46. Borodin
47. The Globe
48. The Boss
49. Freddie Frinton
50. Werk, von dem lateinischen Wort *Opus*

Geschichte II

Seite 155–157

1. Die Häuser von York und Lancaster
2. Anhänger des englischen Arbeiters Ned Ludd, der 1811–1816 das Los der Arbeiter durch die Zerstörung der Maschinen in den Fabriken verbessern wollte
3. Krimkrieg
4. Als Gefängnis, vor allem für politische Gefangene
5. Guiseppe Garibaldi
6. Otto von Bismarck
7. Prinz Albert
8. Katharina von Aragonien
9. Babylon
10. Der Ku-Klux-Klan
11. Die Mason-Dixon-Linie
12. Die Nürnberger Prozesse
13. Josef Stalin
14. Napoleon
15. Churchill, 1946
16. Girondisten
17. Burenkrieg
18. Thomas Jefferson
19. Eine geheime Terroristenorganisation, die in den 50er-Jahren in Kenia aktiv war
20. Menschen, die 1949 an dem Goldrausch in Kalifornien beteiligt waren
21. 1951–1955
22. 476 durch Odoaker
23. Die in Russland herrschende Dynastie, die mit der Absetzung von Zar Nikolaus dem Zweiten während der Russischen Revolution endete
24. Weimarer Republik
25. Der Zulu-Krieg
26. British Commonwealth
27. Die Entführung Helenas durch Paris
28. 115 Jahre
29. Spartakus

30. Charles der Erste
31. ANZACs
32. Das Bronzezeitalter
33. Maria die Erste
34. Pompeji
35. Irland
36. Die Mauren
37. Die Eroberung der Normandie
38. Hermann Göring
39. Botany Bay
40. Joseph Goebbels
41. Romulus und Remus
42. Churchill, Roosevelt und Stalin
43. Caligula
44. Crazy Horse und Gall
45. An die Siege Napoleons
46. Londinium
47. Die Bounty
48. Im Zweiten Weltkrieg
49. Sir Francis Drake
50. Agamemnon

Kunst & Unterhaltung II

Seite 158–160

1. Stan Laurel
2. 1949
3. Ethel Merman
4. „Is' was, Doc?"
5. 1931
6. Glöckchen
7. 1967
8. Toulouse Lautrec
9. Tahiti
10. *Evita*
11. Deanna Durban
12. *Grand Hotel*
13. Bette Davis

14. Für sein Lebenswerk
15. Christopher Lee
16. Robert Burns
17. Mr. Spock
18. Arnold Böcklin
19. Bob Dylan
20. Woodstock-Festival
21. Geige
22. Stradivari
23. Aus Metall
24. Der Sieg über Napoleon Bonaparte
25. Manet
26. *Hair*
27. Edgar Allan Poe
28. *Dreigroschenoper*
29. Douglas Adams
30. Winston Smith
31. George Orwell
32. Alec Guinness
33. *Vier Hochzeiten und ein Todesfall*
34. *Der letzte Mohikaner*
35. Helena Bonham-Carter
36. Aus Bullerbü
37. Gandulf
38. Sauron
39. Tom Sawyer und Huckleberry Finn
40. Brobdingnag
41. Anthony Burgess
42. Pablo Picasso
43. Mark Twain (laut Huckleberry Finn)
44. *Peter Pan*
45. Nikolai Gogol
46. Sweeney Todd
47. Pippi Langstrumpf
48. Agatha Christie
49. Marie
50. Marvin Lee Aday

Berühmte Leute II

Seite 160–162

1. 1963
2. Samuel Goldwyn
3. Popeye
4. Menelaos
5. Allen. Bob Dylan hieß Robert Allen Zimmerman und Woody Allen heißt Allen Stewart Konigsberg.
6. Grigori Jefimowitsch Rasputin
7. Sergeant Pepper
8. John Wayne
9. Mark Twain
10. Bonnie und Clyde
11. Mohandas Karamchand Gandhi
12. George Washington
13. Robinson Crusoe
14. Athos, Porthos, Aramis und D'Artagnan
15. Tick, Trick und Track
16. Martin Luther King
17. Muhammad Ali
18. König Harold der Zweite
19. Stalin
20. Captain James Cook
21. Tarzan
22. FBI
23. Guy Fawkes
24. Marie Curie
25. Huckleberry Finn
26. Lyndon Baines Johnson
27. Alexander der Große
28. Die Schreibmaschine
29. Orenthal James
30. General de Gaulle
31. Allan Pinkerton
32. Eine kurzläufige Pistole, die ein großes Loch hatte und klein genug war, um sie in der Hosentasche zu tragen

33. Er schrieb unter dem Namen Lewis Carroll *Alice im Wunderland.*
34. James Cagney
35. Sitting Bull
36. Blackbeard
37. Billy the Kid
38. *Raumschiff Enterprise*
39. George Orwell
40. Anne („Anne auf Green Gables“ von Lucy M. Montgomery)
41. Gulliver
42. Dr. Samuel Johnson
43. Nelson
44. Jeanne d’Arc
45. Aristophanes (geb. um 445 v. Chr.)
46. Benito Mussolini
47. Tenzing Norgay
48. Superman
49. Robin Hood
50. Sir Isaac Newton

Spiel & Sport I

Seite 163–165

1. Lillehammer, Norwegen
2. Ivan Lendl
3. Boxen
4. Gertrude Ederle
5. Die Chicago Bears
6. Zum Biathlon gehoren Skilanglauf und Schießen. Zum Duathlon Laufen und Rad fahren.
7. Eine japanische Selbstverteidigungskunst
8. Tony Jacklin
9. Im Bois de Bologne in Paris
10. Motorsport
11. Eiskunstlauf
12. Eishockey
13. Steve Ballesteros

14. Schwimmen
15. Pierre de Coubertin
16. Roger Bannister
17. 42,195 Kilometer
18. England
19. Neun
20. New York Cosmos
21. Jackie Robinson
22. Johnny Weissmuller
23. Golf
24. Daley Thompson
25. Eric Heiden
26. Schwimmen, Radfahren, Laufen
27. Diego Maradona
28. Bei den Spielen 1936 in Berlin
29. Pittsburgh
30. Fußballweltmeisterschaft
31. Steffi Graf
32. 60 Gramm
33. 1960
34. Wegen der sportlichen Beziehungen von Neuseeland zu Südafrika
35. Uruguay, 1930
36. Pferd und Boden
37. Im Marathon
38. Golf
39. Pete Sampras
40. Steve Davis
41. Badminton
42. Paavo Nurmi
43. Pferdesport
44. 400 m Hürden
45. 13
46. Skifahren
47. Mexico City
48. Gabriela Sabatini
49. Lions (Löwen)
50. Das jährliche 24-Stunden-Autorennen

Kleidung

Seite 165–167

1. Sie ist eine Abwandlung von Halstüchern, die kroatische Soldaten im 17. Jahrhundert trugen.
2. Krinoline
3. In Nordafrika und im Mittleren Osten
4. Mit einem Hosenlatz
5. In den 20er-Jahren
6. Bandana
7. Kittel
8. Fes
9. Die weiten, sackigen Hosen, die zuerst von Oxfordstudenten getragen wurden
10. Lang und gerade mit einem Gürtel, der auf den Hüften getragen wurde
11. Liebestöter
12. Korsett
13. Ein wasserdichter Hut mit einem breiten Rand, um den Nacken zu schützen
14. Piupi
15. Einen Bastrock
16. Es hat kurze Ärmel und meistens einen bunten Aufdruck.
17. Tartans
18. Lange Unterhosen, die im 19. Jahrhundert getragen wurden
19. Aus kariertem Wollstoff
20. Hosenrock
21. Dirndl
22. Sie sollte bewirken, dass der Rock an den Hüften abstand.
23. Ein enger Overall
24. Sie hatten besonders dicke Sohlen, damit die Füße in den matschigen Straßen nicht schmutzig wurden.
25. Man konnte sie zusammenfalten.
26. Ein ärmelloser Umhang
27. Sie enden kurz oberhalb des Knies.
28. Nylon
29. Plateauschuhe
30. Ein schwerer Pullover aus geölter Wolle mit Zopfmuster

31. Halskrause
32. Katholische Geistliche
33. Tunika
34. Purpurrot
35. Ein Barett
36. Ein weicher Filzhut
37. In den 60er-Jahren
38. Schwalbenschwanz
39. Eine schwarze Fliege
40. Ein hoher, steifer Kragen mit Spitzen bis an die Wangen
41. Naturweiß
42. Galosche
43. Aus Stoff
44. Ende des 17. Jahrhunderts
45. Ein Hemdblusenkleid
46. Billett-Täschchen
47. Trockenanzug
48. Aus Stroh
49. Aus Espartogras
50. Muff

Fragen-Potpourri II

Seite 167–169

1. Ian Fleming
2. Leonardo da Vinci
3. Die Republikaner
4. Die Spanische Treppe
5. Cricket
6. Benazir Bhutto
7. Kommunistische Partei Chinas
8. Reich der Mitte
9. Queensland and Northern Territories Air Service
10. Viktoriasee
11. Sri Lanka
12. Löwe
13. Auf dem Indischen Subkontinent

14. Cambridge
15. Multiple Sklerose
16. Thomas Hardy
17. Die Nieren
18. Gallenflüssigkeit
19. Der Rasenmäher
20. Das erste Gebäude dieser Art wurde bei Halicarnassus für den Leichnam von Mausolus gebaut.
21. Zar und Zarin
22. Eine Boden-Luft-Rakete (Surface-to-air-missile)
23. Japan
24. Ezra Pound
25. Der Central Criminal Court (Zentraler Gerichtshof)
26. Mark Chapman
27. Lynette (Squeaky) Fromm
28. Richard Nixon
29. Master of Business Administration
30. Ein Tanz
31. Wallis Simpson
32. Laos
33. In der Republik Irland
34. Scarlett in *Vom Winde verweht*
35. Gälisch
36. Joseph Heller
37. 1967
38. Arizona (Hauptstadt)
39. Aus Goethes *Faust*
40. Heinrich Mann
41. Eine krankhafte Ansammlung von Flüssigkeit im Körper
42. Ruth Ellis
43. 1914
44. Country and Western
45. Siegfried Lenz
46. *Frühstück bei Tiffany's*. Capote schrieb den Roman, Hepburn spielte die Hauptrolle.
47. Alle vier Jahre
48. Eine männliche Altstimme bzw. ein hoher Tenor
49. Sackgasse
50. Goolagong

Transport & Verkehr

Seite 169–172

1. Sie konnte ohne zwischendurch zu tanken um die Welt fliegen.
2. TGV – *Trains à Grande Vitesse*
3. In London
4. 1976
5. Der VW-Käfer
6. Das Fliegen mit einem Heißluftballon
7. Spirit of St. Louis
8. Die Explosion der Hindenburg
9. Dampflokomotiven, die in den 40er-Jahren Fracht durch die Rocky Mountains beförderten
10. Igor Sikorsky
11. De Havilland Comet 1, das 1952 in Betrieb genommen wurde
12. Das Hovercraft-Schiff
13. Den Verbrennungsmotor
14. Das Modell T, das von der Ford Motor Company produziert wurde
15. Er ist auf dem Radarschirm praktisch unsichtbar.
16. Tandem
17. Es handelt sich um eine flache Platte, die auf dem Flügel angebracht ist und die, wenn sie aufgestellt wird, den Auftrieb mindert.
18. Die Savannah
19. Das Hovercraft wird auf einem Luftkissen fortbewegt, das Hydrofoil von Flügeln, ähnlich wie ein Flugzeug.
20. Kajak
21. Das Segelflugzeug
22. Mit Dampfturbinen
23. Das Düsenflugzeug bekommt den zur Treibstoffverbrennung notwendigen Sauerstoff aus der Umgebungsluft, die Rakete hat ihren eigenen Sauerstofftank.
24. Ein Segelschiff mit quadratischem Segel und drei Masten, meistens mit zwei oder drei Decks

25. Bei einem Benzinmotor wird das Treibstoff-Gas-Gemisch durch einen Funken entzündet, bei einem Dieselmotor durch den Luftdruck in den Zylindern.
26. Abraham Bower betrieb einen pferdegezogenen Bus für zwölf Passagiere.
27. Captain Cook
28. Kirkpatrick Macmillan
29. Santa Maria
30. Ultraleichtflugzeug
31. Dieselmotor
32. Die Vittoria von Magellan
33. Ein einmastiges Segelschiff
34. Hackney
35. Rotoren
36. Es hatte ein sehr großes und ein sehr kleines Rad.
37. Der Seikantunnel zwischen Honshu und Hokkaido (54 km)
38. Gottlieb Daimler
39. Sie konnten nicht sofort losfahren, weil zunächst das Wasser kochen musste, um Dampf zu erzeugen.
40. In England
41. Sie hatte ein lenkbares Vorderrad.
42. Meistens durch eine Antriebskette, bei teuren Modellen durch eine Antriebswelle
43. Er baute die erste Dampflokomotive.
44. Paris und Istanbul
45. Louis Bleriot
46. Ein dampfbetriebenes Automobil: Stanley Steamer
47. Er produziert das explosive Treibstoff-Luft-Gemisch.
48. Der St.-Gotthard-Tunnel
49. Greyhound Bus
50. The Turtle. Es wurde im amerikanischen Unabhängigkeitskrieg eingesetzt.

Kunst & Unterhaltung III

Seite 172–174

1. Buster Keaton
2. Charlie Chaplin

3. Charles Vidor
4. *Prinz Igor*
5. Ein Gremlin
6. In London
7. Gary Cooper
8. *Picknick am Valentinstag*
9. Edgar Allan Poe
10. Doris Lessing
11. Marlene Dietrich
12. Dustin Hoffman und Tom Cruise
13. *Eines langen Tages Reise in die Nacht*
14. Antoine de Saint-Exupéry
15. Arthur Miller
16. Franz Kafka
17. Erwin Strittmatter
18. *Canterbury Tales*
19. Louis Armstrong
20. Melanie Safka
21. Seit 1929
22. Emma Thompson
23. Helena Bonham-Carter
24. Jack Nicholson
25. Master Blaster
26. Nick Nolte
27. China von Japan
28. Goldfinger
29. *Das Boot*
30. Eddie Murphy und Dan Ackroyd in *Die Glücksritter*
31. *Dallas*
32. *Akte X*
33. In der dritten
34. Marlon Brando
35. *Eine Frage der Ehre*
36. John Wayne
37. *Die Welt am Abgrund*
38. Sylvester Stallone
39. Barbara Vine
40. Jarvis Cocker
41. Sylvia Plath

42. Roy Lichtenstein
43. Simon & Garfunkel schrieben den Song So Long Frank Lloyd Wright, der das Guggenheim-Museum entwarf.
44. Don McLean
45. *Ein seltsames Paar*
46. *Das Phantom der Oper*
47. *Walkabout*
48. Er ist Geburtshelfer
49. *Die Addams Familie*
50. Lassie

Bücher I

Seite 174–176

1. Jane Austen
2. Alexander der Große
3. Es war die längste Novelle der englischen Sprache.
4. *Der Untertan*
5. Ferenc Hoffmann
6. Sarah Kirsch
7. Christine Nöstlinger
8. *Die Leiden der Tugend*
9. *Die Farm der Tiere*
10. *Eine Reise nach Indien*
11. Aldous Huxley
12. Ihr Tagebuch
13. Die Bibel
14. H. Rider Haggard
15. *Die Ilias*
16. *Die Revolution entlässt ihre Kinder*
17. Siegfrid Lenz
18. Israel
19. Tschingis Aitmatow
20. Graf Dracula
21. Quasimodo
22. Eric Blair (George Orwell)
23. Hans Fallada
24. *Momo*

25. T. S. Eliot
26. *Das Foucaultsche Pendel*
27. Hal
28. Sir N. P. Coward
29. Ein Riese
30. Hans Christian Andersen
31. Heinrich Schnier
32. Harry Mulisch
33. Douglas Copland
34. Earl Stanley Gardner
35. *Wenn Frauen zu sehr lieben*
36. Lee Iacocca
37. Huckleberry Finn
38. Simon Legree
39. Mr. Micawber
40. A. A. Milne
41. *Heidi*
42. *Die Göttliche Komödie*
43. Richard der Dritte
44. Joseph Conrad
45. Mrs. Danvers
46. *Ulysses*
47. Heré (Georges Rémi)
48. John Steinbeck
49. Hermann Hesse
50. Muriel Spark

Bücher II

Seite 176–179

1. *Der Sumpf*
2. Isaac Singer
3. *Unten am Fluss*
4. Georges Simenon
5. Sam Shepard
6. Truman Capote
7. Elisa
8. *Ein Duft von Blumen*

9. Joachim Ringelnatz
10. *Gefährliche Liebschaften*
11. John le Carré
12. *Im Westen nichts Neues*
13. *Dr. Fischer aus Genf oder die Bombenparty*
14. *Der große Gatsby*
15. Maxim Gorki
16. Nadine Gordimer
17. *Der Laden*
18. Carrie
19. Günter Wallraff
20. Dorothy L. Sayers
21. *Germinal*
22. Charlotte Brontë
23. *Der schwarze Pfeil*
24. *The Alexandria Quartet*
25. *Hundert Jahre Einsamkeit*
26. Er war Tournee-Manager des Schauspielers Henry Irving.
27. *Eine kurze Geschichte der Zeit*
28. Tom Sharpe
29. Milan Kundera
30. *Die Reifeprüfung* von Charles Webb
31. *Der Name der Rose*
32. In Liebe und Verkommenheit
33. Bertolt Brecht
34. *Project for a Revolution in New York* von Alain Robbe-Grillet
35. Desmond Morris
36. Jules Verne
37. Spinoza
38. Sir Thomas Morus
39. *The Life of Benvenuto Cellini*
40. Marguerite Duras
41. Klaus Mann
42. Eric Berne
43. *Warten auf Godot*
44. Triffids
45. *Frühe Nächte*
46. *Der König und ich*

47. *Die Mandarins von Paris*
48. *Die Kraft und die Herrlichkeit*
49. Charles Darwin
50. *Schuld und Sühne*

Zitate & geflügelte Worte

Seite 179–181

1. Theodor Körner
2. Friedrich Hebbel
3. *Die Jungfrau von Orléans*
4. Johann Wolfgang Goethe
5. *Julius Cäsar* (Shakespeare)
6. Aus einem Lied von Ludwig Uhland
7. Der Oberbefehlshaber der britischen Truppen in Frankreich, Douglas Haig
8. Aus Lessings *Emilia Galotti*
9. Aus Schillers *Kabale und Liebe*
10. Aus der Bibel (Psalmen 61, 5 und 91, 4)
11. *Der Affe als Richter*
12. Aus einer griechischen Sage
13. Aus dem *Mittsommernachtstraum* (Shakespeare)
14. In Goethes *Faust*
15. Aus Schillers *Wallenstein*
16. Major Ferdinand von Schill, Kommandeur eines Berliner Husarenregiments
17. Aus der Bibel (Jakobus I, 26)
18. Aus der Bibel (Jesaja 2, 4)
19. Auf den französischen Abenteurer und Dichter François Villon
20. Aus Schillers *Wallenstein*
21. Benjamin Franklin
22. Auf die Mätresse von Ludwig XV., Marquise von Pompadour
23. Ludwig XVI. soll gesagt haben: „Man muss nicht königlicher gesinnt sein als der König." Daraus entstand diese Wendung.
24. Ludwig Büchner

25. Aus *Der blaue Engel*
26. Louis Bonaparte (von Heinrich Leo)
27. Aus Schillers *Wallenstein*
28. Aus Shakespeares *Heinrich der Vierte*
29. Aus *Die Zauberflöte*
30. In Goethes *Faust*
31. Aus *Der Wolf und die sieben Geißlein*
32. Heinrich Zschokke
33. Ludwig XI.
34. Aus der Bibel (Psalm 91, 11–12)
35. Aus der Magna Charta
36. Aus dem *Erlkönig*
37. Aus dem *Struwwelpeter*
38. Wilhelm Busch: *Fromme Helene*
39. Von Galileo Galilei (über die Erde)
40. Aus der Bibel (Psalm 37, 12)
41. Aus Schillers *Jungfrau von Orleans*
42. Der Würfel ist gefallen.
43. Aus Goethes *Der Schatzgräber*
44. Sokrates
45. Herakleitos
46. Platon
47. Cäsar. Ich kam, ich sah, ich siegte.
48. Wihelm Busch: *Julchen*
49. Gottfried Keller
50. Goethe

Popmusik & Musicals I

Seite 181–183

1. David Gilmour
2. Frank Loesser
3. Chick Corea
4. Paul Simon
5. The Weavers
6. Harold Melvon and The Blue Notes
7. *Street Fighting Years*
8. *Karussell*

9. Steeleye Span
10. Sting
11. George Fenton
12. Montserrat Caballé
13. Michael Jackson und Lionel Richie
14. Cole Porter
15. Dire Straits
16. Saxophon
17. Bryan Ferry
18. *Showboat*
19. *Mary Had a Little Lamb*
20. *Abracadabra*
21. Spike Hughes
22. *Walls and Bridges*
23. *High Spirits*
24. Kris Kristofferson
25. *Jesus Christ Superstar*
26. Chris de Burgh
27. Brian Eno
28. *Double Vision*
29. The Bay City Rollers
30. Herbie Hancock
31. The Attractions
32. The Mindbenders
33. Django Reinhardt
34. *Let's Twist Again*
35. Trompete
36. A-HA
37. Die Beatles
38. Bert Kaempfert
39. *Hair*
40. *Silver Machine*
41. Der Nashville Sound
42. Stevie Wonder
43. John Lee Hooker
44. *Der Widerspenstigen Zähmung*
45. Jeff Beck
46. Barry Gibb
47. *Promises Promises*

48. *Holiday Inn*
49. Culture Club
50. Christopher Cross

Heureka!

Seite 184–186

1. Sie dachten Salome? Nein, sie wird in der Bibel nicht namentlich genannt. (Dort wird sie als „Tochter der Herodias" bezeichnet.) Die Geschichte stammt von dem Historiker des Altertums Josephus.
2. Keiner von ihnen war größer als 1,50 Meter.
3. Beide Partner eines Pärchens sind Hermaphroditen.
4. Sie rosteten nicht.
5. Über 25.000
6. Es fand statt, nachdem er schon gestorben war.
7. Sie hörten sich *The Lone Ranger im Radio* an.
8. Jeanne d'Arc
9. Der *Boston Strangler* (Der Würger von Boston)
10. Chattanooga, Tennessee
11. Oregon
12. 70
13. Sie wird nach dem Berliner Buchdrucker E. Litfaß so genannt.
14. Sein Leichnam wurde aus dem Grab gestohlen und versteckt.
15. Der Mond. Li Po war betrunken, und während er versuchte, die Spiegelung des Mondes zu küssen, fiel er ins Wasser und ertrank.
16. Sie wurden alle für tot erklärt, während sie noch lebten.
17. Nylon
18. Sie alle studierten, um dem geistlichen Stand anzugehören.
19. Ein Apfel
20. Sie alle glaubten an Astrologie.
21. Sie hießen Green, Berry und Hill.
22. Sie spielten American Football.
23. Alle 12 Tage

24. „Peccavi“, der lateinische Ausdruck für „Ich habe gesündigt“
25. Charlie Chaplin
26. Sie war eine von drei sehr kleinen Schauspielerinnen, die ET spielten, wenn keine Puppe verwendet werden konnte.
27. Eine Abneigung gegen Zeichensetzung
28. Sie alle gingen irgendwann einmal Bankrott.
29. Sie alle hatten eine sexuelle Beziehung zu Aristoteles Onassis.
30. Sie alle verübten Inzest.
31. Der erste Filmkuss in einem indischen Film
32. Sie waren alle drei verheiratet.
33. Paul Watzlawick
34. Jeder von ihnen schrieb nur einen Roman.
35. Eine Hetzjagd mit Pferden und Hunden
36. *Jäger des verlorenen Schatzes*
37. Wörter, die vorwärts und rückwärts gelesen dasselbe heißen (REITTIER)
38. Bei bestimmten Blasinstrumenten
39. Franz Beckenbauer
40. Musik
41. Sie wiegen beide ungefähr gleich viel.
42. Sie hatten beide schon in sehr jungen Jahren eine Affäre.
43. Beide wurden von jemandem erschaffen, der Edgar hieß.
44. Sie waren Linkshänder.
45. Sie stürzten sich in einer Tonne die Niagarafälle hinunter.
46. Sie liegt auf zwei Kontinenten.
47. Es sind Markennamen.
48. Sie waren bekannte Katzenliebhaber.
49. Überempfindlichkeit gegenüber Schmerzen.
50. Eine Vogelart. Man nennt sie auch Goldamsel.

Geografie

Seite 186–188

1. Mit Jaffa
2. Die Magellanstraße
3. Zwischen Irland und Wales

4. Am Arabischen Meer
5. Die Oder
6. Ecuador
7. Die Dänemarkstraße
8. Montevideo
9. Am St.-Lorenz-Strom
10. Hinduismus
11. Ungarn
12. In der Antarktis
13. Peru
14. In den Anden
15. An der Weichsel
16. Zu Schweden
17. Somalia
18. Dodekanes
19. Am Tyrrhenischen Meer
20. Minnesota
21. Oahu
22. Die Kalahari
23. Land's End
24. Am Kaspischen Meer
25. Österreich und Italien
26. Luanda
27. Auf Kreta
28. Das Tote Meer
29. An der Barentssee, Teil des Arktischen Ozeans
30. In New York
31. Belgien
32. Mongolei und Nordchina
33. An der Garonne
34. Zu Dänemark
35. Timorsee
36. Brasilia
37. Minsk
38. Beringstraße
39. Im Himalaya
40. Meißen
41. Brasilien, Bolivien und Argentinien
42. Ontariosee und Eriesee

43. Ohio
44. Aconcagua
45. Ghana
46. Botswana
47. Kuba
48. Vatikan
49. Mozambique
50. An der Grenze zwischen Peru und Bolivien

Popmusik & Musicals II

Seite 188–190

1. *Wuthering Heights*
2. Jim Morrison
3. Wings
4. Leonard Bernstein
5. *Penny Lane*
6. *Waterloo*
7. Glenn Miller
8. *A Night at the Opera*
9. Louis Armstrong
10. *The Entertainer*
11. *Mr. Tambourine Man*
12. *Brothers in Arms*
13. *Cats*
14. *Holiday*
15. Tom Jones
16. 1977
17. UB 40 mit Chrissie Hynde
18. Andrew Lloyd Webber
19. Annie Lennox
20. *Mrs. Robinson*
21. Bob Dylan
22. *What a Feeling*
23. *Oliver*
24. *Rumours*
25. Gilbert and Sullivan
26. Peter Gabriel

27. *Love Me Do*
28. Cole Porter
29. *Bohemian Rhapsody*
30. Woody Guthrie
31. *Annie Get Your Gun*
32. Sting
33. Yul Brynner
34. Buddy Holly
35. *You Give Love a Bad Name*
36. Shirley Bassey
37. Reggae
38. Mike Oldfield
39. Harry Belafonte
40. U2
41. *The House of the Rising Sun*
42. Marc Bolan
43. *Phantom of the Opera (Phantom der Oper)*
44. Edith Piaf
45. *Your Song*
46. Frederick Loewe
47. Mick Jagger und David Bowie
48. The Rocky Horror Picture Show
49. Bono
50. The Who

Spiel & Sport II

Seite 190–192

1. Go
2. Eine Spielkarte mit einer höher wertigen überbieten
3. Tee
4. Die eigentliche Spielbahn, eine kurz gemähte Rasenfläche
5. Eine Serie von Spielen, bei denen zwei von drei oder drei von fünf gewonnen werden müssen, um das Spiel zu beenden
6. Monopoly
7. Ein Kartenspiel, das mit 64 Karten gespielt wird
8. Drücken, Reißen, Stoßen

9. Ein chinesisches Wettspiel
10. Ein Spiel, bei dem Scheiben mithilfe eines verlängerten Queues über eine ebene Fläche geschoben werden
11. 32
12. 3,8 km Schwimmen, 180 km Rad fahren, 42,195 km Laufen
13. Beim Seilspringen
14. Cha-Cha, Jive, Paso doble, Rumba, Samba
15. Richard Krajicek
16. Bei der Tour de France
17. Bridge
18. 18
19. Bei Fives benutzen die Spieler ihre Hand anstelle eines Schlägers.
20. Hurling
21. Schottland
22. Er erfand das Basketball-Spiel.
23. Aus Indien
24. Ein altes englisches Kartenspiel
25. Billard
26. Das Spiel wurde häufig auf Passagierschiffen gespielt.
27. Zum Marschieren (Militärstiefel)
28. (a) Royal Flush
29. Uruguay
30. Indien
31. Kreiseln
32. Auf Porzellanscheiben
33. 15
34. 50 Meter
35. Russisch Roulette
36. Dame
37. Aus dem antiken Ägypten
38. Ein Wettbewerb (vor allem beim Skifahren), bei dem die Sportler um Fähnchen herumfahren müssen
39. Bobfahren
40. (c) Basho; war ein japanischer Dichter
41. Deutschland
42. Pachinko
43. Golf. Daraus werden Bälle gemacht.

44. Man schlägt ihn weg, indem man die eigene Kugel anspielt und damit die Kugel des Gegners berührt.
45. Kunstspringen wird vom 1-m- bzw. 3-m-Brett, Turmspringen vom 5-m-, 7-m- bzw. 10-m-Brett ausgeführt.
46. Aufgepasst!
47. Polo
48. 14
49. Eine polnische Frau
50. Pele

Fragen-Potpourri III

Seite 192–194

1. Niemals verzweifeln
2. District of Columbia
3. Der Wendekreis des Krebses
4. Gegen den Uhrzeigersinn
5. Mit Gras
6. Neun Zehntel
7. Im Marianengraben (Mikronesien)
8. Roter Staub, der vom Scirocco aus der Wüste dorthin getrieben wurde
9. Wahr. Der Kerosinpilz kann Kohlenstoff aus Treibstoff extrahieren und in Kohlenhydrate umwandeln.
10. Die kleinste Menge, die notwendig ist, um ein Meerschweinchen, das 250 Gramm wiegt, innerhalb vier Tagen zu töten
11. Weitsichtigkeit
12. Die Tastsensoren auf der Zunge sind 100-mal dichter als auf dem Rücken.
13. 20 Prozent
14. Wahr
15. 1924
16. Neuseeland, 1893
17. Die Jungfrau von Saragossa
18. Beim Roulett
19. Wenn man denselben Anlaut in aufeinander folgenden Wörtern verwendet (Stabreim)

20. Dentine
21. Forderung nach Freiheit des öffentlichen Lebens von religiöser Bindung
22. Bronze, eine Mischung aus Kupfer und Zinn
23. Weil Helium viel leichter als Luft ist
24. Das kleinste Teilchen einer beliebigen Substanz, das alle chemischen Eigenschaften der Substanz beinhaltet
25. Weil der Vakuumbehälter winzige Mengen Dampf absondert, die das Vakuum zerstören
26. Weil es sich mit dem Hämoglobin im Blut verbindet und dadurch Sauerstoff vernichtet
27. Das Haupt-Erzvorkommen einer Region
28. Säbel mit schwerer Klinge
29. Dörrfleisch
30. Großes Pfadfindertreffen
31. Old Glory
32. Oliver Cromwell
33. Nibelungen
34. Brunhilde
35. Troika
36. Ein zu einer anderen Glaubensgemeinschaft Übergetretener
37. Ein gezogener Wechsel
38. Ein Musiker, der mit einem Sänger seine Partie am Klavier einübt
39. Er starb den Märtyrertod.
40. In Lambarene
41. Der Dalai Lama
42. Ein Metallgestell, mit dem man die Holzscheite in einem Kamin fixieren kann
43. Eine Terrororganisation der Eingeborenen in Kenia (um 1950)
44. Über der Troposphäre und unter der Mesosphäre
45. Missklang
46. Kombüse
47. John Calvin
48. Bertha von Suttner, 1905
49. Er war Kerzenmacher.
50. Thomas Mann

Querdenken

Seite 195–202

Das Testament des geizigen Gustav

Der Notar entschied, dass das Geld zu gleichen Teilen auf die Verwandten aufgeteilt werden sollte. Jeder von ihnen sollte Gustav jedoch einen Wechsel über den erhaltenen Betrag ausstellen. Falls dieser innerhalb eines Jahres nach der Bestattung nicht eingelöst werde, könnten die Verwandten das Geld behalten.

Der Badegast

Durch ein Loch in seiner Luftmatratze entwich Luft in kleinen Blasen. Dadurch wurde sein Gewicht zu schwer für die Luftmatratze, und da er nicht schwimmen konnte, ertrank er.

Schwebende Ballons

Sie hatten in dem Badezimmer über dem Flur das Badewasser laufen lassen, welches nun durch die Decke herabtropfte. Durch die Isolierung an den Türen konnte das Wasser nicht entweichen und der Wasserstand im Flur betrug fünf Zentimeter.

Die Postkutsche nach Deadwood

Er wachte (noch immer betrunken) in der Postkutsche (so hieß der Saloon) auf. In die richtige Postkutsche war er noch nicht eingestiegen.

Die Blumensträuße

1. 5
2. 17
3. 4
4. 10
5. 38

Die zwei Brüder

In dem Brief befand sich eine weiße Feder – das Symbol für Feigheit. Um den Namen seiner Familie von dieser Schmach zu befreien, war er gezwungen, sich als tapfer zu erweisen.

Das verschwundene Naschwerk

In der Tüte befand sich Zuckerwatte. Regen drang durch das Loch in die Tüte und löste die Zuckerwatte zu einer kleinen Menge rosafarbenen Wassers auf.

Das Problem des Fährmanns

Es sind neun Überfahrten notwendig. Wir nennen die Kinder A, B, C, D und E nach aufsteigendem Alter und die Uferseiten „Hüben" und „Drüben". So entsteht folgende Tabelle:

Fahrt Nr.	Hüben	Kinder im Boot	Drüben
1.	A, C, E	B, D	Keiner
2.	A, C, E	B	D
3.	B, E	A, C	D
4.	B, E	A, D	C
5.	B, D	A, E	C
6.	B, D	C, E	A
7.	B, D	C, E	A
8.	B, D	Keiner	A, C, E
9.	Keiner	B, D	A, C, E

Kardinal Buchtmichein

Eines der Tintenfässchen enthielt Tinte, die nach einer Weile unsichtbar wurde. Als der Anführer der Wache nichts sah außer den Siegeln, nahm er die Musketiere fest, bis er mit dem Kardinal sprechen konnte.

Die eifersüchtigen Gatten

Männer = A, B, C	Frauen = a, b, c	
Hüben	Boot	Drüben
ACac	Bb	Keiner
ACac	B	b
ABC	ac	b
ABC	a	bc
Aa	BC	bc
Aa	Bb	Cc
ab	AB	Cc
ab	c	ABC
b	ac	ABC
b	B	aCac
Keiner	Bb	ACac

Verwirrung und Lügen

Wenn man davon ausgeht, dass das Kind ein Junge war, muss der zweite Sprecher die Mutter gewesen sein, deren erste Aussage eine Lüge gewesen sein muss und deren zweite Aussage richtig gewesen sein muss. Aber Jungs in dieser Familie lügen nicht, diese Alternative scheidet also aus. Wenn man davon ausgeht, dass das Kind ein Mädchen ist, und wenn der erste Sprecher der Vater war, war der zweite Sprecher die Mutter, deren erste Aussage wahr und deren zweite Aussage falsch gewesen sein muss. In diesem Fall hätte das Kind die Wahrheit gesagt, nämlich: „Ich bin ein Mädchen." Das bedeutet jedoch, dass der erste Sprecher gelogen haben muss, aber Männer in dieser Familie lügen nicht. Auch diese Alternative scheidet also aus. Logischerweise muss also der erste Sprecher die Mutter gewesen sein und das Kind sagte: „Ich bin ein Junge." Die beiden ersten Aussagen, sowohl die der Mutter als auch die des Kindes, waren falsch. Das Kind war ein Mädchen.

Das Kasino

Es handelte sich um eine Band, die die Hintergrundmusik in einem Kasino spielte. Sie wurden von dem Kasino bezahlt und spielten kein Glücksspiel.

Versammlung der Aliens

107.

Der Arktisforscher

Die drei Männer wurden auf der Expedition durch ein Unwetter von der Außenwelt abgeschnitten und hatten keine Notfallausrüstung dabei. Sein bester Freund und sein anderer Kollege zogen los, um Nahrung zu finden. Nur der Kollege kehrte zurück. 14 Tage lang hatte der Kollege ihm erzählt, sie würden Seehundeintopf essen. Als er den Seehundeintopf im Restaurant probierte, stellte er fest, dass er seinen besten Freund gegessen hatte.

Logisch!

Seite 203–208

Zugführer-Training

1. Schritt
   Man muss mit der Lok zu Waggon B fahren, ankoppeln, dann rückwärts zu Waggon A und den Waggon B in die angegebene Position schieben.
2. Schritt
   Waggon A ankoppeln und bis zur angegebenen Stelle ziehen, dann ohne Waggon durch den Tunnel fahren, um B abzuholen.
3. Schritt
   B ankoppeln und rückwärts fahren.

4. Schritt
   Alle drei Fahrzeuge in der gezeigten Position zusammenkoppeln.
5. Schritt
   Beide Waggons in die angegebene Position schieben.
6. Schritt
   Lokomotive loskoppeln, einen Kreis fahren und Waggon A ankoppeln.
7. Schritt
   Beide Waggons in die angegebene Position schieben.
8. Schritt
   Waggon A rückwärts in die angegebene Position ziehen.
9. Schritt
   Waggon A loskoppeln und durch den Tunnel in die angegebene Position fahren.
10. Waggon B holen und rückwärts zu Waggon A fahren.
11. Waggon B in die angegebene Position und die Lokomotive in die Ausgangsposition fahren.

Wie alt bist du?

Die Kinder: 2–5 – 8–11–14–17–20–23–26, der Vater: 48

Elfer raus!

Der zweite Spieler kopiert immer genau den Zug, den der erste Spieler vorgibt.

Gute Reise!

Der Polizist hatte für sich eine Hin- und Rückfahrkarte gekauft, aber nicht für seine Frau. Der Angestellte fand das merkwürdig. Als die Polizei Nachforschungen anstellte, fand sie heraus, dass der Polizist eine Lebensversicherung auf seine Frau abgeschlossen hatte. Er gestand alles.

Fräulein Pünktlich

Sie hatte einen Wecker, der an das Stromnetz angeschlossen war. Nachts war für 30 Minuten der Strom ausgefallen, der Wecker hatte sie deshalb zu spät geweckt.

Zauberei mit Dominosteinen

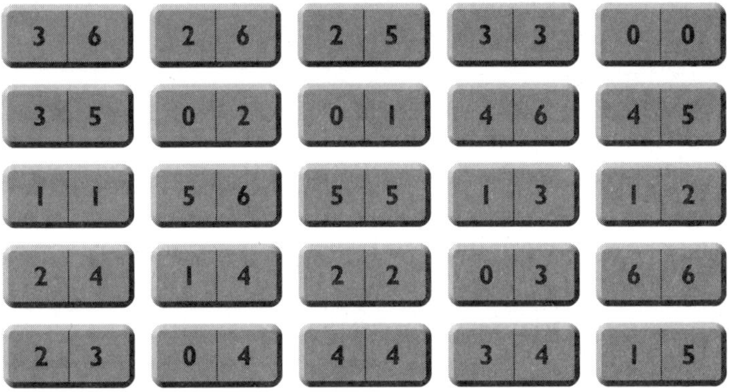

Der falsche Knopf

Es handelte sich um einen Fallschirmsprung. Er hatte den Entsicherungsknopf gedrückt, nachdem der Fallschirm sich geöffnet hatte.

Was bin ich?

Eine Rechenmaschine / ein Taschenrechner

Der Zugführer

Sie sind der Zugführer. Also schauen Sie nach, welche Augenfarbe Sie haben.

Wer wohnt wo?

a) Im 4.
b) Herr Schwarz
c) Frau Bäcker
d) Herr Reiter
e) Im 5.

Hürdenlauf fürs Gehirn

Seite 209–239

Hürde 1

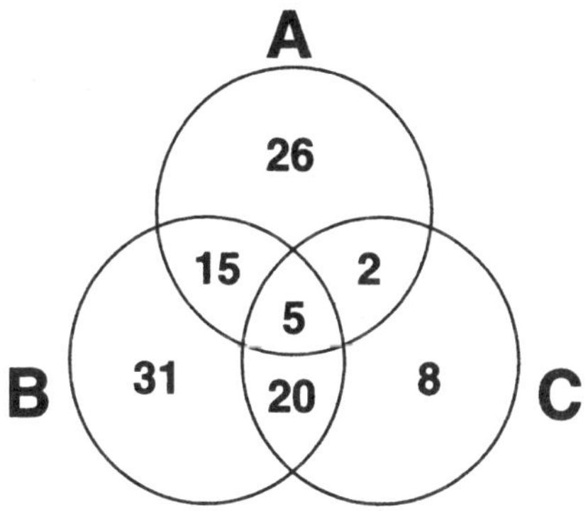

A = Hotel, B = Ferienwohnung, C = Camping.

1. 26
2. 15
3. 36
4. 37

Hürde 2

A = Krimi, B = Biografie, C = Sciencefiction

1. 11
2. 17
3. 2
4. 28

Hürde 3

1. E
2. A
3. D
4. B
5. C

Hürde 4

1. F
2. B
3. E
4. F
5. C

Hürde 5

Karin hat einen gestreiften Pullover, eine einfarbige Bluse und einen gepunkteten Rock; Paula hat einen gepunkteten Pullover, eine gestreifte Bluse und einen einfarbigen Rock; Sandra hat einen einfarbigen Pullover, eine gepunktete Bluse und einen gestreiften Rock.

1. Paula
2. Streifen
3. Paula
4. Streifen
5. Einfarbig

Hürde 6

Johanna hat eine Katze auf ihrem Füller, einen Hasen auf ihrem Buntstift und einen Elefanten auf ihrer Federtasche; Richard hat einen Hasen auf seinem Füller, einen Elefanten auf seinem Buntstift und eine Katze auf seiner Federtasche; Thomas hat einen Elefanten auf seinem Füller, eine Katze auf seinem Buntstift und einen Hasen auf seiner Federtasche.

1. Johanna
2. Elefant
3. Thomas
4. Hase
5. Johanna

Hürde 7

1. A
2. C
3. B
4. C
5. C

Hürde 8

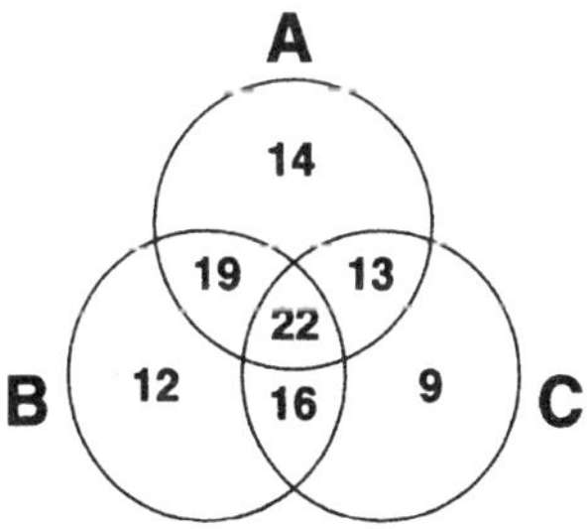

A = Bonbons, B = Chips, C = Mineralwasser.

1. 22
2. 19

3. 16
4. 105
5. 36
6. 14

Hürde 9

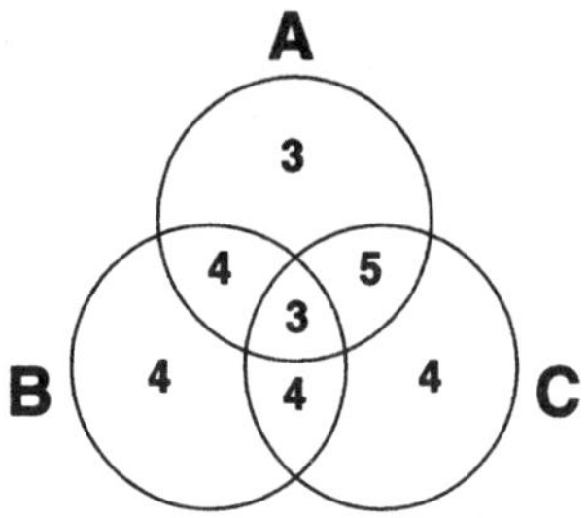

A = Sprint, B = Hürden, C = Staffellauf

1. 27
2. 4
3. 12
4. 12
5. 4
6. 13

Hürde 10

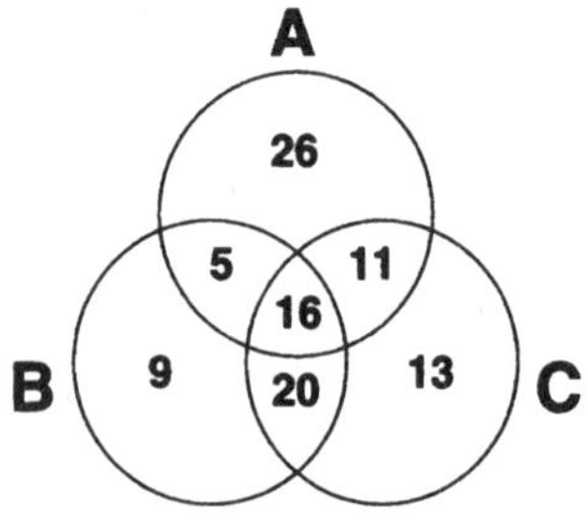

A = Himbeeren, B = Erdbeeren, C = Pflaumen

1. 58
2. 16
3. 26
4. 20
5. 9
6. 36

Hürde 11

A = Labrador, B = Afghane, C = Schäferhund

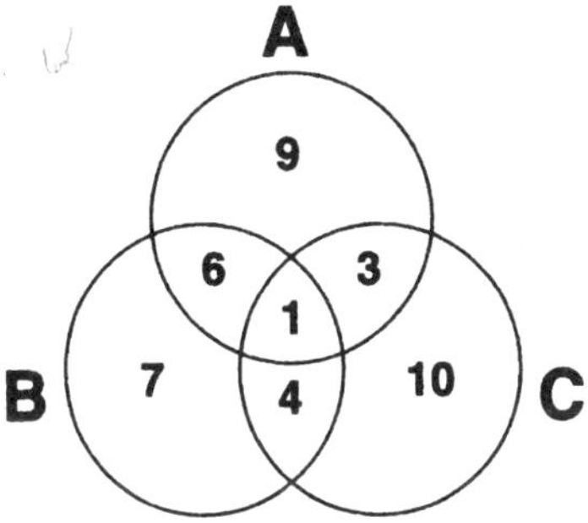

1. 9
2. 7
3. 10
4. 3
5. 4
6. 21

Hürde 12

1. Spieler 2
2. Spieler 3
3. Spieler 6
4. Spieler 3
5. Spieler 1, 2 und 6
6. Spieler 1, 2, 4 und 6
7. Spieler 21
8. Spieler 51

Hürde 13

Hürde 14

1. 66, die beiden vorhergehenden Zahlen werden addiert
2. 154, (n + 3) x 2
3. 9, 20, zwei Serien + 3, + 4, + 5 etc. und jedes Mal + 2
4. 51, (2n–3)
5. – 49, (2n–15)
6. 70, (2n–12) [2. Stelle], (2n–22) etc.
7. 343, (n x vorangegangenes n) : 2

Hürde 15

5		3
1		6

	21	
15		34
	22	

17		6
9		3

1. Bewegung im Uhrzeigersinn um die Anzahl der Buchstaben in den ausgeschriebenen Zahlenwerten
2. Bewegung im Uhrzeigersinn um die angegebene Zahl –1
3. Bewegung im Uhrzeigersinn um die angegebene Zahl +1

Hürde 16

1. 120, Summe links x Summe rechts
2. –18, Produkt der linken Zahlen – Produkt der rechten Zahlen
3. 10, (äußere obere Zahlen x äußere untere Zahlen) – innere Zahlen). Linke Seite – rechte Seite
4. 360, alle Ziffern multipliziert
5. 82, (untere linke Zahlen x obere rechte Zahlen) + obere rechte Zahlen + untere rechte Zahlen
6. 100, (untere linke Zahlen x untere rechte Zahlen) + obere linke Zahlen + obere rechte Zahlen

Hürde 17

1. A6, C5, G6
2. D2
3. 12
4. 117, kommt drei Mal vor
5. 91, G1
6. E4
7. Keiner
8. Keiner

Hürde 18

1. 175. (Fenster + Fenster) x Tür
2. 42. (Linkes Fenster x rechtes Fenster) – Tür
3. 71. (Linkes Fenster x Tür) + rechtes Fenster
4. 60. (Rechtes Fenster – Tür) x linkes Fenster
5. 93. Rechtes Fenster2 – linkes Fenster2 – Tür
6. 153. Tür2 – (linkes Fenster + rechtes Fenster)

Hürde 19

1. 48
2. 64
3. 8
4. 32
5. 16
6. 2,5
7. 9
8. 10
9. 0,3
10. 7
11. Auf einem Taschenrechner bildet die Zahl 0,37 auf dem Kopf gelesen das Wort LEO.
12. 1 und 7.
13. Keinen. Die Kiste war schon voll.
14. 301
15. 41312432 oder 23421314.

Hürde 20

1. 3. Die gegenüberliegenden Segmente ergeben jeweils 30.
2. 25. (axb) – c = d
3. 18. Die äußeren Paare addiert ergeben die innere Zahl auf der gegenüberliegenden Seite.

Hürde 21

1. C & E
2. A & D
3. B & D
4. B & C
5. A & E

Hürde 22

1. 3
2. 12 und 13
3. 4
4. –21
5. 4

Hürde 23

1. 1. Rick, 2. John, 3. Alex, 4. Stefan, 5. Anne, 6. Luise, 7. Sandra, 8. Robert

Hürde 24

1. Französisch
2. A
3. A
4. Zwei
5. D

Hürde 25

1. Schwimmen
2. A und C
3. Vier
4. Tennis
5. Drei

Hürde 26

1. B
2. C
3. D
4. A
5. E

Hürde 27

1. B
2. D
3. A
4. E
5. C

Hürde 28

1. E
2. C
3. D
4. A
5. B

Hürde 29

1. E
2. A
3. C
4. B
5. D

Hürde 30

1. C
2. A
3. E
4. D
5. B

Hürde 31

1. 3,87. 116 bestandene Tests auf 30 Studenten
2. 3,32. 83 bestandene Tests auf 25 Studenten
3. 58

Hürde 32

1.

18	6	4	30	47	29
45	30	6	18	17	2
1	21	1	42	23	5
3	28	7	17	1	6
44	4	32	43	30	40

6	2	3	4	4	3
3	5	5	2	6	2
5	3	1	3	5	0
2	4	5	3	0	5
3	3	4	6	6	5

Hürde 33

1.

3	6	3	4	4	6
4	4	7	2	8	3
5	8	5	5	6	7
6	5	3	7	8	2
8	3	1	6	5	4
2	7	8	7	5	3

3	6	4	4	8	6
9	6	6	7	9	2
5	6	5	6	2	7
7	6	7	5	9	3
8	9	4	8	9	7
4	9	6	8	4	6

Hürde 34

1. 4. Die zweistellige Zahl links minus die zweistellige Zahl rechts ergibt die mittlere Zahl.
2. 4. Die zweistellige Zahl rechts minus die zweistellige Zahl links ergibt die mittlere Zahl.
3. 6. Die zweistellige Zahl links minus die zweistellige Zahl rechts ergibt die mittlere Zahl.
4. 2. Die zweistellige Zahl rechts minus die zweistellige Zahl links ergibt die mittlere Zahl.

Hürde 35

1. Addieren Sie die beiden Ziffern jeder Zahl, dann erhalten Sie die Anzahl der Felder, die die Zahlen weiterrutschen.

	34	
21		14
	55	

2. Addieren Sie zu jeder Zahl 1, dann erhalten Sie die Anzahl der Felder, die die Zahlen weiterrutschen.

3		4
5		2

3. Die Differenz zwischen den beiden Ziffern jeder Zahl ergibt die Anzahl der Felder.

	52	
41		48
	19	

Hürde 36

1. Die Werte in jedem Raster werden zusammengezählt und ergeben den gesuchten Wert. Die Summen der Werte von Dreiecken und Kreisen führen zu dem gesuchten Ergebnis. Dreieck = 2, l = 1.
2. –15. Die Summe der Werte der weißen und schwarzen Quadrate ergeben den gesuchten Wert. Schwarzes Quadrat = 5, weißes Quadrat = –5.

3. 22. Die Rasterwerte sind angegeben und die Summe der Positionen ergibt die Antwort.

4	3	2	1
5	6	7	8
12	11	10	9
13	14	15	16

Hürde 37

1. Stern = 8, Dreieck = 12, Quadrat = 16, Rechteck = 20
2. 46
3. 46
4. 36

5. 3. E2, E3, E4

	A	B	C	D	E
1	8	8	14	10	6
2	26	★	38	24	20
3	36	50	46	△	20
4	▬	46	■	32	20
5	28	42	34	22	14

6. Quadrat = 10, Stern = 18, Dreieck = 24

	A	B	C	D	E	F
1	19	31	31	26	12	12
2	28	■	57	43	29	17
3	37	★	78	△	46	22
4	53	77	94	81	■	22
5	39	★	△	64	34	22
6	30	42	47	38	17	5

7. 57
8. 81
9. 42
10. 94, C4
11. 318

Hürde 38

1. 10-5-6-3-5-20
2. 10-7-9–3-5-20
3. 61: 10-9-8-8-6-20
4. 47: 10-7-3-3-4-20
5. 3 Alternativen:
   10-9-6-6-6-20
   10-7-9-7-4-20
   10-7-9-6-5-20
6. 6-8-4-8-6-8-10
7. 41. 4 Alternativen:
   6-5-4-4-6-6-10
   6-5-4-4-7-5-10
   6-6(innen)-7-3-4-5-10
   6-6(außen)-7-3-4-5-10
8. 48: 6-8-4-8-6-6-10
9. 6 Routen:
   6-5-4-4-6-8-10
   6-6-7-5-4-5-10
   6-6-7-5-4-5-10
   6-6-7-3-4-7-10
   6-6-7-5-4-5-10
   6-6-7-3-4-7-10
10. Eine Route mit diesem Wert gibt es nicht.

Hürde 39

1. 11 Hufeisen für 98 Ställe
2. 64
3. 19 Minuten und 6 Sekunden

Hürde 40

1. Es gibt 4: B3, F4, C6, F6
2. D4 und D5. Beide haben einen Wert von 81.
3. E2. 109
4. F. 102

5. 7. 85
6. Spalte F. 6

Spalte C und Zeile 5. Beide ergeben 636.

Fordern Sie Ihren IQ heraus

Test 1

Seite 240–247

1. 15. (oben x links) + rechts = Mitte
   (7 x 8) [56] + 15 = 71
   Die anderen ergeben (6 x 9) [54] + 19 = 73 und
   (9 x 6) [54] + 13 = 67
2. E. Keine Figur, die in derselben Position in beiden Rechtecken steht, wird übernommen und die Figuren wechseln von Dreieck zu Kreis und umgekehrt.
3. B. (946 : 42).
   Zusammensetzung der linken Zahl:
   (Erste Stelle x zweite Stelle) + dritte Stelle = rechte Zahl
   (9 x 4) [36] + 6 = 42
   Das Beispiel lautete: (4 x 8) [32] + 2 = 34
4. A. Pharyngitis. Es handelt sich um eine Erkrankung der Speiseröhre. Phtisis ist eine Erkrankung der Lunge.
5. B. Quadrat. Es ist nur zweidimensional. Alle anderen Figuren sind dreidimensional.
6. 8
   552 ÷ 1/4 = 2208; 2208 ÷ 276 (die Hälfte von 552) = 8.
7. A. Es gibt drei Vorgänge, die immer wiederkehren:
   Der kleine weiße Kreis bewegt sich eins nach vorne und zwei zurück; der große weiße Kreis bewegt sich einen zurück und zwei vorwärts und der kleine schwarze Kreis bewegt sich einen zurück und zwei vorwärts.
8. C. Offenbar
9. 6. Nach unten gelesen erhöht sich die Summe jeder Zeile um zwei.
10. 25. Es gibt fünf ungerade Zahlen, die von einer geraden gefolgt werden, also 5 x 5 = 25.

11. E. Es gibt vier Kreise, zwei schwarze (mittelgroße) und zwei weiße (ein großer, ein kleiner).
12. B. Emerit. Die anderen haben alle etwas mit Frohsinn zu tun.
13. C (8). Von der jeweils übernächsten Zahl wird abgezogen bzw. addiert:
– 5, – 6, – 7 und – 8; + 4, + 5, + 6.
14. A
15. C (34)
Die Summen lauten (oben links x unten rechts) – (unten links – oben rechts) = Mitte
(9 x 4) [36] – (5 – 3) [2] = 34.
16. E. Unterschiedliche Symbole in benachbarten Kreisen derselben Reihe werden in den Kreis dazwischen der darüber liegenden Reihe übernommen. Gleiche Symbole in derselben Position verschwinden.
17. E. Vermittler
18. 392. 2/14 = 1/7, also 2/7 – 1/7 = 1/7. 8 x 7 = 56. 56÷1/7 = 56 x 7/1. 56 x 7 = 392.
19. C. Jedes Symbol dreht sich im Uhrzeigersinn jedes Mal um 60 °.

Test 2

Seite 248–257

1. E. Die gegenüberliegenden Teile sind jeweils die Spiegelbilder, nur Schwarz und Weiß ist jedes Mal vertauscht.
2. D (1792486). Die Zahlen wurden folgendermaßen umgruppiert: sechste, dritte, erste, siebte, vierte, fünfte, zweite. Die neue Reihenfolge lautet also

A	B	C	D	E	F	G
9	6	7	4	8	1	2
F	C	A	G	D	E	B
1	7	9	2	4	8	6

3. D
4. C. Letter. Die anderen sind alles Bücher.

5. 9
(oben – unten) ÷ 5 = Mitte
(links – rechts) ÷ 4 = Mitte
(73 – 28) [45] ÷ 5 = 9
(39 – 3) [36] ÷ 4 = 9
Die anderen lauten:
(72 – 37) [35] ÷ 5 = 7
(83 – 55) [28] ÷ 4 = 7
und (19 – 4) [15] ÷ 5 = 3
(25–13) [12] ÷ 4 = 3

6. D. Eloquent
7. B
8. A. Expandieren, C. Kontrahieren
9. Phil ist 48. Ken ist 72 und David ist 32 Jahre alt.
10. Routine: Ausnahme. Es handelt sich hier um Wörter gegensätzlicher Bedeutung, ebenso wie Zweifel und Überzeugung.
11. D. Die anderen bilden alle identische Paare: A und H, B und G, C und F und E und I.
12. 39. Die Summen lauten (oben + links) x rechts = Mitte.
(7 + 6) [13] x 3 = 39
Die anderen lauten:
(7 + 5) [12] x 3 = 36
(9 + 4) [13] x 2 = 26
(8 + 5) [13] x 4 = 52

13. 3A
14. C. Spasmus
15. C (18)
Von links zeilenweise gelesen (erste Spalte x zweite Spalte) – dritte Spalte = vierte Spalte.
(7 x 4) [28] – 10 = 18
Die anderen lauten:
(6 x 2) [12] – 5 = 7
(8 x 3) [24] – 17 = 7
(9 x 2) [18] – 9 = 9
16. D. Die anderen bilden alle identische Paare: A und E, B und F und C und G.

17. 2
Die Summen lauten (oben x links) ÷ (rechts x unten) = Mitte.
(8 x 7) [56] ÷ (7 x 4) [28] = 2
Die anderen lauten:
(8 x 9) [72] ÷ (4 x 6) [24] = 3
(10 x 4) [40] ÷ (5 x 8) [40] = 1
(7 x 6) [42] x (3 x 7) [21] = 2
18. C. Gesund
19. A. Die schwarzen und weißen Punkte verändern ihre Position; das vollständige Quadrat wird zum halben Quadrat und umgekehrt; aus dem Oval wird eine Rhombe und umgekehrt.

Test 3

Seite 258–266

1. D. Die anderen bilden alle identische Paare:
A und E, B und F, C und G, nur dass die schwarze und weiße Färbung umgekehrt wird.
2. 4. Die Summe der diagonal gegenüberliegenden Segmente sind gleich. 6 + 4 = 8 + 2.
3. A. Abstrus, E. Rational
4. A. In jedem Stadium springt der schwarze Kreis im Uhrzeigersinn um 90 ° in das Parallelogramm und wieder heraus; der weiße Kreis springt entgegen dem Uhrzeigersinn um 90 ° in das Parallelogramm und wieder heraus; das Dreieck rotiert um 180 ° und wechselt von schwarz nach weiß und umgekehrt.
5. 7 Paar Kirschen. Er verteilte die 14 Kirschen folgendermaßen: Dem ersten Freund gab er (die Hälfte von 7) 3 1/2 Paar + 1/2 Paar = 4 Paare (es blieben 3 Paar übrig).
Dem zweiten Freund gab er (die Hälfte von 3) 1 1/2 Paar + 1/2 Paar = 2 Paar (es blieb ein Paar übrig).
Dem dritten Freund gab er (die Hälfte von 1) 1/2 Paar + 1/2 Paar = 1 Paar.

6. 155. Aufeinander folgende Zahlen werden miteinander multipliziert und zu dem Ergebnis wird 1 hinzugezählt. 1 x 1 [1] + 1 = 2; 1 x 2 [2] + 1 = 3; 2 x 3 [6] + 1 = 7; 3 x 7 [21] + 1 = 22; 7 x 22 [154] + 1 = 155.
7. C. Der linke Teil wandert nach rechts, so dass er den äußersten rechten Rand des oberen Teils berührt.
8. A. Schatulle. Das ist ein Kästchen. Die anderen sind Gefäße für Flüssigkeiten.
9. E. Bericht
10. 6. Die Summe der Spalten ergeben von links nach rechts gelesen:
    20, 21, 22, 23, 24, 25.
11. 21 1/2. Die Zahlen vermindern sich jedes Mal um 17 3/8.
12. C. Orangenschale
13. D. Unterschiedliche Symbole in nebeneinander stehenden Kreisen in derselben Zeile werden in den Kreis zwischen ihnen in der Zeile darüber übernommen, gleiche Symbole in derselben Position werden weggelassen.
14. 9. Von links nach rechts gelesen (erste Spalte – zweite Spalte) x dritte Spalte = vierte Spalte. (4 – 3) [1] x 9 = 9. Die anderen lauten: (7 – 5) [2] x 9 = 18; (6 – 3) [3] x 7 = 21; (7 – 4) [3] x 8 = 24.
15. A. Spaltenweise und zeilenweise gelesen werden unterschiedliche Symbole der ersten zwei Figuren in die dritte (ganz rechts oder unten) übernommen. Gemeinsame Elemente werden weggelassen.
16. – 21 5/8. Die Zahlen verringern sich jedes Mal um 7 7/8.
17. F. Fleckig und D. Rein
18. E. Kraftlos
19. C. In jedem Stadium dreht sich die lange Linie um 45 ° im Uhrzeigersinn, die kurze Linie dreht sich um 180 ° und alle Kreise drehen sich im Uhrzeigersinn um 90 °.

Test 4

Seite 267–277

1. C. Zeilenweise und spaltenweise gelesen werden unterschiedliche Elemente der ersten beiden Quadrate in das dritte (ganz rechts oder unten) übernommen. Gleiche Elemente werden weggelassen.
2. 58. Zeilenweise und spaltenweise gelesen ergeben die dritte und vierte Zahl die Differenzen der Zahlen in den beiden vorigen Quadrate.
3. Bussard. Ein Horst ist das Nest eines Greifvogels.
4. 2 1/3
   Bruchrechnen: 7/9 ÷ 1/3 = 7/9 x 3/1 = 21/9 = 2 3/9 = 2 1/3.
5. A
6. 8. Die Summe jeder Zeile mit drei Zahlen ergibt jeweils 20.
7. B. Die eine Figur ist jeweils das Spiegelbild der anderen.
8. Sie sind Mutter und Vater des Sohnes.
9. B. Effizient und E. Nutzlos
10. C. Verräter
11. D (49). Die jeweils übernächsten Zahlen werden um 1, 3, 5, 7, 9, 11 und 13 erhöht. Außerdem ergeben sie jeweils das Quadrat von 1, 2, 3, 4, 5, 6 und 7.
12. B. Indirekt und D. Unterschwellig
13. B. Regulieren
14. 5 1/2. Es gibt zwei Zahlen, die abwechselnd subtrahiert und addiert werden: 2 1/2 und 1 1/2.
    Wenn man sich die beiden Reihen getrennt anschaut, ergibt sich bei –2 1/2: 5, 2 1/2, 0 –2 1/2 und bei +1 1/2: 1, 2 1/2, 4, 5 1/2.
15. 16. Die Summe der inneren und diagonal entgegengesetzten äußeren Segmente ergibt 29.
16. B. Tango
17. B

18. 12. Es wird jedes Mal folgendermaßen gerechnet: (oben links x oben rechts) – (unten links x unten rechts) = Mitte.
(8 x 5) [40] – (7 x 4) [28] = 12
Die anderen ergeben:
(7 x 4) [28] – (2 x 3) [6] = 22
(6 x 8) [48] – (3 x 5) [15] = 33
(7 x 6) [42] – (4 x 7) [28] = 14

19. E. Aus dem zentralen Kreis wird ein Quadrat; die Kreise links, oben und rechts wechseln jeweils die Farbe. Am unteren Kreis ändert sich nichts.

20. D. Versammlung. Alle anderen sind Bezeichnungen für eine Gruppe von Tieren einer Art.

21. C. Nutritiv

22. 512. 64 – 32 [32] ÷ 1/8 (2/16) – 1/16 [1/16] kann vereinfacht als 32 x 16/1 (16) dargestellt werden = 512.

23. C. In jedem Stadium dreht sich das Dreieck um 180 °, der große Kreis im Uhrzeigersinn um 90 °, der kleine weiße Kreis um 45 ° gegen den Uhrzeigersinn und der schwarze Kreis um 90 ° gegen den Uhrzeigersinn.

Rätsel für Genies

Räumliches Denkvermögen

Seite 278–292

1. B. Bei B kommt das Dreieck nicht vor, das bei allen anderen das Quadrat unterteilt.
2. C. Die Abfolge wird im Uhrzeigersinn um 90 ° gedreht und dabei der Länge nach gespiegelt.
3. B. Ein schwarzer Punkt verwandelt sich in vier weiße; zwei weiße Punkte werden ein schwarzer. Die Kette der Punkte bewegt sich um 72° im Uhrzeigersinn.
4. E. Bei allen anderen ist die Anzahl der schwarz-weißen Punkte auf der rechten Seite gleich der Anzahl der weißen mal der Anzahl der schwarzen Punkte auf der linken Seite.

5. E. Das Muster dreht sich um 90° gegen den Uhrzeigersinn. Die Anzahl der kleinen Balken wechselt sich immer zwischen eins und zwei ab. Die Formen wechseln zwischen einem Dreieck und einem Kreis: Auf ein Dreieck folgt ein Kreis mit einer anderen Farbe, auf einen Kreis folgt ein Dreieck derselben Farbe. Der Bogen bleibt gleich.
6. D. Die weißen Segmente werden schwarz, die schwarzen weiß. Das Muster wird horizontal gespiegelt.
7. E. Vertikale Linien zählen eine Einheit, horizontale 5. Multiplizieren Sie die Anzahl der rechten mit der Anzahl der linken horizontalen Linien. Diese Zahl ist gleich der Summe der Linien in der Mitte, vertikale plus horizontale. Z.B. im ersten Bild: die rechten (4) multipliziert mit den linken vertikalen Linien (3) = 12. In der Mitte: zwei horizontale Linien (= 10) plus 2 vertikale (= 2) = 12. Bei E stimmt dies nicht.
8. D. Quadrat wird zu Kreis, Dreieck zu Quadrat, Kreis zu Dreieck.
9. H. Das große Quadrat dreht sich um 90 ° gegen den Uhrzeigersinn und wird dann entlang der horizontalen Achse gespiegelt.
10. E. Bei allen außer bei E ist die Anzahl der Dreiecke, die um die Form herum stehen, ein Vielfaches der Anzahl der Ecken der Grundform.
11. E
12. D
13. E. Bei allen außer E überschneiden sich immer kleiner werdende Kreise. Es schneidet jeweils der kleinere Kreis den nächstgrößeren.
14. E. Der Buchstabe in der ersten Reihe läuft um zwei Buchstaben im Alphabet weiter, der Buchstabe in der zweiten Reihe läuft drei Stellen weiter, der dritte Buchstabe vier.
15. D. Bei allen außer D ist die Anzahl der Kreise halb so groß wie die Anzahl der Ecken der umfassenden Form.

Mathematisches Denkvermögen

Seite 293–294

1. a) 122. Man rechnet
   +3; +3 x 3; +3 x 3 x 3; +3 x 3 x 3 x 3
   b) 44. Man rechnet
   – 4; – 2 x 4; – 3 x 4; -4 x 4
   c) 10. Es werden jeweils beide Ziffern addiert und das Ergebnis mit 2 multipliziert
   1 + 4 = 5; 5 x 2 = 10
   d) 95. Man rechnet
   +11; +13; +15; +17
2. 6. Dreieck = 8, Kreis = 24, Quadrat = 6.
3. 145 Euro
4. 864 cm^3
5. Judith hat 180 Euro ausgegeben, Maria 300 Euro und Liane 250 Euro.
6. 13
7. 25434 cm2 oder 2,54 m2
8. 3
9. 24
10. 14-mal

Sprachgewandtheit

Seite 295–296

1. C
2. D
3. D
4. A
5. D
6. C
7. A
8. C
9. A
10. C
11. D

12. C
13. B
14. D
15. C
16. A
17. A
18. B
19. B
20. A
21. D
22. C
23. C
24. A
25. C
26. C
27. A
28. B
29. B
30. B
31. D
32. C
33. C
34. D
35. A
36. B
37. D
38. A
39. A
40. C
41. D
42. A
43. B
44. C
45. D
46. A
47. C
48. B
49. D

Verbales Denken

Seite 296–298

1. b
2. a
3. a
4. d
5. c
6. d
7. b
8. c
9. d
10. c
11. b
12. d
13. a
14. b
15. d
16. d
17. d
18. a
19. c
20. b
21. e
22. c
23. e
24. c
25. b
26. e
27. d
28. b
29. c
30. a

Konzentration

Seite 298–299

Es sind 308 Paare.

Wissenstests

Kunst

Seite 300–302

1. Bauhaus
2. Fra Angelico
3. Le Corbusier
4. Eugène Delacroix
5. Kubismus
6. Lovis Corinth
7. Egon Schiele
8. Op oder Optical Art
9. Edgar Degas
10. „hat es gemalt“
11. Joseph Mallord William Turner
12. Pietà
13. Henri de Toulouse-Lautrec
14. Batik
15. Fauves
16. Pablo Picasso
17. Triptychon
18. Jorn Utzan
19. Surrealismus
20. Macciaioli
21. Byzantinisch
22. Sixtinische Madonna
23. Paul Cézanne
24. Gabriele Münter
25. Leonardo da Vinci
26. Expertise
27. Antoni Gaudi y Cornet
28. Naturalismus
29. Aureole
30. Barock

Literatur

Seite 302–304

1. Chatterton
2. J. W. Goethe
3. Emile Zola *(Germinal)*
4. Richard der Dritte
5. Proust
6. Die Zeit
7. *Der Herr der Fliegen*
8. Dickens: *Zwei Städte*
9. Siegfried Lenz
10. Karamasow
11. Euripides
12. Konrad Duden
13. Sir Thomas Malory
14. Thomas Mann
15. Günter Grass
16. Wolfgang Koeppen
17. Thomas Mann
18. Friedrich Dürrenmatt
19. Gertrude Stein
20. James F. Cooper
21. Gruppe 47
22. Mark Twain
23. *Der Kaufmann von Venedig*
24. Nihilismus
25. *Die Farm der Tiere* von George Orwell
26. *Schöne neue Welt*
27. Dem Existenzialismus
28. Heinrich Heine
29. Mark Twain
30. *Die Judenbuche*

Musik

Seite 304–305

1. Sergej Prokofiew
2. Die romantische
3. Die Kunst der Fuge
4. *Le Chasseur Maudit*
5. Carl Orff
6. *Tod in Venedig*
7. *Turandot*
8. Manfred
9. Papageno
10. Nr. 45
11. Joaquin Rodrigo
12. *Der Troubadour*
13. Lorenzo da Ponte
14. Tatjana
15. Sie enthält keine langsamen Sätze
16. Haffner
17. Sieben
18. Joh. Seb. Bach
19. Richard Strauss
20. Aida
21. Pizarro
22. *Pulcinella*
23. *Frühling*
24. Franz Schubert
25. *Die Meistersinger von Nürnberg*
26. Griegs Peer Gynt Suite Nr. I
27. AntonÌn Dvo¯·k
28. Maurice Ravel
29. *Prinz Igor* von Alexander Borodin
30. Götterdämmerung

Philosophie

Seite 306–307

1. Aristoteles
2. Sokrates, Platon, Aristoteles
3. Epistemologie
4. Ontologie
5. Descartes
6. Ethik
7. Kant
8. Platon
9. Hedonismus
10. Existenzialismus
11. Dialektik
12. Fichte, Schelling, Hegel
13. Zynismus
14. Empirismus
15. Hume
16. Konfuzius
17. Leibniz
18. Locke
19. Spinoza
20. Stoiker
21. Phänomenologie
22. Logik
23. Russell
24. Logischer Positivismus
25. Relativismus
26. Scholastiker
27. Boole
28. Marx
29. Derrida
30. Idealismus

Naturwissenschaften

Seite 307–309

1. Desoxyribonucleinsäure
2. Rote Blutkörperchen
3. Light Amplification by Stimulated Emission of Radiation
4. Ein Prozess, bei dem ein größerer Zellkern in zwei oder mehr ochterkerne zerteilt wird.
5. Trägheitsprinzip
6. Ein System, bei dem das Endresultat sehr stark von den Anfangsbedingungen abhängig ist.
7. Kräfte der starken Wechselwirkungen, elektromagnetische Kräfte, Gravitationskräfte und Kräfte der schwachen Wechselwirkungen.
8. Ohm
9. Laktat (Milchsäure)
10. Atmung
11. 60-mal pro Sekunde (elektrischer Strom ist in den USA auf 60 Hertz getaktet)
12. Ferromagnete
13. Doppler-Effekt
14. Zellkern
15. Abrasion
16. Marie Curie
17. Zucker
18. Deutsches Institut für Normung
19. 99,8 %
20. Dynamo
21. – 273,17 Grad Celsius
22. Auf ein Billionstel Grad
23. Vor 65 Millionen Jahren
24. Wahr
25. Erbgut
26. Trägheit
27. Wahr
28. Nein, es ist in Öl und natürlichen Gasen gebunden.
29. Es entstehen elektromagnetische Wellen.
30. Elektromagnetische Strahlung